献给瑞霖

William L.

本书是教育部人文社会科学重点研究基地重大项目"英国社会转型研究"(项目批准号：16JJD770026)的成果之一,得到南开大学世界近现代史研究中心资助；本书是江苏省社科基金项目"十九世纪英国的邮政改革与社会变迁"(项目批准号：16LSB003)的最终成果

国家出版基金项目
国家"十三五"重点图书出版规划项目
教育部人文社会科学重点研究基地重大项目

英国社会转型研究丛书

主　编　钱乘旦

英国邮政改革与社会变迁

金　燕　著

南京师范大学出版社

图书在版编目(CIP)数据

英国邮政改革与社会变迁 / 金燕著. —南京：南京师范大学出版社，2021.3
(英国社会转型研究丛书 / 钱乘旦主编)
ISBN 978-7-5651-4756-2

Ⅰ.①英… Ⅱ.①金… Ⅲ.①邮政-经济史-研究-英国-16-19世纪 Ⅳ.①F635.619

中国版本图书馆 CIP 数据核字(2021)第 045157 号

丛 书 名	英国社会转型研究丛书
丛书主编	钱乘旦
书　　名	英国邮政改革与社会变迁
著　　者	金　燕
策划编辑	郑海燕　朱海榕
责任编辑	郑海燕
出版发行	南京师范大学出版社
地　　址	江苏省南京市玄武区后宰门西村9号(邮编:210016)
电　　话	(025)83598919(总编办)　83598412(营销部)　83598712(编辑部)
网　　址	http://press.njnu.edu.cn
电子信箱	nspzbb@njnu.edu.cn
照　　排	南京开卷文化传媒有限公司
印　　刷	上海雅昌艺术印刷有限公司
开　　本	787毫米×1092毫米　1/16
印　　张	17.75
字　　数	279千
版　　次	2021年3月第1版　2021年3月第1次印刷
书　　号	ISBN 978-7-5651-4756-2
定　　价	882.00元(第1辑9册)

出 版 人　张志刚

南京师大版图书若有印装问题请与销售商调换

总　序

钱乘旦

《英国社会转型研究丛书》由南京师范大学出版社出版,这是英国史研究领域的又一项成果,通过这项研究,我们希望对英国工业革命以来社会方面的各种变化进行深入的探讨,进而寻找一些对中国现代化有益的启迪。

作为世界上第一个完成现代转型的国家,英国确实很值得了解。工业革命改变了社会结构,原有的社会体系容不下新的变化,于是冲突就出现了,造成了许多社会问题,比如劳工问题、妇女问题、犯罪问题、贫穷问题、教育问题、儿童问题、人口结构问题等等。这些问题在传统的农业社会是被自然消化的,溶解在农村共同体之中。工业革命把它们分解成一个一个单独的问题,而且每一个问题都可能变得非常严重,影响国家的整体发展。由于英国是现代化的先行者,它是在茫然中逐步意识到这些问题的,用了很长的时间才发现在经济迅速发展的情况下社会也是快速变化的,单凭积累财富无法解决社会问题;而社会问题不予解决,就会引发混乱,影响国家大局稳定,造成严重后果。在弄清楚这个道理后,英国又用更长的时间去设法解决这些问题,而解决的过程又非常艰难曲折,充满挑战,绝非一蹴而就。所以,了解这些过程和解决问题的办法就很有必要了,它能提供很好的知识参照,为思考中国的问题开启路径。

我们这套丛书的目的就是通过深入的学术研究，了解英国的那些问题，探讨其解决方案，评估其结果。从历史的发展看，英国在解决社会问题方面是基本成功的，工业革命造成的一系列严重的社会问题到20世纪下半叶差不多都解决了，从那个时候起，英国社会就一直相对稳定，很少发生严重冲突。当然，新的问题也会产生，比如英帝国解体遗留的有色人种移民问题，由此引发的种族隔阂和文化差异问题等，这些问题又需要人们寻找新的解决方案。

我曾多次说过：任何国家的现代化必须完成三项任务，一是建立现代国家，二是发展现代经济，三是建设现代社会。建立现代国家是现代化的前提，没有这个前提，便不能展开现代化。发展现代经济是现代化的关键内容，由此而形成工业社会。建设现代社会是现代化过程中最艰巨的任务，随着工业社会的出现，整个社会都要发生变化，引发一系列深刻的社会变革；而现代化能否成功，往往取决于社会现代化能不能完成。在英国，建立现代国家的过程从都铎王朝就开始了，经历漫长的变化到18世纪才基本结束。接下来就进入了经济快速发展的时期，启动了工业革命，使英国成为世界上第一个工业化国家。第三项任务几乎与工业革命同时出现，但人们的认识非常滞后，一直到19世纪下半叶才认真执行，进入了所谓的"改革年代"。由此，我们看到了一系列的社会改革，逐一解决了工业革命带来的许多问题。经过大约一个世纪的努力，第三项任务才大体完成了，一个比较清晰的现代国家在英国出现。为完成这三项任务，英国差不多用了五百年时间！

英国是第一个进入现代转型过程的国家，因此它不慌不忙（事实上是不知不觉）地完成了这三项任务；而且，这三项任务几乎是一项接一项出现的，因此相比于其他国家，英国的发展过程相对悠闲（而且缓慢）。然而对其他国家来说，就不能如此不慌不忙、不紧不慢了，因为作为现代化的后来者，它们必须"追赶"，才能跟上时代的步伐。所以在其他国家，现代化的三项任务经常是重叠的,也就是一项任务套一项任务,也许同时呈现在人们面前。如此之下,英国的经历就相当重要了,我们看一看英国的经历,就应该知道现代化需要解决哪些问题,以及会碰到哪些问题,还有英国是如何解决的。后起国家的领导者们尤其需要了解这些,以便他们在领导国家的过程中多有远见,少走弯路。

中国现代化面对着这种情况,中国的现代化有一种紧迫感。就目前而言,中国现代化大体上处在第一项任务基本完成、第二项任务成绩斐然、第三项任务刚开始被人们意识到并开始打算去完成的阶段上。为此,这套书就把重点放在英国社会转型研究方面了,以期对读者们有所启示。

2020 年 2 月 2 日,于北大

目 录

1   总　序/钱乘旦

6   导　论

12   **第一章　英国邮政的起源**

14   一、从罗马不列颠时期到诺曼征服

24   二、中世纪英格兰的社会经济状况

31   三、萌芽初现

43   四、帕斯顿信札

57   **第二章　皇家邮政的初设**

59   一、都铎和斯图亚特王朝的社会经济发展

67   二、皇家邮政的初设

78   三、邮政的初步发展

98   **第三章　18 世纪的英国邮政**

100   一、邮政的进一步规范化

103   二、交互邮政的试验

107   三、帕尔默与邮政马车制度的创设

128   四、便士邮政的发展

141	第四章	现代邮政制度的确立
143	一、	工业革命时期的经济社会变化
152	二、	变革的时代
160	三、	罗兰·希尔与邮政改革
175	四、	铁路邮政的开端
190	五、	19世纪下半叶的邮政发展
202	第五章	大英帝国的邮政
204	一、	帝国的扩张
214	二、	殖民地邮政
239	第六章	英国与近代中国邮政
241	一、	"客邮"与近代中国邮政的发展
252	二、	英国对近代中国邮政的影响
260	结　语	
265	参考文献	
270	译名对照	
281	后　记	

导　论

英国是世界上最早建立现代邮政的国家。1837年,被称为"邮政之父"的英国邮政改革家罗兰·希尔(Rowland Hill)在其名为《邮局改革:其重要性和可行性》(*Post Office Reform:Its Importance and Practicability*)的小册子中,提出了变更收信人支付邮费为寄件人付费、根据邮件重量采用可粘贴标签预付邮资等一系列划时代的改革设想,是为英国现代邮政的开端。在希尔的改革之前,英国邮政已经经历了漫长的发展过程;在希尔的改革之后,英国邮政开始逐步成为公共部门,对社会发展起到了更加重要的作用。

就英国国内而言,相关的研究成果大多出现在20世纪中叶之前。这些研究成果主要集中在以下几个方面。

1. 英国现代邮政改革的相关著作

英国现代邮政肇始于罗兰·希尔在19世纪40年代开始的改革,有关这一主题的成就有:埃莉诺·C.史密斯(Eleanor C. Smyth)的《罗兰·希尔:伟大改革的故事》(*Sir Rowland Hill:The Story of a Great Reform*),皮尔森·希尔(Pearson Hill)等撰写的《五十年前的邮政》(*The Post Office of Fifty Years Ago*)等。这些著作都比较详细地介绍了希尔改革的具体内容和影响。另外,在几乎所有关于英国邮政的通史类著作中,都不可避免地要提及罗兰·希尔的邮政改革。

2. 邮政通史类的相关著作

英国第一部系统介绍英国邮政史的专著是威廉·勒温斯(William Lewins)的《女王陛下的邮政》(*Her Majesty's Mails*)。詹姆士·威尔逊·海德(James Wilson Hyde)的《皇家邮政:它的新奇和浪漫》(*The Royal Mail:*

Its Curiosities and Romance)以生动的笔法、详细的资料描绘了皇家邮政的早期历史。J. C.赫蒙(J. C. Hemmeon)的《英国邮政史》(*The History of the British Post Office*)梳理了英国邮政史的简况,侧重探讨了邮政发展对经济层面的影响,但并未述及其社会影响。1893 年,赫伯特·乔伊斯(Herbert Joyce)的《邮政史:从初建到 1836 年》(*The History of the Post Office:From Its Establishment down to 1836*)和 1926 年 H.米尔福德(H. Milford)的《英国邮政:从其开始到 1925 年》(*The British Post Office:From Its Beginnings to the End of 1925*)也是介绍英国早期邮政史的佳作。这些著作对于我们了解英国的早期邮政史有着重要的价值。

在 19 世纪中叶,霍华德·鲁滨孙(Howard Robinson)相继出版了英国邮政史三部曲:1948 年的《英国邮政史》(*The British Post Office:A History*)、1953 年的《英国邮政:从开始至今》(*Britain's Post Office: A History of Development from the Beginnings to the Present Day*)以及 1964 年的《英国邮政在海外》(*Carrying British Mails Overseas*)。这三部著作从不同侧面勾画了英国邮政史的面貌,详细介绍并梳理了英国邮政的发展历程,探讨了其对欧洲大陆及北美殖民地的影响,深入剖析了邮政对于促进政治、经济、社会的变化所起的作用,从而奠定了鲁滨孙在邮政史研究方面的重要地位。1985 年,M.J.道顿(M.J.Daunton)出版了《皇家邮政:1840 年以来的英国邮政》(*Royal Mail:The History of the Post Office Since 1840*),他运用大量的档案资料,从政治、经济和社会三方面对英国的邮政系统进行了全面深入的研究。本书是 20 世纪下半叶英国邮政通史方面最重要的著作。

3. 邮政史专题类的相关著作

有一部分研究成果对邮政系统的管理、劳资关系等方面进行了专门考察。1958年,肯尼思·埃里斯(Kenneth Ellis)的《18世纪英国邮政:管理制度的沿革》(*The Post Office in the Eighteenth Century: A Study in Administrative History*),主要研究了18世纪英国邮政系统的组织和管理的演变。1984年,阿伦·克林顿(Alan Clinton)的《邮政员工:工会与社会史》(*Post Office Workers: A Trade Union and Social History*),考察了英国邮政系统工会组织的演变及其劳资关系的状况。1967年,J.克罗夫茨(J. Crofts)的《驮马、马车和邮政:都铎和斯图亚特王朝的陆路运输和通讯》(*Packhorse, Waggon and Post: Land Carriage and Communications Under the Tudors and Stuarts*),回顾了都铎和斯图亚特王朝陆路交通方式的演变及其对邮政系统的改进和对社会生活的影响。1920年,威廉·史密斯(William Smith)的《1639—1870年英国北美邮政史》(*The History of the Post Office in British North America, 1639 - 1870*),探讨了英国邮政对北美殖民地的影响。

还有一部分研究成果关注邮政对文化发展的影响。2005年,伊芙·塔瓦·巴内特(Eve Tavor Bannet)的《书信帝国:1680—1820年的信件手册和跨大西洋通信》(*Empire of Letters: Letter Manuals and Transatlantic Correspondence, 1680 - 1820*)考察了1680—1820年间英格兰、苏格兰以及北美殖民地之间的通信历史,指出这种通信的重要性不仅在于将不同的地域联结在一起,更在于孕育了不同的地域文化和价值观。2009年,苏珊·怀尔曼(Susan Whyman)的《笔和人:1660—1800年的英国写信人》(*The Pen and the People: English Letter Writers, 1660 - 1800*),阐述了18世纪的书写、邮政以及普通人的生活是如何被联系在一起的,探讨了邮政与文化传播的关系。

就国内学界而言,有关英国邮政史的专题研究非常少见。目前可见的与英国邮政史相关的论文,仅有刘学谦的《论十九世纪英国邮政系统的改革》。公开发表的有关英国邮政的文章,都是关于当前英国邮政管理制度及其技术层面的探讨,少有对其历史演变过程的梳理。近年来,笔者公开发表了两篇有关英国邮政史的论文:《罗兰·希尔与近代英国邮政改革》和《英国与晚清中国邮政发展研究(1840—1911)》。前一篇文章指出,希尔的邮政改革是19世纪上半叶英国改革时代的一个侧影,希尔希望以邮政改革促进信息的传递,进而推动经济发展和社会交往,提高民众的受教育水平,实现社会公正。通过希尔的改革,英国的邮政逐步变成了廉价高效、普通百姓能享受的公共服务,促进了经济与社会的发展,奠定了英国乃至世界现代邮政的基础,为其他国家的邮政发展提供了可资效仿的经验。后一篇文章梳理了英国对晚清中国邮政发展的作用与影响,揭示了中国近代化进程的曲折与无奈。除了论文数量有限之外,关于英国邮政史的专著更付阙如。

英国是世界上第一个实现工业化的国家,学界对其历史的诸多方面都有了较深入的研究,例如议会民主制度的确立、君主立宪制的演变、工业革命及其世界影响等,而对邮政史却一直没有予以太多的关注。可能是因为邮政和我们的日常生活的关系过于密切了,以至于人们失去了对它的兴趣。然而事实上,英国也是世界上第一个确立了现代邮政制度的国家,邮政在推动英国社会转型的过程中功不可没,更是对世界邮政事业的发展做出了重要贡献。因此,笔者不揣浅陋,试图梳理现代社会转型时期英国邮政的发展变化过程及其背后的原因。

本书从罗马不列颠时代开始讲起,到20世纪初结束,共分为六章:第一章,追溯英国邮政的起源,介绍罗马不列颠时代以及后来中世纪的信息传输的特点。第二章,阐述都铎王朝和斯图亚特王朝英国邮政制度的初创以及国家对邮政事务的管控。第三章,介绍18世纪英国邮政改革的主要内容:交互邮政的试验、邮政马车制度的创设以及便士邮政的发展等。18世纪是英国邮政向现代转型的过渡阶段。第四章,考察19世纪邮政改革的主要内容及实际影响,着重梳理了罗兰·希尔改革的背景及过程,指出希尔的改革是英国现代邮政制度的开端。第五章,探讨英国邮政是如何覆盖了帝国的版图并将各个殖民地联结在一起的。第六章,阐述英国邮政对近代中国邮政发展的影响。囿于资料和自身水平,本书还有诸多不完善之处,恳请指正。

第一章
英国邮政的起源

英国的现代邮政始于19世纪40年代的罗兰·希尔改革,但是信息的传递,尤其是政府信息的传递,还要早好几个世纪。罗马不列颠时期,罗马帝国在不列颠建立了初步的驿递系统(The System of Couriers),但主要是为罗马统治服务的。罗马人撤退后,原有的驿递系统被废。中世纪,英格兰的通信主要还是依赖私人信使,并没有制度化的创设。

一、从罗马不列颠时期到诺曼征服

在电被发明以及电报被使用之前,绝大多数的信息不得不通过人力传递。那些紧急的信息通常通过旗语、信号灯和灯塔传达,但是它们的使用常常受到限制。如果信息是被写下来的,例如古巴比伦人用楔形文字写在泥板上的信息等,就需要找人把它送给收件人。如果距离短的话,一般用一个送信人就可以解决问题;但如果距离长或者时间比较紧急的话,就需要用马匹或其他工具来传递。①

最早的信息传递是那些拥有大片疆域的统治者为了有效管理而进行的。希罗多德(Herodotus)就曾经提到,薛西斯(Xerxes)在萨拉米战役(Battle of Salamis)后,使用过一个相对完善的政府通信机构将他入侵希腊的消息传回波斯国内。②

如果路程太远,靠单一动物如马匹难以走完全程的话,中途就需要更换动物。在欧洲,这意味着在中途需要有特定的场所和备用的马匹,由此发展出了驿递制度。在大路上,每隔一段距离修建有驿站(mansiones)。驿站之间通常间隔10英里,里面配备多余的马匹和其他便利设施以供信息传递使

---

① Frederick Wilkinson, *Royal Mail Coaches*, Gloucestershire: The History Press, 2007, p.13.
② Howard Robinson, *The British Post Office: A History*, Princeton: Princeton University Press, 1948, p.3.

用。建立和维护驿站的成本很高,组织也很复杂。这就意味着只有少数在主要大路边的驿站才能够被长期保存下来。其他路边的驿站可能会在某个特殊时期被临时修建,例如在战时,但不再需要的时候就会被裁撤。①

罗马统治不列颠时期,不列颠人口与其在中世纪人口高峰时期的数量相当。罗马当时是统治着东至土耳其、西至葡萄牙、南至红海、北达泰恩河甚至更远处的庞大帝国。4个多世纪内,不列颠一直是这个帝国体系的组成部分。在公元43年克劳狄征服之战前,不列颠就已与罗马发生了关系;在脱离了罗马统治以后的一段时间里,不列颠仍是罗马世界的一个组成部分。

公元前55年和公元前54年,尤里乌斯·凯撒(Julius Caesar)对不列颠的远征拉开了罗马征服不列颠的序幕。从此,不列颠在罗马人的意识中拥有了特殊的地位。而对于不列颠来说,"罗马时期是一个转折点,这不仅是通常所说的对不列颠移民,而且也是指不列颠作为一个国家从史前跨入了历史"②。凯撒在远征不列颠的时候,就把罗马帝国的邮政服务带到了不列颠,他本人也时常在不列颠致信西塞罗。当时,不列颠和罗马之间的信息传递要花一个多月的时间。

早在凯撒征服时期,南不列颠与北高卢就已建立了密切的联系。考古发现表明,两地间的人民和货物往来主要有以下两条航线:"最重要的航线是布列塔尼和下诺曼底(在古代统称为阿莫利卡)与西南不列颠之间,尤其是经过多塞特郡亨吉斯特伯里角的一个港口。另一条航线是从位于塞纳河和莱茵河之间的上诺曼底和低地国家到英格兰南部和东部。"③

罗马帝国时代的通信系统源于罗马共和国时期,最终在奥古斯都(Augustus)统治时期建成。公元前20年,奥古斯都任命官员掌管罗马附

---

① Frederick Wilkinson, *Royal Mail Coaches*, p.13.
② [英]肯尼斯·O.摩根主编:《牛津英国通史》,王觉非等译,北京:商务印书馆,1993年,第10页。
③ [英]肯尼斯·O.摩根主编:《牛津英国通史》,第12页。

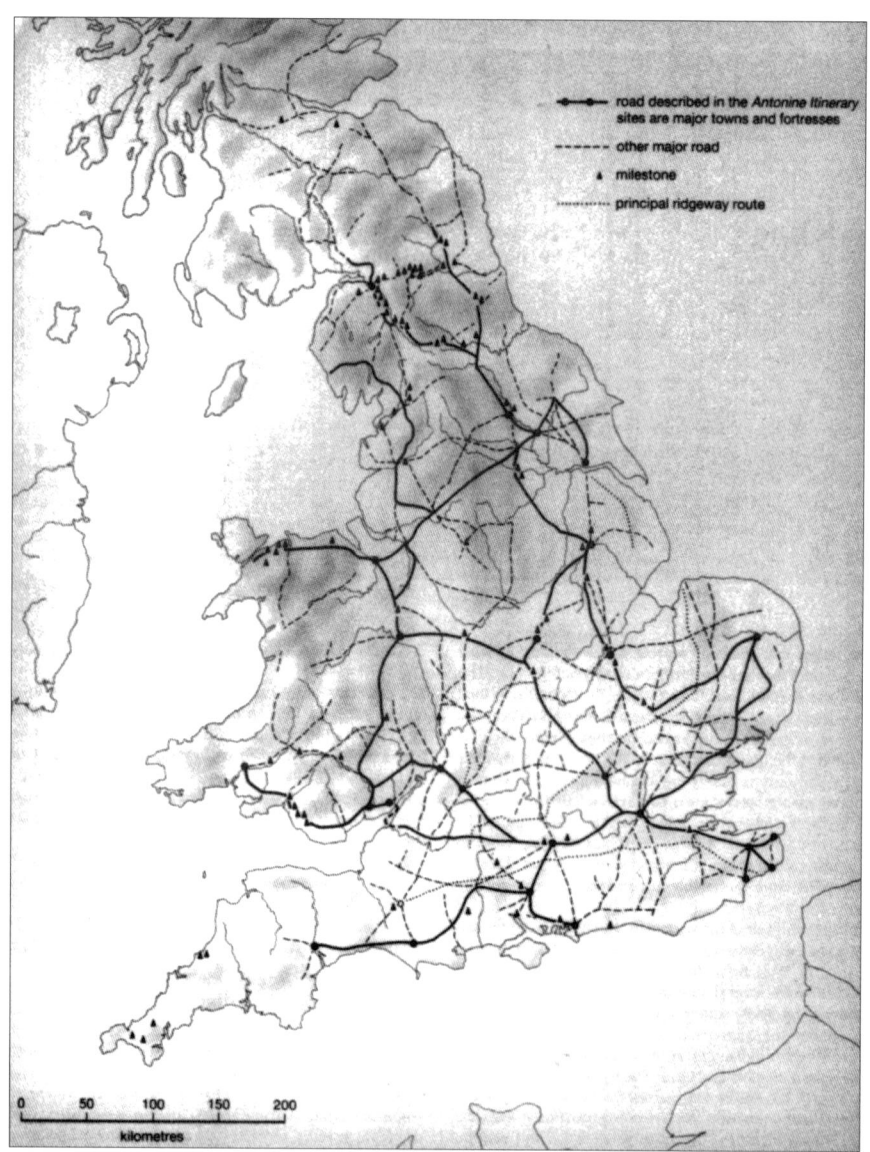

图 1-1 罗马不列颠时期的公路分布图

近的公路。每一条干线都有官员管理,而在道路网的中心,罗马建立了所谓的"金色界碑"(golden milestone)——一个镶有铜制镀金牌子的圆柱,上面刻有主要城市和罗马之间的距离。① 罗马不列颠时期,罗马人修建了以伦敦为中心、辐射整个英格兰主要城镇的公路系统(cursus publicus),总长约5 000英里,联结起埃克塞特、切斯特、约克、林肯和洛克斯特等地方。这些公路并没有试图将英格兰城镇联结在一起,相反却通常避开它们,因为修路的目的是为了军事和政治的需要。罗马大道一般宽14英尺,能容两辆马车并排通过,路面以碎石铺就,两侧有边沟,不结实的地面会被用木头加固,以保证即便是在天气恶劣的情况下也不影响通行。②

这些道路处于军事控制之下,由一名专职长官(Praefectus)负责。沿路修建驿站,以供休息和过夜。由驿长(manceps)负责管理一定数量的马匹、牛,还有建筑物。显然,这样的大路和驿站的存在是为了罗马军团和帝国信使的快速行进。商人们也可以使用这个系统,但需要支付约2.5%的税。③ 其他的普通公民也可以使用这一系统,但是条件很苛刻,必须持有相关证明,上面要写清楚用途。对这种驿站,拉丁语称作"positus",这也是"post"(邮政)一词的起源。"mail"一词则源于法语"malle",意思是流动的袋子。④

罗马帝国规定,每隔约8.3英里需要建立一个驿站,备有马匹和补给用品,每三个驿站有一个可以住宿的地方。根据天气情况,一个邮差(courier)每天可以走25至50英里不等。也有特殊的情况,有记录显示,

---

① Philip Beale, *A History of the Post in England from the Romans to the Stuarts*, Aldershot: Ashgate Publishing Ltd.,1998, p.1.
② Philip Beale, *A History of the Post in England from the Romans to the Stuarts*, p.3.
③ Frederick Wilkinson, *Royal Mail Coaches*, p.14.
④ Duncan Campbell-Smith, *Masters of the Post: The Authorized History of the Royal Mail*, London: Penguin Books, 2012, p.xxiii.

有人驾驶着两轮马车(cart)连续几天,每天行进 140 英里,这个速度直到铁路发明后才被超越。

驿递系统一开始有两种模式:一种是每个邮差负责一段路程,将信件交给下个驿站的邮差,这样可以使人和马匹保持充沛活力,从而保证信件的传递速度。另一种是由一个邮差从头到尾地负责传递,中间正常休息。第一种模式被采用了一段时间后,很快就被改成第二种模式。① 马匹被留着用来送信,除了官员之外,其他人不能予以使用。

根据现在发现的资料,罗马的邮件通常写在纸莎草纸或者木头片上,上面涂有黑色的蜡,会擦伤信息内容。这些字板(tablet)通常被折成长方形,一般有两片木板在外层充当信封保护信件。② 20 世纪 70 年代以来,在哈德良长城(Hadrian's Wall)附近的文德兰达(Vindolanda),考古学家陆续发现了许多这样的信件,在其他一些罗马时期的要塞遗址中也有类似发现。③ 这为我们了解罗马不列颠时期的通信情况提供了非常有价值的例证。

文德兰达在离哈德良长城西南 1 英里多的地方,是众多军事要塞中的一个,附近曾驻扎着总数约 5 万人的部队。在公元 122 年开始建造哈德良长城之前,这里一直是大不列颠岛上的北方边陲重镇,也是当时的交通枢纽。在公元 85—130 年间,文德兰达人用木材和泥炭修建起了 5 座堡垒。一条横贯大不列颠岛、由泥土铺设出来的交通要道即以此为起点,沿着大道向南行走一周左右就能到达伦底纽姆(Londinium),行走一个月左右可以到达罗马帝国的中心。④

---

① Philip Beale, *A History of the Post in England from the Romans to the Stuarts*, p.2.
② Frederick Wilkinson, *Royal Mail Coaches*, p.14.
③ A.K.Bowman, *Life and Letters on the Roman Frontier: Vindolanda and Its People*, London: British Museum Press, 1994.
④ Simon Garfield, *To the Letter: A Journey Through a Vanishing World*, New York: Gotham Books Ltd., 2013, p.31.

1930年，埃里克·伯利（Eric Birley）教授开始了文德兰达的挖掘工作。由于战争和其他因素的影响，埃里克的工作后来被迫中止。1967年，他的儿子罗宾·伯利（Robin Birley）重启文德兰达的考古挖掘工作。1972年秋，当罗宾试图挖掘一道沟渠以排除遗址西南角的水时，他有了惊人的发现——一批罗马不列颠时期的字板。这些字板被发现时，躺在沟渠的底部，上面覆盖了蕨类植物和干草，以及其他植物的细枝，同时还有其他人类生活的遗存，骨头、牡蛎壳以及皮具等。① 也正是因为如此，这些字板才被保存得相对完好。

　　在1973年的考古工作过程中，伯利共发现了86块类似的字板，在后续的考古工作中又发掘了240多块字板的碎片。② 迄今为止，考古学家们已经在文德兰达发现了1 000多封信和账目，后面应该还会有更多发现。③ 文德兰达出土的字板既有当时通行的厚字板，也有很多薄字板，其中后者的数量占了绝大多数。它们大多是很薄的木板，还有一些薄木条。字板上的文字大部分都是用墨水写的，这些墨水很可能一开始时是固体，需要用的时候掺上水就变成液体。有些比较硬的字板上的文字是用专门的铁笔刻上去的，因此其笔迹看上去更加粗壮。

　　专业人员借助现代化的手段复原了部分字板，使得字板上的一些文字变得清晰可辨。这些文字基本上都是拉丁语；从内容看，大多数是信件，还有一些账目和其他文书。古文字学家破译的第一块字板是由四块碎片拼接而成的，记录的应该是文德兰达驻军的食物采购清单。由于有些字迹已经消失，只能断断续续地看出上面记录的大概内容：

---

① A. K. Bowman and J. David Thomas,"The Vindolanda Writing Tablets and Their Significance: An Interim Report", *Historia: Zeitschrift für Alte Geschichte*, Vol.24, No.3（1975），pp.463 - 464.
② A. K. Bowman and J. David Thomas,"The Vindolanda Writing Tablets and Their Significance: An Interim Report", *Historia: Zeitschrift für Alte Geschichte*, Vol.24, No.3（1975），p.466.
③ Simon Garfield, *To the Letter: A Journey Through a Vanishing World*, p.35.

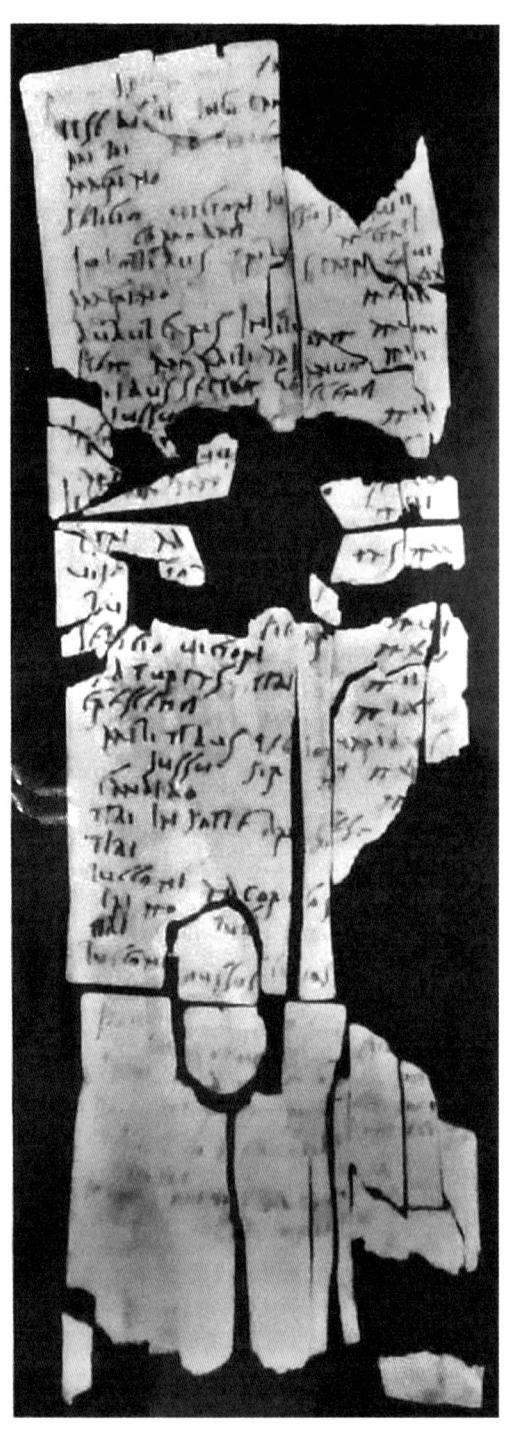

图1-2 文德兰达出土的罗马书信(摄于大英博物馆)

>……各种香料……山羊肉……腌渍……乳猪……火腿……玉米……鹿肉……每日……山羊肉……总共（迪纳里①）20……二粒小麦②……总共……

破译的第二块字板由两块碎片拼接而成，是一封寄送给某戍卫士兵的私人信件：

>我已经从萨提亚(?)给你寄出(?)了×双袜子、两双便鞋，另有两条内裤和两双便鞋……请问候我的朋友们(?)……恩迪丝、艾尔匹斯、尤……恩努斯。泰特里库斯和你所有的伙伴们，我希望你们都能够健康长寿、事事如意。③

由于地处北方边境，驻守文德兰达的士兵们终年要面对很多大大小小的战役，这其中既包括来自北方苏格兰的威胁，还有来自南部的偷袭，更要想方设法地抵御不列颠寒冷的冬天。通过这些书信，我们得以了解这些长期驻守在这里的罗马异乡人的故事，以及更多在罗马帝国统治下的不列颠人的生活境况。

在文德兰达的博物馆里保存着这样一封信件：

>马斯克鲁斯向赛瑞阿里斯国王陛下致以问候。恳请我的主人对我们明日的行动作出指示。我们是否应该按计划一起撤回路口(的神殿)？还是需要分头(也就是说，兵分两路)撤退？……再会。我的士兵们已经没有啤酒可以喝了。请派人送一些来。

>……奥克塔维厄斯向他的兄弟坎迪达斯致以问候。马里纳斯的那几百磅材料的货款④——我会尽快付清的……在过去的好几封信

---

① 迪纳里：古罗马的货币单位。
② 小麦品种之一。
③ Simon Garfield, *To the Letter: A Journey Through a Vanishing World*, pp.34-35.
④ 奥克塔维厄斯是一名商人。他在信中提到的"材料"是一种建造石弩的重要原料。而"兄弟"一词在文德兰达的信件中是常见称谓，应该被理解为"同志、伙伴"。

中我都反复提到，自己买了五千莫迪的粮食（约 1 配克①），因此急需用钱。除非你给我寄些钱，至少五百迪纳里，否则我就只能花掉自己的三百多迪纳里的存款了——那样我会很没面子的。所以，我请求你尽快给我寄些钱来。你在信中提到的那批兽皮在卡他拉科托尼厄姆（即卡特瑞克，制革中心）……不管路况再差、有多伤马，我也是要过去取货的。②

在展示柜的另一边展出的是由罗宾·伯利挑选出来的一些以书信为内容的"最佳字板"，其中就包括上文引用到的请求发放啤酒的字板，以及详细记录了某天驻军人数的列表。此外，还有几块字板上分别记录了为农神节所做的准备、针对猎网价值的讨论、对英国敌对部落实力的情报以及在前线如何交友的信件。

在已经被破译的这些信件中，弗莱维厄斯·赛瑞阿里斯（Flavius Cerialis）这个名字反复出现。作为巴达维亚第九步兵大队的长官，他娶了素皮希雅·勒皮蒂娜（Sulpicia Lepidina），现有书信中也有勒皮蒂娜和她三位女性朋友之间的通信。③ 正是由于他的名字反复出现，才使得考古学家们有把握将这些字板的制作年代确定在了公元 97 年至 104 年之间。从书信的内容我们可以看出，赛瑞阿里斯麾下的人员变动频繁，而他在批准病假或照顾性休假方面也比较宽松。此外，他的部队高层人员的伙食条件也相当不错：不仅有上文提到的山羊肉和乳猪肉，还有猪脚、狍子肉、鹅肉、蒜泥、烈酒、大茴香、鱼酱、百里香、香菜、甜菜根、橄榄、啤酒和葡萄酒，主食则包括小麦、燕麦、黄油、大麦、鸡蛋和苹果。在几封书信中，笔者还曾提到过厨房的炊具情况，以及一份可能是从勒皮蒂娜的厨房中流传出来的菜谱。

除此之外，我们也从这些书信中了解到，士兵的衣橱里备满了大量适合各种体型和各种天气穿的服装和便鞋（包括毛料斗篷、精致的羊绒束腰

---

① 配克：计量单位，等于 8 夸脱或 1/4 蒲式耳。
② Simon Garfield, *To the Letter: A Journey Through a Vanishing World*, pp.36 - 37.
③ Philip Beale, *A History of the Post in England from the Romans to the Stuarts*, p.8.

外衣、高卢鞋),带有各种装饰的布料、毯子,以及全套的夜间活动服装。①

从文德兰达的书信中,我们无法精确还原当时驿递系统的准确情况,但至少可以了解一些大概面貌。它是罗马帝国邮政系统的组成部分,以罗马为起点,通过罗马大道将不列颠连在一起。最初的诺森伯兰郡邮政体系就是由往返奔波在罗马大道上的私人信使组建起来的。从这个意义上说,文德兰达要塞的作用就相当于现代邮局的分拣办公室。事实上,文德兰达是当时新兴邮递服务系统的重要试验点之一。据一本名为《安东尼路线》(*The Antonine Itinerary*)的书籍记载,邮差在旅途中都会有固定的地点用以休息和更换马匹。当然,书信并不是这些道路上唯一被往返运输的东西,但据考古人员考证,后辈的罗马皇帝们都下达过明确的指示,允许军队信函优于服装或牲畜物品等被优先递送,从而形成了最早的快递系统。②类似文德兰达这样的罗马时期的信件在卡利恩、卡莱尔和伦敦都有所发现。③

罗马不列颠时期的邮驿制度为罗马实施对不列颠的管理起到了重要的作用。罗马皇帝的很多批复正是以书信的形式送达不列颠,信中罗马皇帝针对官吏或私人提出的法令问题作出答复,往往就在原来的呈书上直接加以批注。④ 良好的驿递系统使得罗马皇帝能够及时了解到不列颠的情况并予以回复,是其维系统治不可或缺的手段。

这就是罗马不列颠时期邮驿制度的概况。然而随着罗马统治的结束,这样的制度也终告崩溃。之后的不列颠因为缺乏一个统一政权的控制,逐步分裂成不同的王国,那些国王与国王之间、政府与政府之间以及教会之间的联系主要由私人信使来维系,但常规的、统一的邮政服务不复存在。

---

① Simon Garfield, *To the Letter*: *A Journey Through a Vanishing World*, pp.39 – 40.
② Simon Garfield, *To the Letter*: *A Journey Through a Vanishing World*, pp.38 – 39.
③ Philip Beale, *A History of the Post in England from the Romans to the Stuarts*, p.8.
④ Elizabeth Green, "Law and Legal System in the Principate", in John Watcher, ed., *The Roman World*, p.444.

二、中世纪英格兰的社会经济状况

1066年,英王虔信者爱德华(Edward the Confessor)去世,贤人会议推举哈罗德(Harold)为新国王。但诺曼底公爵威廉(William)声称,之前爱德华在诺曼底避难时曾经许诺将王位传给他,由此主张英格兰的王位继承权,但遭到拒绝。为此,威廉发动了对英格兰的武力征服,成功后建立了诺曼王朝。

诺曼王朝开启了英格兰的封建时代,逐步建立起封建王权的政治统治,也开启了英格兰国王跨越海峡的统治。威廉既是英格兰国王,又是诺曼底公爵。他以其私家内府为核心组建了王廷,并使其成为国王的宫廷生活管理机构以及王国的政治、司法中枢。王廷要召开王廷会议以讨论政事、进行决策。威廉经常带着王廷巡游各地,他在位时约有一半的时间是在法国度过的。因此,他不在英格兰时会设立摄政一职,以摄政代表国王进行统治。摄政的权力广泛,包括司法、财政、军事等要权。出身王族的权贵奥多(Odo)以及坎特伯雷大主教朗弗兰克(Lanfranc)等都曾先后担任过这一要职。①

亨利一世(Henry Ⅰ)在位时,推行了一系列的改革措施以完善国家治

---

① R.A. Brown, *The Normans and the Norman Conquest*, Suffolk: Boydell, 1985, p.212.

理。在中央层面,他大大增加了王廷会议召开的次数。原来王廷会议一年召开3次,虽然可以根据特殊情况临时召开,但这不在正常范围内。亨利一世经常召开这种额外的王廷会议。据统计,1100—1135年间,亨利一世额外召开的王廷会议多达77次。[①] 此外,亨利一世还设立了宰相一职,使其成为一个固定职务。王国的中央财政机构——财政署,也在这时正式成立。

亨利一世去世后,王位传给了他的外甥斯蒂芬(Stephen),由此引发了十几年的内战。亨利一世的女儿玛蒂尔达(Matilda)认为自己才是王位的合法继承人。最终双方达成协议,即约定在斯蒂芬去世后,由玛蒂尔达的儿子继承英格兰王位。这样,英格兰开启了一个新的王朝——安茹王朝,又称金雀花王朝。

金雀花王朝时期的英格兰版图空前扩大,亨利二世(Henry Ⅱ)从父亲的手里继承了安茹王国,后来他娶了阿基坦(Aquitaine)的女伯爵埃莉诺(Eleanor),将阿基坦收入囊中。此后,他又陆续将其统治疆域扩大到了布列塔尼、加斯科尼等地,形成了一个北抵北海、南达比利牛斯山的庞大帝国。横跨海峡的大帝国对国家的治理提出了更高的要求。

亨利二世统治时期,经常和一些重臣一起商量国家大事,逐步形成了御前会议,使之实际上成为国王统领下的王国政务首脑部门。他还使财政署成为更加稳定的国家机构,官吏日趋专职化,也有了固定的办公地点——威斯敏斯特。亨利二世重视法治建设,颁布了一系列法令以改革司法。御前会议制定法令;王室法庭颁布法令;由国王任命的巡回法官在各地办案,以确保法令的执行。亨利二世所颁布的法令被看作英国普通法的一个里程碑。[②]

金雀花王朝也是英国议会制度发端并走向完善的时期。1295年,英

[①] J.A. Green, *The Government of England Under Henry* Ⅰ, Cambridge: Cambridge University Press, 1986, p.22.

[②] E. Jenks, *Law and Politics in the Middle Ages*, London: John Murray, 1919, p.41.

王爱德华一世(Edward Ⅰ)召开了一次议会,议会代表不仅包括教俗贵族、国王臣僚,还包括骑士、市民与低级教士。这意味着原来由封建贵族讨论国事的大会议开始向代议制议会转变,因此,这次议会被19世纪英国宪政史学家斯W.塔布斯(W. Stubbs)誉为"模范议会",被视为中世纪英国议会的开端。①

14世纪的政治风云变幻使得议会的召集更加频繁,议会逐步成为英国政治生活中举足轻重的一股力量。国王、王廷和大臣们大部分时间住在威斯敏斯特、伦敦或温莎。议会经常在威斯敏斯特集会,1339—1371年间的31次议会都是如此,1459年后议会就没有在别处召开过。"政府的各部渐渐地在威斯敏斯特、或在较小的程度上在伦敦有了常设办公室。"②

除了封建君主的统治日趋完善之外,这一时期的经济与社会生活也有了一定的发展。伦敦是当时全国最大最富裕的城市,到中世纪后期已成为王国无可争议的首都,不过在宗教方面除外(在宗教上,坎特伯雷仍然是全英格兰的中心)。伦敦与威斯敏斯特及两城间的河岸郊区一起变成了王国的行政、商业、文化和社会中心。

这一时期,作为商品交换场所的市场的数量不断增加,而且呈现了越来越突出的专门化倾向。有学者估计,到中世纪晚期,在英格兰和威尔士的800多个市镇中,专门化市镇占300多个。其中,从事小麦贸易的市镇133个,蔬菜集市26个,水果集市6个以上,牛市92个,羊市32个,马市13个,猪市14个,鱼市30个以上,野味和家禽市场21个,奶酪和黄油市场12个,羊毛和毛线市场30多个,呢绒市场27个以上,革制品市场11个,麻市场8个。③

---

① W. Stubbs, *The Constitutional History of England*, Vol.2, Oxford: The Clarendon Press, 1896, p.133.
② [英]肯尼斯·O.摩根主编:《牛津英国通史》,第225页。
③ Joan Thirsk, ed., *The Agrarian History of England and Wales*, Vol. 4, London: Cambridge University Press, 1967, pp.491-492.

食品是英国海外贸易的重要商品之一,在整个中世纪早中期,尤其是13世纪,英格兰都是食物包括谷物的出口国。1300年左右,英国奶产品的出口开始增加。羊毛及毛纺织品成为英国最重要的出口商品。"13世纪后半叶,英格兰平均年出口羊毛达到3万袋,价值约1 100万镑;最多时达到3.5万至4万袋,价值约1 500万镑。随着呢布业的发展,14至15世纪英格兰的出口呢布达5万匹。"①

贸易的发展带动了道路的改善,但是囿于资金、技术和管理等条件,道路的通行状况依然不尽如人意。直到15世纪,英国的公路状况仍然非常糟糕。罗马不列颠时期铺设的壮观的罗马大道还在使用,不过已经年久失修。中世纪时期,英国铺设了一些新路以联结村庄与城镇,满足农业生产的需要,但这些路的质量远远不如罗马大道。有很多路就是在原来驮马踩出的小道上稍加修整而成。即便是通往伦敦的路,情况也很差。14世纪中期,那些用两轮马车、驮马运送食品或陶器去往伦敦的人常常怨声载道,因为糟糕的路况往往会给商品带来很大的损耗。②

糟糕的路况除了和筑路技术有关之外,最重要的原因应该是疏于管理和维护。中世纪时,维护道路的责任在庄园领主和城镇管理者手中,但在实际执行中,情况并不如人意。有很多年,科尔切斯特(Colchester)附近的道路难以通行,经调查发现部分原因是道路旁的排水沟渠被堵,没有进行清理,造成路面经常被积水淹没。排水沟在威斯敏斯特修道院院长的领地里,每当人们试图让他清理排水沟时,他和他的管家总能阻止在民事法庭上讨论这个问题。这种情况差不多持续了30年,期间这个修道院院长一直拒绝履行自己的责任,使得周围的公路深受其害。③

---

① [英]M.M.波斯坦、爱德华·米勒主编:《剑桥欧洲经济史》(第二卷),钟和等译,北京:经济科学出版社,2004年,第152页。
② H. S. Bennett, *The Pastons and Their England*, Cambridge: Cambridge University Press, 1932, p.132.
③ H. S. Bennett, *The Pastons and Their England*, p.135.

中世纪的公路卫生状况令人堪忧,路上常有乱扔的垃圾和各种污秽的东西。海斯(Hythe)的百户区法庭就曾经年复一年地审判那些在大路上乱扔垃圾的人。其中有人把牛粪随便丢弃到厨房对面的马路上,还有人把大路当成自家的耕地。1424—1425年间,林恩(Lynn)的地方法庭还不得不颁布法令禁止屠夫在马路上屠宰牲畜。此外,随意破坏公路的情况也经常发生。人们可以为了自己的利益在马路上随便挖坑,全然不顾这样给别人带来的危险。例如,一名诺丁汉的陪审员就曾经提到有个叫罗伯特·梅勒(Robert Melors)的人为了获得泥土,直接在马路上开挖。在艾尔斯伯里(Aylesbury),马路被人挖了个深坑,一个卖手套的行商不幸掉进去淹死了。当法官审问那个挖坑的磨坊主时,他回答说在别的地方找不到他要的泥土,所以他就去挖了。①

除了要忍受坑坑洼洼的路面和扑鼻的异味之外,中世纪的旅行者们还要随时提防可能出现的盗抢行为。尤其是在人烟稀少的路边,在树林或灌木丛里,经常会有强盗出没。帕斯顿家族的女主人玛格丽特·帕斯顿(Margaret Paston)的一个叔叔菲利普·伯尼(Philip Burney)就曾遭遇类似的厄运。他在回家的大路上遭遇10个人在索普树林附近设下的埋伏,歹徒们射死了他的马,把他掀翻在地,暴打了他一顿,从那以后他就没能恢复过来,在病床上辗转15个月之后,因医治无效而去世。② 这种公路盗抢行为后来一直存在,甚至在某些时段愈演愈烈。

这种交通状况制约了信息传递的速度。目前大家公认的中世纪的平均旅行速度是每天20—30英里,最多30—40英里,速度快慢主要受制于路况、天气和其他因素。③ 长途旅行是一件很不方便的苦差事,也基本和女性无缘。从帕斯顿家族的通信中,我们可以看出那时从诺里奇

---

① H. S. Bennett,*The Pastons and Their England*,pp.133-134.
② H. S. Bennett,*The Pastons and Their England*,p.141.
③ H. S. Bennett,*The Pastons and Their England*,p.155.

(Norwich)到伦敦至少需要 4 天的时间。

14 至 15 世纪,英国人的识字率明显提升,能读写的人已经不限于贵族、教士或政府官员。1381 年农民起义时,农民们的诉求是口头陈述给理查德二世的。而 1450 年的凯德起义中,起义者们一开始便把他们的要求以书面形式呈交上去。这份用英语写成的文件不仅很长,而且行文连贯。那时出版稿件的业务也日益增加。约翰·雪莉(John Shirley)"据说在圣保罗大教堂附近租了四间厂房来经营这项业务,并且出版了'小民谣、申诉和短诗'供出售或借阅。20 年后,关税账目上记载着通过伦敦进口了大量抄本,仅在 1480 至 1481 年间就超过 1 300 本"[1]。

托马斯·莫尔(Thomas More)在 16 世纪初曾经推断 50%以上的英国人能读书写字。1381 年后,俗人也常常成为英格兰的财务主管,这个职务要求必须具备能读会写的资格。有文化的人常被政府部门雇佣为秘书,诗人托马斯·霍克利夫就曾任秘书超过 35 年。到 1381 年时,商人们都有了书写的账单。此后不久,自耕农也会写,至少是能读私人信件了。信件越来越成为普通人对外联系的重要手段。

文化水平的提升和教育的发展有着莫大的关系。在诺曼征服后的数个世纪中,基督教在英国教育领域处于支配地位,教会学校包括修道院学校、大教堂学校和堂区学校。然而到了 12 世纪,王国事务的日益复杂对官员的文化水平提出了更高的要求,这也相应地使世俗贵族和城市市民开始重视学习。在 14 至 15 世纪,英格兰成立了不少语法学校。1382 年,威克哈姆的威廉在温彻斯特建立了一所语法学校,这是"英格兰公学"的萌芽。后来,贵族、行会、商会也建立了一些初等学校和语法学校。"到 15 世纪末,已有 500—600 所俗人所建的学校分布在英格兰了。"[2]这些学校的学生除了要学习语法、修辞外,还要学习数学、几何、法律、天文、音乐等。在重

---

[1] [英]肯尼斯·O.摩根主编:《牛津英国通史》,第 229 页。
[2] 钱乘旦、许洁明:《英国通史》,上海:上海社会科学院出版社,2002 年,第 106 页。

要的节日,这类学校高年级的学生还要举行公共辩论与武术、舞蹈等比赛。① 还有一部分人向往更加发达的欧洲大陆而选择前往游学。世俗教育的兴起提高了民众的文化水平,而读写能力的增强又使得用书信交流成为可能,对于邮政的发展起到一定的刺激作用。

---

① F. Barlow, *The Feudal Kingdom of England: 1042 - 1216*, London: Longman, 1955, p.249.

三、萌芽初现

中世纪的英国确立了封建王权，建立了横跨海峡的国度。疆域的扩大和人口的增多对国家治理提出了更高的要求。另外，经济与贸易文化的发展也增加了对信息交流的需求。因此，这一时期的英国出现了建立邮政制度的最初尝试。

罗马帝国解体之后，随着蛮族入侵，原有的帝国通信被中断。欧洲的很多国家都尝试设立自己邮政服务系统。9世纪初，查理曼大帝（Charlemagne）建立了一个仅供皇家使用的邮政系统。但是随着查理曼帝国的瓦解，这一系统也不复存在。路易十一（Louis Ⅺ）时期，1464年，法国建立了一个长久的皇家邮政。私人也可以使用它，但是要经过特许以及支付一定的费用。①

当时欧洲的中央地带被松散的神圣罗马帝国（Holy Roman Empire）统治着，邮政设施也很落后。1493—1519年，马克西米连一世（Maximilian Ⅰ）在位期间，迫切需要在他统治的广大领土之间建立联系。1491年，他任命弗朗兹·冯·塔克西斯（Franz von Taxis）和约翰·冯·塔克西斯（Johann von Taxis）等作为自己的邮政主管。马克西米连一世的继任者查

---

① Howard Robinson，*The British Post Office：A History*，p.4.

理五世(Charles V)授予弗朗兹等人更大的权限,让他们掌管更为广大的地区,包括西班牙和意大利南部。

中世纪的不列颠也出现了这样的尝试。在中世纪,英格兰的国王和王廷经常在全国流动,这使得和国王联系变得很困难。在英格兰早期,驿马制度(The Regular Horse Post)设立之前,公共或私人的信件都是通过私人信使传递的,这些私人信使并不固定,多为临时指派。亨利一世统治时期,国王开始长期雇佣专门的信使。这些信使或者拿固定工资,或者按送信的里程收费。他们的收费和用时情况被记录在财政部的档案中。例如那些前往萨里(Surrey)、苏塞克斯(Sussex)和米德赛克斯(Middlesex)的信使以一天为限,付给 2 便士用来吃饭。而那些到更远地区,例如诺森伯兰(Northumberland)、坎伯兰(Cumberland)以及威尔士等地区的信使能拿到 20 便士,因为一趟要耗时 8 天。①

付给信使(nuntii)的费用占了王室费用的很大一部分。信使负责亲自走完全程,并把信件交到收信人手中。② 一些重要的男爵们也有自己的私人信使。约翰王(King John)时期,这些付给信使的工资被记入专门的名册。③ 自亨利二世时期起,皇家信使必须要穿制服。一开始信使的马匹由他们自己或是皇家提供,当爱德华一世建立了固定的驿站之后,驿站必须提供马匹以供租用。④

随着国家事务的增长和日趋复杂,国王需要一些核心的人员来处理那些不需要国王决定的普通、常规的事务。由此产生了两个重要的官职:财政大臣(Exchequer)负责国王的财政事务,大法官(Chancery)负责信件、租

---

① Philip Beale, *A History of the Post in England from the Romans to the Stuarts*, p.21.
② J. C. Hemmeon, *The History of the British Post Office*, Cambridge: Harvard University, 1912, p.3.
③ William Lewins, *Her Majesty's Mails: An Historical and Descriptive Account of the British Post-Office*, London: Sampson Low, Son and Marston, 1864, p.4.
④ William Lewins, *Her Majesty's Mails: An Historical and Descriptive Account of the British Post-Office*, p.5.

约等类似的事务。很明显,这两个部门都需要雇佣信使,信使由一个专职官员负责管理,这个官员被称为"接待员"(Usher)。① 当然,除了这两个部门之外,其他的部门也可以有信使,但为数不多。信使们除了工资之外,还会有额外的旅行津贴,他们同时要宣誓效忠和保守秘密。但并不是所有的信使都值得信任,这既有主观因素又有客观原因。主观上可能是信使自己不负责任;客观上是当时的道路交通情况并不安全,他们也时常处在危险之中,邮件被抢或被盗的情况也不少见。

在13、14世纪之间,王室内务大臣(Wardrobe)接管了管理信使的工作。在1342年后,再次由财政大臣接管并负责付薪水给他们。这些皇家信使向国王宣誓效忠,享受很好的待遇,退休后会有养老金,也有可能在不做信使时得以出任某个官职。②

随着政府的功能越来越复杂,通信的数量也明显增长,其中大多数官方信件是由统治者送给贵族们的。疆域的扩大和事务的日趋复杂,导致官方通信的数量大大增加。中世纪,英格兰的乡村区域被划分为约37个郡,有28个郡守(sheriff),有一些城镇也有自己的郡守。这些郡守们主持地方法庭、收取王室税收、统领地方军事力量,是国王统治地方最重要的助手。亨利三世(Henry Ⅲ)时期的一份文件就记载了8个专门负责国王和郡守之间通信的信使。大部分的信件都是写给郡守的,主要是王室敕令以及一些法令,郡守收到信后要及时登记、保存并且根据指令行事。1361年《劳工法令》(*Ordinance of Labourers*)颁布之后,林肯郡的郡守就接到信件,要求他在其辖区内所有公开场合宣读该法令,并将法令抄写后发给该郡所有的治安法官,使其人手一份。以贝德福德郡(Bedfordshire)和白金汉郡(Buckinghamshire)为例,现存从1333年6月至1334年11月的敕令超过

---

① Philip Beale, *A History of the Post in England from the Romans to the Stuarts*, p.19.
② Frederick Wilkinson, *Royal Mail Coaches*, p.15.

2 000份,还没包括那些已经遗失的部分,可见当时发往地方的敕令数量之多。① 据估算,在1100—1135年的亨利一世统治时期,仅财政部平均每年送出的信就达4 500封。在接下来的世纪里,信件数量稳步增长。亨利三世统治初期,大法官处用来封缄书信的蜡的每周用量是3.5磅;到了1271年亨利三世统治末期,蜡的用量增加到了32磅。这也从一个侧面反映了信件数量的增长。②

早期的官方信件通常写在羊皮纸上,被装入柔软的白色皮袋子,皮袋子上端有绳子可以收口,外面贴有标签注明目的地。这种大小不同、颜色各异的皮袋子直到19世纪都在使用,因为更换或者维修皮袋子对邮局来说是一笔不小的开支。

马匹是重要的交通工具,要维持这样的驿递制度,就需要保证充足的马匹供应。客栈的店主们也被要求准备四匹备用的马放在离伦巴德街不远的小旅店里。地点都离伦敦的市长官邸很近,市长拥有专为自己服务的一小群信使。③ 城市的官员同样被要求提供马匹,尤其是在危机发生的时候。这部分的费用并不低,根据城镇的记录,这些费用有时会累积到一个让当地官员抓狂的地步。

当时的邮路只有两条路线完全由政府建设:一条向北通向贝里克(Berwick);另一条向东南通往多佛,从那里可以通向欧洲大陆的加莱,大多数官员正是通过这条路去往欧洲。对于和英格兰有着特殊关系的城镇,比如说威尼斯,有着常规的邮路,其他地方则视情况而定。由于在欧洲大陆有领地以及和法国的特殊关系,当时英王和法王之间的通信往来相对较多,信使除了给其传递书面信件之外还负责带口信。例如,当亨利二世得

---

① Philip Beale, *A History of the Post in England from the Romans to the Stuarts*, p.24.
② M.T.Clancy, *From Memory to Written Record: England 1066 – 1307*, Oxford: Blackwell Publishing, 1993, pp.58 – 59.
③ Frederick Wilkinson, *Royal Mail Coaches*, p.16.

知埃莉诺和儿子们试图联合法国背叛自己时,他派遣信使到巴黎,要求孩子们不要再犯傻了。信使发现小亨利国王陪在路易七世身边。信使要求他立刻返回父亲身边。路易七世插嘴道:"这是谁的要求?"回答:"英格兰国王。""并非如此,"路易七世看着小亨利说道,"英格兰国王不就在我身边吗?"①

中世纪的战争中也时常可见书信的往来。十字军东征时期,理查德一世(Richard Ⅰ)曾向萨拉丁(Saladin)发出书信,要求与他秘密谈判,同时还请求提供桃子和冰块来帮助自己退烧。萨拉丁派人送来了水果,但不肯与他见面。此后,两位领袖之间建立了信函往来关系。② 百年战争期间,由于战场是在法国,通信需求变得更为急迫,但远距离通信既不经常也不容易。在当时枢密院的官方记载中,出现了一些传教士充当信使的记载。例如1430年,两个小兄弟会的修士从法国巴黎带信到英国,因此获得10英镑的报酬。两年后,一个威斯敏斯特的修士以及一个随从也因为送信而得到奖赏。1443年,有人因为送信给贝德福德公爵(Duke of Bedford)而收获20英镑的酬劳。1451年,又有人因为送来了苏格兰国王的信件而被赏100英镑。这种通信往往比较随机,并没有一个常设的邮政机构。当时,唯一的有计划的安排是在1432年,两个传令兵被派到法国负责送信,当一个返回英国的时候,另一个必须待在法国。③

在15世纪即将结束的时候,由于和苏格兰发生战争,英王亟需一个更有效和快速的通信系统,爱德华四世(Edward Ⅳ)采取的变革措施是在从英格兰到苏格兰的主要道路上每隔20英里设一个驿站,里面备马以供信使更换,这样送信的速度可达到每天100英里。④ 但是1481年爱德华四世

---

① [英]丹·琼斯:《金雀花王朝》,陆大鹏译,北京:社会科学文献出版社,2015年,第85页。
② [英]丹·琼斯:《金雀花王朝》,第125页。
③ Howard Robinson, *The British Post Office: A History*, p.5.
④ J. C. Hemmeon, *The History of the British Post Office*, p.3.

建立的邮政只供官方使用,而且很短命。直到16世纪,英国都没有一个常设的邮政机构。皇家信使是不为普通大众服务的,老百姓要送信主要还是靠脚夫(Carrier)、仆人或是外出旅行的朋友。信息传递的速度很慢,即便官方信息也是如此。

除了官方通信之外,中世纪英格兰的私人通信也得到了一定发展。在中世纪,欧洲大陆开始出现私人通信机构。民间通信的发展与大学的出现以及社会流动性的增强等因素有着密切的关系。

1087年,意大利建立了第一所正规大学——博洛尼亚大学,它是欧洲最著名的罗马法研究中心。随后,欧洲各地相继出现了大学。巴黎大学是由巴黎圣母院的附属学校演变而来。1200年,法王承认巴黎大学的学者具有合法的牧师资格,有司法豁免权。1215年,教皇特使为巴黎大学制定了第一个章程,取消了圣母院主事对巴黎大学的控制权,巴黎的教师协会获得了合法团体的资格。至此,大学完成了由习惯认可到被法律承认的转变。

英国最早的大学是牛津大学。1071年,诺曼底人在牛津建造了一座城堡。11世纪末,埃坦庇斯的西奥巴德曾在这个城堡里教授过60—100名学生。12世纪初,牛津陆续建起小修道院、医院和女修道院。1133年左右,罗伯特·普仑在此讲授神学课程。那时,学者和大师仅仅租用一些大厅作为课堂,自己开设一些课程和提供课程结束时的证书;学生则直接向讲授者支付费用。1155年,这座城市获得特许证书。据说在1167年左右,亨利二世和法国国王争吵,英国学生由此不能进入巴黎大学,一大批英格兰学者因此离开巴黎回到牛津,使这里成为英格兰的学术中心。1209年,学生与市民发生冲突而遭到市民报复后,一部分人向东迁徙而建立了剑桥大学。①

---

① 钱乘旦、许洁明:《英国通史》,第101页。

除了吸引外国学生到英格兰留学之外,不列颠岛上的年轻人也开始了他们前往欧洲大陆留学的经历,其中尤以苏格兰的年轻人为盛。由于苏格兰和法国的特殊关系,苏格兰的外交家、慈善家、传教士和朝圣者、商人、手工业者及学生,都想去欧洲大陆。时谚有云:"苏格兰人,像老鼠和虱子一样,踏遍世界各个角落,我猜,你都将发现他们。"①

苏格兰学生是巴黎大学最早的留学生之一。《埃尔德盟约》加强了法国和苏格兰之间的联系,这项和平互助条约是为了反对两国共同的敌人——英格兰,于1295年签署,并在1560年前进行了多次修改。苏格兰学生不愿意去牛津和剑桥,在那里的苏格兰学生不超过学生总人数的1%,因此他们不得不穿越海峡,选择去巴黎学习文科、神学及教会法,选择去奥尔良学习教会法和民法。1340—1410年,苏格兰人去得最多的是巴黎大学(有260人)、奥尔良大学(有60人)和阿维尼翁大学(有34人)。苏格兰人曾于1325年在巴黎建立了学舍,但是,这个学舍远远不能满足日益增加的留学生的需要。②

这些在欧洲不同大学求学或者任教的人们离开家乡,辗转各地,找寻他们渴望的学识、朋友和闲暇,书信则成为他们与家乡联系的主要方式。他们需要家里寄钱时,心中有喜怒哀乐需要向亲人倾诉时,都只有诉诸写信的方式。他们留下的信件也因此成为我们了解中世纪大学生活的一扇窗口。

随着民间通信需求的增加,如何写好一封信成为令很多人关注的问题。到了13世纪,市面上可见的书信模板越来越多,它们满足了人们提升书信写作能力的需求。最初,只有在欧洲的学校里才会教授书信的写作技巧,但是,西塞罗等人的书里提到的那些技巧已经不能满足当时的需要。

---

① [比]希尔德·德·里德-西蒙斯主编:《欧洲大学史》(第一卷),张斌贤等译,保定:河北大学出版社,2008年,第323页。
② [比]希尔德·德·里德-西蒙斯主编:《欧洲大学史》(第一卷),第323页。

因此，当时的人们面临两个选择：一是付费给那些在集市中摆摊的书信代写人，二是自己备一本书信写作自助手册。这种书信写作自助手册后来又不断细化，发展出一种能够提供更加细致的法律或专利类事务的自助指南。①

这类自助指南最先在意大利和法国流行开来，然后波及英国。英国的第一本书信写作指南是由意大利博洛尼亚的乔瓦尼编纂的，特别为坎特伯雷大主教使用。阿奎利加的劳伦斯则编写了第一套得到广泛使用的信函模板。使用者只需要从列表中挑选适用的词语填在模板的空白处，即可完成一篇书信写作。这套模板被广泛使用，收信者从国王、会吏长②到异教徒和无神论者，非常广泛。③

很快，博洛尼亚和奥尔良地区的一些拥有高等学府的城市里也开始出现了各式各样的专业写作指南，而作者们也因其压倒一切的政治影响力而被戏称为"独裁者"。这些"独裁者"大部分都是神职人员，其中有一部分还兼任大学里的教职人员。在那个年代里，他们是大名鼎鼎的文索夫的杰弗里（Geoffrey of Vinsauf）、奥尔良的阿努夫（Arnulf of Orleans）、布卢瓦的彼得（Peter of Blois）、希尔德斯海姆的鲁道夫（Ludolf of Hildescheim）和苏黎世的康拉德（Conrad of Zurich）。④

中世纪的书信格式大体上有这样几个特征：

① 信的开头部分属于礼节性套话。这种套话格式因写信者和收信者阶层与身份而不同。

② 序言部分需要引用格言或圣书中的句子，这是流行的写法，其作用主要是把读信人导引向一种虔诚的心态上去。

---

① Simon Garfield，*To the Letter: A Journey Through a Vanishing World*，p.91.
② 英国国教中地位仅次于主教的牧师，主要职责是协助主教监督其他牧师。
③ Simon Garfield，*To the Letter: A Journey Through a Vanishing World*，p.92.
④ Simon Garfield，*To the Letter: A Journey Through a Vanishing World*，p.93.

③ 正文部分属于寄信人想要表达的真正主题。这部分常常以若干的请求结束。

④ 书信结尾部分需要一些结语式文字。①

这类文体范式的结构仍然受到古希腊修辞学传统的影响。政治辩论、法庭辩论、礼仪辩论等方面的修辞运用与书信的写法，在结构上有相似之处。欧洲人无论是口头表达还是书面表达，为了向对方传达自己的意思，总是要用这类文体。

学生信件的主要内容大多围绕着大学生活而展开。虽然如今已时隔几百年，但回头看，我们仍然可以感受到一幕幕熟悉的场景。比如，孩子决定要远离家乡而出去上大学，家长就开始着手准备，包括不止一次地写信联系城市里的住所；向亲人或朋友写信；给大学的教师写信，请求其对自己的孩子多加关照；委托可靠的人来关照自己的孩子，以防他们滥用金钱；等等。也有一些书信是被委托人写给家长的，主要是报告孩子的生活与学习情况；还有一些是家长给被委托人的感谢信。当然，学生之间的书信也留存下来不少。其中有介绍信，有述说胸中苦闷、比较各个城市和各个大学、交换学习方面的知识与信息等等。

例如，在著名的帕斯顿家族通信中就保留了一封女主人阿格尼斯·帕斯顿写给她的委托人的信，写于 1458 年 1 月。阿格尼斯在信中要求委托人带话给老师，严加管教她在剑桥大学就读的四儿子克莱门特·帕斯顿。信的措辞严厉，不失虎妈特色：

要格伦菲尔德写一封信来，如实汇报克莱门特·帕斯顿是否在学业上尽了心。如果他学习不好，并且又不努力，就狠狠地揍他，直到他做到为止。他上一个在剑桥的先生就是这么干的，那可以说是他有生

---

① 张磊：《欧洲中世纪大学》，北京：商务印书馆，2010 年，第 298 页。

以来遇到的最好的老师。告诉格伦菲尔德,如果他能够做到教克莱门特好好学习,行为端正——当然我知道他教得不坏——我会给他10马克做辛苦费;与其因为不够努力而输掉,不如让他死掉的好。①

对学生而言,最重要的就是如何获得足够的学习和生活费用。对中世纪大学的学生来说,缺钱似乎是常态。《诉状记载》或者博洛尼亚自治市公证人的备忘录中记载了学生的经济事务,缺钱的学生往往抵押书本甚至马匹来换酒。② 在博洛尼亚也曾流传着这样一个故事:

> 有个年轻人一边高声叫喊着"大慈大悲的先生"一边挨家挨户来回乞讨。每天的乞讨都是一无所获,两手空空的他还得沿着泥泞难行的路垂头丧气地走回家。③

针对这种实际需求,修辞学教师便把如何感动对方从而获得经济支持的书信写法作为最重要的内容教给学生。为了满足学生的实际需要,一些书信练习册也专门介绍了如何写信要钱的方法。

本来对同时代的人来说,大学生活应该有不少有意思的事情。但我们能看到的学生们的信件的一般主题都比较单一:哀叹生活的不如意,然后请求父母、亲友以及其他庇护人援助是最重要的内容。一般而言,请求经济援助的书信主要是写给父母的,有时也写给兄弟、祖父或某些有教会背景的资助者。对那些身陷经济窘况的学生而言,要钱比交换信息或交流思想更重要,写信请求"赶快寄钱来"的例子比比皆是。意大利的一位学生家长说得好:"孩子来信一开口就是要钱。不提寄钱的信是不会写信来的。"④请看牛津大学保留下来的这封信是如何动情地诉说学生的艰辛的,

---

① [英]奈特编:《帕斯顿信札:一个望族的兴衰》,田亮译,桂林:广西师范大学出版社,2005年,第76页。
② [比]希尔德·德·里德-西蒙斯主编:《欧洲大学史》(第一卷),第139页。
③ 张磊:《欧洲中世纪大学》,第300页。
④ 张磊:《欧洲中世纪大学》,第299页。

使用的都是极易能打动人的语言：

> 最近我一直在牛津大学专心致志地努力学习。只是最近因为缺钱，无法把伸手可及的学位拿到手。前次寄来的钱已于两个月前用完。城里物价太贵。还有住宿、购买生活必需品以及其他用品等开支，各种费用加在一起确实非常可观。为了把到目前为止进展得比较顺利的事情完成得更加圆满，我不得不向您伸手，请求神赐福您，再给我些帮助。①

牛津大学的一本书信集中还提到另外一位学生。他不知道因为什么事情而遭受了牢狱之灾。这封书信是在低矮昏暗的牢狱之中用手摸索着写下的。信是写给他姐姐的，信中说他没有床单，睡在蒿草上，没有靴子和衬衫，吃的是又冷又硬的发了霉的面包。他姐姐接到这封信后，瞒着丈夫给他寄来 100 苏多尔②、两件床单、一段布。③

就信件本身而言，由于纸张昂贵，中世纪晚期的信件只有一张纸，大小一般是只够写得下写信人想说的话。信纸从原来宽 12 英寸、长 8 英寸的纸上被裁下来，然后被叠成长方形，地址写在折叠后的封面上，最后贴上封条。④ 信并不是装在信封里，信封的使用要等到 19 世纪 40 年代。由于当时没有门牌号码，信件所写的地址也是五花八门的，帕斯顿家族的信件就是一个生动的写照。⑤

当时的私人信件主要靠脚夫、零售商、正好顺路的朋友以及偶遇的旅行者传递。偶尔一个传信者会带回回信。在集市期间，由于人口流动频繁，信件的传递也会更多一些。"信使和同乡会是同时出现的。他们的工

---

① 张磊：《欧洲中世纪大学》，第 300 页。
② 古代欧洲的货币单位。
③ 张磊：《欧洲中世纪大学》，第 300 页。
④ Howard Robinson, *The British Post Office: A History*, p.6.
⑤ J. C. Hemmeon, *The History of the British Post Office*, p.4.

作是奔波于学生及其家庭之间，传递钱、物品和信件。在国际性的大学城中，大信使（nuntii maiores）与小信使（nuntii minors）相反，他们作为半个银行家，在父母给学生寄钱之前先把钱付给学生或借钱给学生。"①

15 世纪，随着造纸术传入英国，纸张的成本降低，私人信件逐渐增加，同时英语也逐步演变成写作书信的主要语言。在亨利四世（Henry Ⅳ）统治时期，所有的信件是用法语写就，只有一封例外；亨利五世（Henry Ⅴ）时期，英语书信与法语书信已经各占一半；到了亨利六世（Henry Ⅵ）时期，法语信件变得很少见了。② 现存 15 世纪的比较重要的私人书信有：威廉·斯托纳（William Stonor）的通信，他因反对理查德三世（Richard Ⅲ）而被关进伦敦塔，他和家人的通信在 1512 年的一起诉讼后被保存下来；希灵福德书信（Shilingford Letters），因为涉及一件和埃克塞特主教的长期诉讼而被当作证据得以保留；塞利文件（Cely Papers）也是因为涉及法律诉讼而流传至今。③ 这些私人信件的保存大多与案件诉讼有关，为我们了解当时的社会生活提供了重要的第一手资料，其中保存得最完整、涉及内容最广泛、最有代表性的是诺福克郡帕斯顿家族的通信。

---

① ［比］希尔德·德·里德-西蒙斯主编：《欧洲大学史》（第一卷），第 139—140 页。
② C. L. Kingsford, *Prejudice and Promise in Fifteenth-Century England*, London: Frank Cass Publishers, 1962, p.24.
③ Philip Beale, *A History of the Post in England from the Romans to the Stuarts*, p.94.

四、帕斯顿信札

从1420年至1500年左右,位于诺福克郡的帕斯顿家族有意识地保存了家族往来的信件,其中既包括家族成员之间的通信,也包括别人和他们之间的通信,总数约1 000封。① 对帕斯顿家族而言,这些信件是将他们联结在一起的黏合剂。他们之间的通信曾经非常频繁,而信件的对象不仅有相隔几代的亲人,还包括了当时的一些政治人物,甚至包括亨利六世、爱德华四世和理查德三世。可以说,帕斯顿信札(Paston Letters)从一个侧面展示了15世纪英国社会的基本风貌。

这些书信的手稿一直被完好无损地保存在奥克斯尼德,一开始人们对它们兴趣不大,或者觉得没什么价值。但到17世纪末18世纪初,一些古董收藏家开始收集这类档案、文集,他们不惜重金收购各类手稿。帕斯顿家族的继承人第二代雅茅斯伯爵因为手头拮据,就把部分书信卖给了诺福克的古董商彼得·勒·尼夫;其他部分在他死后被弗朗西斯·布罗姆菲尔德买去。布罗姆菲尔德买去的那部分书信在他死后散失了,其中一部分最终被牛津大学的博得利恩图书馆收藏。尼夫的收藏品中,有一部分是极为重要的信札,直到1771年才被全部原封不动地保留下来,但之后又散失。

---

① Duncan Campbell-Smith, *Masters of the Post*: *The Authorized History of the Royal Mail*, p.3.

三年以后,当地另外一位古董商约翰·芬恩买下了帕斯顿信札,于1787年出版了两卷,此后又在1789年和1823年出版了另外三卷。1933年,这些书信被卖给了已经获得了其余部分原件的大英博物馆。

芬恩出版的帕斯顿信札是最早的版本,但现代公认的两个权威版本为伽丁纳版和达维斯版。原始信件如今多保存于大英博物馆和大英图书馆,信件多对折为一个纸袋,背面多写有"给我尊敬的丈夫,约翰·帕斯顿"之类的字样。[①]

这些信件的主人来自帕斯顿——一个坐落于诺福克海岸边、历史悠久的小村庄,有自己的教堂、谷仓和领主的庄园。14世纪末,这里住着一个叫克莱门特的人,像他的祖先一样,他用自己的居住地作为姓氏,是为克莱门特·帕斯顿(Clement Paston)。他是一个极为普通的庄稼汉,没什么财产,靠耕种帕斯顿村的土地为生。他在帕斯顿的土地不多,只有5到6英亩。克莱门特总是带上谷子和家里做好的干粮,骑在没有马鞍的马背上,不分冬夏地到两英里开外的田里劳作。像其他能干的农夫一样,他也经常驾着他的马车到温特顿去卖谷子,那里的价钱要比乡下高得多。除此之外,他没有任何其他的生计或宅地,也没有任何其他地方的财产。[②]

他娶了萨默顿镇的杰弗里的妹妹——一个女农奴乔弗雷。1378年,克莱门特和乔弗雷生下了威廉,威廉后被送到学校去念书。因为家境贫寒,威廉常常不得不借钱交学费。事实证明,克莱门特坚持让威廉上学是个非常明智的选择,帕斯顿家族之后的崛起就和对于教育的重视密切相关。后来,威廉在舅父杰弗里·萨默顿(Geoffrey Somerton)的帮助下在法庭里谋到一份差事,附带着学习了一些法律知识,而且干得很不错。再后来,他成了一名杰出的法官,在法律方面有渊博的知识。

在威廉·帕斯顿(William Paston)生活的时代,对于这个出身低微而

[①] 石小军:《〈帕斯顿书简〉的信使》,《光明日报》,2018年12月10日。
[②] H. S. Bennett, *The Pastons and Their England*, p.1.

又雄心勃勃的年轻人来说,向上流动的主要途径除了从事神职工作外就是做律师。威廉凭借自己的努力与天赋,很快就崭露头角。1412 年至 1415 年间,威廉作为诺里奇城的法律顾问,不仅供职于政府,而且成了诺里奇主教的管家。1421 年,他成为民事上诉法庭(The Court of Common Pleas)的律师,8 年以后升任法官。由于他的资历以及在三代国王统治下作为兰开斯特领地的法官、高级律师和法律顾问时的杰出表现,威廉在 1437 年获得了免于在自己辖区外受任何审判的终身特权。直到 1444 年去世前夕,他一直都在一些委员会供职,并继续担任法官。[①]

在律师职业生涯中,威廉·帕斯顿积累了可观的财富。1420 年,也就是他父亲去世后的第二年,威廉结婚了,这一年他正好 40 岁,在当时算是结婚比较晚的。他的新娘阿格尼丝·伯里大约只有 20 岁。阿格尼丝的父亲是赫特福德郡(Hertfordshire)的一名骑士,1433 年去世时,留下了不少领地给阿格尼丝。与阿格尼丝的婚姻,进一步提升了帕斯顿家族的财产与地位。威廉·帕斯顿也把他新近购买的诺福克的奥克斯尼德庄园,作为聘礼送给了妻子。这处庄园位于帕斯顿西南 10 英里的地方,在以后岁月里,它成为帕斯顿家族最主要的住所之一。[②]

从威廉·帕斯顿开始,帕斯顿家族进入了上升期。他在帕斯顿购置了大量田产,以及巴克顿庄园的一部分,也就是多半在帕斯顿的拉蒂莫斯、斯泰沃兹和亨廷菲尔德。他因此成为帕斯顿的地主。1444 年威廉·帕斯顿去世后,帕斯顿家族书信才真正复活起来。其中,不少书信反映了他的妻子和继承人努力保护其家产的种种尝试。

到了威廉的儿子约翰·帕斯顿这一代,他们已经开始进一步谋求身份的改变,想跻身贵族之列。约翰·帕斯顿受过良好的教育,一生中大部分时间常驻伦敦。约翰娶了诺福克的约翰·莫特比(John Mauteby)的女继

[①] H. S. Bennett, *The Pastons and Their England*, p.2.
[②] H. S. Bennett, *The Pastons and Their England*, p.2.

承人,将家族财产的数量又提升了一个层次,但也因此而陷入财产纠纷。正因为此,约翰最需要的是寻找能在法庭上有影响力的庇护者。他的首选对象是赖辛城堡的管理人托马斯·丹尼尔。此人作为亨利六世的机要顾问,从 1444 年以来一直就是皇家内务府的成员。他在政治上好像是一个"骑墙人物",被看成萨福克的支持者。但随着萨福克的倒台,约翰选择托马斯·丹尼尔做靠山也许是不明智的。由此可见,寻求庇护和靠山问题无疑是相当复杂的,一旦选错,可能会让整个家族卷入激烈的权力斗争的漩涡,尤其是身处 15 世纪动荡的历史环境中。

约翰·帕斯顿在 1456 年到 1457 年被任命为治安法官,这似乎是他一生中最繁忙的一个时期,但同时也是他唯一的一段没有个人诉讼和烦忧的日子。在自身寻求庇护的同时,约翰将其长子约翰第二送进宫廷,指望他能获得宠幸,从而光大家族的事业。后来,约翰第二受封为爵士。1462 年,次子约翰第三又成为年轻的诺福克公爵的侍从。

1466 年 5 月 21 日,约翰·帕斯顿在伦敦去世。他的死亡日期和死亡原因并没有出现在家族的通信中,而是出现在安排其财产的法律文件里。他的遗嘱没有被保存下来,这也许表明他的死亡纯粹是个意外。而且奇怪的是,这一时期的通信也很少,1466 年全年家族成员之间只写了 4 封信。① 其中的原因并不清楚。此后,约翰第二接管了整个家业的管理权,并且得到了国王的许可证,由他继承父亲名下的绝大部分领地,连同法斯托尔夫的部分家产。大约同时,他又获得了牛津伯爵约翰·德·维尔的庇护,这使他以后受益匪浅。

约翰第二不仅自己得到了牛津伯爵的庇护,同时他也一直在试图为弟弟约翰第三寻找一位庇护人。约翰第二在书信中提到了菲茨沃尔特勋爵,勋爵住在阿滕伯勒,也是加莱要塞守备部队的成员;约翰第三在以后提到

---

① [英] 奈特编:《帕斯顿信札:一个望族的兴衰》,第 148 页。

菲茨沃尔特勋爵时称其为"我的主人",可见已经做好了某种安排。①

约翰爵士死后,家族书信明显稀少了许多;1480 年到 1485 年间,只有其中一年的五封信被留存了下来,还包括别人写给帕斯顿家的。这是因为约翰第三主要在家乡管理着他的产业,较之于约翰第二常年在外的时候,就没有必要经常通信了。他偶尔也离开家较长一段时间,但我们只看到他的妻子马杰丽写给在伦敦的他的三封信,表明这样的外出是一种例外而非常态:"马杰丽一直让考尔(管家)代她写事务性部分,她自己只是亲笔写每封信的附言。"②

约翰第三后来参加了一系列平叛行动并被授予爵士。在都铎王朝,帕斯顿家族不仅是富裕的乡绅,而且在政坛上逐渐平步青云。亨利八世(Henry Ⅷ)时期,约翰第三的儿子威廉也被授予爵士,并在 1517 年和 1528 年先后两次担任诺福克郡郡守,在地方政治上发挥了一定影响,并经常和国王一起出席宴会或是其他重要的外交场合。1554 年他去世后,事业由其子克莱门特继承。克莱门特无嗣,他的产业由侄子威廉继承。1578 年威廉受封为爵士。他在北沃尔沙姆创办了文法学校,并在剑桥大学捐建了冈维尔和凯厄斯学院。

斯图亚特王朝时期,帕斯顿家族达到了极盛。时谚有云:"帕斯顿家无穷人,海登家无懦夫,康沃利斯家无傻瓜。"威廉的重孙名字也叫威廉,生于 1610 年。1662 年威廉去世后,其子罗伯特继承了他的爵位。后来,罗伯特成为查理二世(Charles Ⅱ)的亲密朋友,1673 年被册封为雅茅斯子爵。罗伯特也是皇家科学院的创始人之一。1679 年,他成为雅茅斯伯爵。他的儿子威廉,也就是第二代雅茅斯伯爵,做了詹姆士二世(James Ⅱ)的王室财务总管。至此,帕斯顿家族到达了它的巅峰,但其后就开始迅速衰落。

---

① [英]奈特编:《帕斯顿信札:一个望族的兴衰》,第 226 页。
② [英]奈特编:《帕斯顿信札:一个望族的兴衰》,第 240 页。

1688年以后,威廉在公共生活中几乎起不到任何作用了。到威廉死的时候,整个家产都被卖光,爵位也丢掉了。

作为现存最完整的民间书信集,帕斯顿信札里既有帕斯顿家族为了保卫家族财产所作的持久斗争,忠实地反映了那个动荡年代的风云变幻;也有一个中产家庭的家长里短、儿女情长,使我们从中可以窥见早期英国邮政发展的概况。

帕斯顿家族的通信跨越了三代人,中世纪英国的很多重大历史事件在信中都被提及,尤其是玫瑰战争前后那一段波诡云谲的历史。这个家族的命运也因此而被改变。从信中,我们可以看到一个家族在动荡的政局中如何步步为营,巩固和提升自己的社会地位的。

从政治层面来看,帕斯顿家族的信件保存了很多有关玫瑰战争、凯德叛乱以及地方政治层面的珍贵资料。15世纪中叶,对亨利六世政府潜在的不满到了紧要关头。作为国王首席大臣的萨福克,成为怨愤的靶子,并于1450年2月受到下议院的正式弹劾。帕斯顿书信中就保存了一篇弹劾文章。萨福克后来被判处放逐5年。他于4月底离开了伊普斯威奇(萨福克郡首府)。1449年,帕斯顿的仆人威廉·龙姆纳在写给约翰·帕斯顿的信中,详细描述了萨福克公爵的最终结局:

> 五月节后的星期一,从伦敦来的消息说,在此前的星期四,萨福克公爵来到多佛尔附近的肯特郡海岸,随从有两艘大船和一只小船,在那里他派了几名心腹送几封信到加来,想弄清楚他到那儿将受到怎样的接待。一艘名叫"尼古拉斯塔号"的轮船在一些船舰的护航下来迎接这只小船。"尼古拉斯塔号"轮的主人从小船上的人那里得知了公爵要来的消息。当他看见公爵的大轮时,就派人乘一只小船前往查明他们是什么人。公爵亲自出来和他们说话,说他是奉英王的命令来到加来的。他们告诉公爵,他必须和他们的主人说。于是公爵就带了两

三个随从乘小船来到"尼古拉斯塔号"上。当他上船后,他们的主人对他说:"欢迎,欢迎,你这个卖国贼!"主人进而问那些水手们是否支持公爵,他们回答说,他们决不支持他。

……在众目睽睽之下,公爵被人从大船带到小船上,那里有一把行刑斧和一块垫头木。船上一个面貌凶神恶煞的人命令他将头搁在垫头木上,说他会受到善待,毫无痛苦地死于利剑之下。可是,刽子手拔出一把锈蚀不堪的剑,用了好几下才将他的头砍下;然后脱下他赤褐色的长袍和带有金属铠甲的天鹅绒紧身上衣,最后把他的尸体扔在沙滩上。有人看见公爵的头被悬在桅杆上,在他的仆人百般求饶之下,才被放到岸上。肯特郡守看护着尸体,同时派部下向法官报告事情的经过,并且报告了国王。至于别的事情,我就不知道了。……①

帕斯顿家族原来是坚定不移的约克派,但是在亨利六世复辟之际改变了政治立场。他们这样做与其说是因为政治原则,不如说是基于自身利益的需求。他们家族过去的庇护人诺福克公爵是一个坚定的约克派,如今成了他们最大的敌人。作为牛津伯爵的侍从,约翰第二和约翰第三都曾在巴尼特为兰开斯特派而战,约翰第三还在战斗中受伤。

1483年,帕斯顿家族的宿敌约翰·霍华德爵士于1483年被封为诺福克公爵,但过去的恩怨似乎已经被忘却了,留存下来的两封他写给约翰的信都是很友善的。1485年初,当亨利·都铎(Henry Tudor)举起了反对理查德三世的大旗,并已经在英格兰登陆之时,诺福克公爵致信约翰,告诉他国王即将亲征的消息,试图拉拢约翰一起为保卫理查德三世的王位而战:

鉴于国王的敌人已经登陆,国王本来应在星期一率将士亲征,但因为那天是圣母升天节(8月25日),据我的仆人带给我的可靠消息,

---

① [英]奈特编:《帕斯顿信札:一个望族的兴衰》,第23—25页。

他将在星期二出发。

> 我打算在星期二晚上驻扎在伯里,请你到那里与我会合;不仅是为了履行你对国王的承诺也是为了我,请你带上你的强兵劲卒,这对你来说并不困难,请你为他们安排好我的仆役制服,至于费用,等我们见面时我会还给你的。①

明智的约翰没有响应这个召唤,转而恢复了早年对兰开斯特派的忠诚,从而避免了霍华德的悲惨命运:一周以后,霍华德于博斯沃思荒原战死。在新王朝统治下,约翰第三的事业蒸蒸日上。1485 年,他被任命为诺福克的郡守,两年后又帮助平定了兰伯特·西姆内尔叛乱。

在帕斯顿信札中,我们还可以一窥当时的地方政治生态。在一封写给约翰·帕斯顿的信中,有人强烈建议他在郡议员的选举中进行贿选:

> 阁下,关于选举郡选议员的拉票活动,告诉我的主人斯代普顿,让他也照样做。阁下,所有斯沃夫汉的人,如果跟他们打声招呼,他们都会投您的票的。②

还有别人写信提醒他,他的对手塔丁厄姆和海登正试图用贿赂的办法来控制诺福克的选举,信中说:

> 为了达到他们的目的,他们准备花费 2 000 镑,真令人遗憾,你也花一些钱吧,这样可以扩大影响,广交朋友。③

作为一个家族的书信,帕斯顿信札中涉及最多的是对家族事务的安排,其中主要有为了保护家产而进行的努力,还有对于家族中年轻人婚姻的安排以及普通人的日常生活等。通过这些信件,我们可以看到 15 世纪

---

① [英]奈特编:《帕斯顿信札:一个望族的兴衰》,第 241 页。
② [英]奈特编:《帕斯顿信札:一个望族的兴衰》,第 50 页。
③ [英]奈特编:《帕斯顿信札:一个望族的兴衰》,第 51 页。

乡绅阶层的希望与惧怕、生活与思想。

帕斯顿信札中比重最大的部分是有关财产的。在权势不断上升的过程中，帕斯顿家族的主要目的是使自己的财产和地位更加稳固。为了达到这一点，他们时刻准备着尽一切可能保护他们的财富——通过法律、通过寻找强有力的庇护者、通过有利的联姻等。① 作为从农民跻身乡绅阶层的一员，帕斯顿家族也招致了许多人的嫉恨，这在书信集中均有所体现。自威廉·帕斯顿开始，围绕着奥克斯尼德、格雷沙姆等地产，帕斯顿家族卷入了一起又一起纠纷，有的甚至诉诸武力。其中有关法斯托尔夫的遗产纠葛，更是将他们拖入了旷日持久的诉讼之中。

约翰·帕斯顿曾经是约翰·法斯托尔夫爵士（Sir John Fastolf）的首席顾问和律师。法斯托尔夫因在抗击法国的战争中立下战功而声名显赫，他和玛格丽特的双亲是近邻，从玛格丽特的莫特比老家就能看见他在开斯特（Caister）新建的城堡。法斯托尔夫对约翰的商业才能非常欣赏，也很依赖他。1459年11月，法斯托尔夫去世前两天，他重新立了一份遗嘱。在这份遗嘱中，他反复强调在开斯特建立一所牧师学院的夙愿。由于他自己没能亲自将学院建立起来，便把这个任务托付给了约翰·帕斯顿，作为回报，约翰·帕斯顿将继承法斯托尔夫的所有领地。② 约翰·帕斯顿从一个小乡绅变成了法斯托尔夫的继承人，跻身英格兰最富有的人群行列。

约翰的好运气引起了很多人的嫉妒，其中既包括原来就觊觎法斯托尔夫地产的贵族，也包括法斯托尔夫生前的朋友和老仆。对开斯特城堡垂涎已久的诺福克公爵夺取了它，并把他的人安插进去。最终，约翰求助于国王，在爱德华四世的命令下，诺福克公爵不情愿地撤出了开斯特，但并没有停止动作。接下来，萨福克公爵声称对法斯托尔夫位于德雷顿和海勒斯顿的庄园拥有所有权，并采取各种方法与约翰·帕斯顿争斗。

---

① H. S. Bennett，*The Pastons and Their England*，p.4.
② H. S. Bennett，*The Pastons and Their England*，p.10.

法斯托尔夫生前的一些朋友和老仆也拒绝承认约翰的继承权。有一个叫伍斯特的老仆,他在给一个朋友的信中声称法斯托尔夫生前曾允诺给他一部分土地,但是其他主要遗嘱执行人都不承认他的遗产分割要求,他没有得到任何遗产。他还对诺福克的当地居民说,他本应是主要遗嘱执行人之一。但后来他发现自己不过是八个建议性的遗嘱执行人之一。有两个遗嘱执行人耶弗尔顿法官和威廉·杰利也拒绝承认约翰的全部继承权。还有人怀疑遗嘱是在法斯托尔夫死后伪造的。

在法斯托尔夫死后,约翰·帕斯顿因为这一遗产继承问题被卷进多起诉讼,纷争不断。他为此曾三次入狱,过早地耗尽了精力。1466年5月,他在伦敦去世,那时有关遗产的纠纷仍然没有得以最终解决,这个重担最终落在了他的继承人约翰第二身上。诺里奇的主教非常了解整件事情的来龙去脉,他曾直言不讳地告诉约翰的妻子玛格丽特:"他不会像她的丈夫那样为了赢得法斯托尔夫的财产而忍受这些痛苦和麻烦。"①

在这本书信集里,还有很多对家族年轻人婚事的安排。从中可知,选择结婚对象需要考虑的是家庭出身和财产,而最不需要考虑的是感情基础。这种婚姻的安排,淋漓尽致地体现了其时代特点——婚姻是加强和改变家族命运的重要手段。其中,约翰·帕斯顿的妹妹伊丽莎白的遭遇颇令人同情。从1449年到1459年,家族书信里不断出现关于伊丽莎白婚配的主题。那些年,他们一直想为伊丽莎白安排一桩门当户对的婚事。

他们一开始想让她嫁给斯蒂芬·斯克罗普。他是斯克罗普爵士的继承人,拥有可观的财富。除了这一点,斯克罗普本人并无过人之处,他是个年近五十的鳏夫,身体也不是很好,十几年病痛缠身,甚至影响了外貌。即便如此,阿格尼丝对他还是相当满意,一心想达成这桩婚事。她引用她侄女的评论夸赞他:"除非为了和他条件一样好的人,不然放弃斯克罗普就

---

① H. S. Bennett,*The Pastons and Their England*,p.17.

是个完完全全的傻瓜。"①在谈婚论嫁期间,阿格尼丝就忙不迭地要求斯克罗普写下契约来保证伊丽莎白和她未来孩子的财产权,毕竟这才是她最看重的东西。

伊丽莎白当时只有 20 岁左右,本能地想摆脱这桩婚事,然而从头到尾,她本人的意愿并不受重视。她应该是表达了她的不满,因为我们后来看到了她因为反抗而付出的代价。阿格尼丝是个强势而坚决的女性,她下定决心要让女儿嫁给斯克罗普。她让伊丽莎白闭嘴,甚至不允许她和家里的仆人说话,还限制她的行动自由。不仅如此,她还对女儿恶语相向。伊丽莎白曾偷偷派人送信给她的邻居,同时也是她好友的克莱尔,请她把自己的遭遇写信告诉哥哥。克莱尔因此给约翰写了封信,信中提到伊丽莎白的母亲:

> 不许她和任何人说话,不管是谁来。她都不能和我的仆人或她母亲的仆人说话,除非她设法骗过她母亲。自从复活节以来,她通常一天要挨一两顿打,有时候甚至一天三顿打。她的头部已经有两三处伤了。②

伊丽莎白承受了巨大的痛苦,最终妥协,同意嫁给斯克罗普。但最后这桩婚事还是没能成功,原因不在女方。帕斯顿家族又继续物色其他对象,在经历了很多波折之后,伊丽莎白终于嫁了出去,和很多出嫁的女儿一样,她从此之后在家族通信里消失。没有人知道她婚后过得幸福与否,也没有人关心这一点。她不再是帕斯顿家族嫁不出去的累赘,而成为另一个男性的附庸。在那个家庭里,她将和那个时代的绝大多数女性一样,臣服于丈夫的权威,做一个称职的妻子和母亲,最终走完她的一生。

事实上,这些书信还有另一个引人注意之处,那就是它们展示了当时邮递系统的运作方法。15 世纪 60 年代之前,在经济情况顺利发展的背景

---

① H. S. Bennett, *The Pastons and Their England*, p.29.
② [英]奈特编:《帕斯顿信札:一个望族的兴衰》,第 41 页。

下,高效的邮递服务成为社会中必不可少的元素之一。然而,情况却并不是总能够如人所愿的。虽然帕斯顿一家的确有着良好的社会关系,但是,他们寄出去的书信却依然要面临和其他书信一样的命运——若不能被安全地送抵目的地,就会被扔进垃圾桶里。若是这些书信中还承载着性命攸关的信息,那么寄信人在将它交托邮递服务时心里该有多忐忑,就可想而知了。

那么,这些信件是如何在诺福克和伦敦之间被传递的呢?最简单的办法是使用家族信使。大部分能写得起信的人,也能雇得起仆人送信,帕斯顿家族也不例外。但是,从伦敦到诺福克之间的路程要耗费几天时间,单为送一封信派个人去就不太划算,因此还有两个备选办法。

一是托那些正好往返两地间办事的人顺便带过去,这些人有可能是神职人员,更有可能是商人,或者是家族成员的朋友。他们也可能成为信使。除了冬季之外,在其他季节找到这种捎信的人并不难。①

1449 年 1 月 28 日,帕斯顿家族的庄园遭到袭击。女主人玛格丽特于 2 月 15 日给丈夫约翰写信,她提到:

> 有人告诉我说,莫林斯勋爵将把什罗夫泰德留在约翰·温特家里。他的仆人上星期四收到一封信,信的内容我不知道;但第二天一大早,莫林斯勋爵的一个仆人托马斯·巴普顿,带着一封给他主人的信骑马离去,而那些待在格雷沙姆的人正焦急地等待着回音。……我已经派卡塞琳送达这封信。②

帕斯顿家族在信中偶尔会提到一个"飞毛腿信使"。这个名叫朱迪的人,常常被帕斯顿家的人差去快马加鞭地往返于他们的宅邸与伦敦之间。

还有一种选择是使用一种脚夫系统。至少从 15 世纪中叶开始,脚夫

---

① Duncan Campbell-Smith, *Masters of the Post:The Authorized History of the Royal Mail*, p.4.
② [英]奈特编:《帕斯顿信札:一个望族的兴衰》,第 32 页。

们就已经开始使用两轮马车、驮马以及运货马车等作为陆路运输的工具。① 这些脚夫们将收寄私信(by letter)和包裹当成有利可图的副业。大多数重要的商业城镇都会有一个被当地认可的脚夫,他可以收寄信件或包裹,通过那些主要道路送到收件人手中。②

即便这样,他们的书信内容也依旧体现出了许多不确定因素。这些私人信件的时效性也存在问题,并不是每封信都能及时送到收件人手里,有的则干脆没投送。在一封谈论到诺福克是如何缺乏法治的信件中,玛格丽特·帕斯顿是这样向丈夫描述的:

> 给你送去了一封写于圣诞节期间的书信,我请我的表兄威奇汉姆的伯尔尼带给你的,请告诉我你是否收到了这封信? 自从圣诞节之前的那一周起,我就一直没有听到你的消息或是收到你的来信,我既惊讶又难过。我很担心你是不是出了什么事情,因为在这样的日子里,你既没有回家也没有写信回来……我全心全意地祈祷你能够在百忙之中给我发来只言片语,若是没有你的消息,我是无论如何不能安心的。③

而在帕斯顿家族的家仆约翰·威克斯写给约翰·帕斯顿的信中,也曾提到:

> 送信人告诉我,对你在伦敦写的几封信,我既没有带口信给你,也没有写回信,你对此感到很吃惊。可我得说,你通过普莱特的仆人理查德送的信,我收到了,并通过布罗姆霍姆教堂牧师的仆人给你回了信;至于其他来信,我没有收到。④

---

① J. A. Chartres, *Internal Trade in England, 1500 - 1700*, London: Macmillan, 1977, p.40.
② Duncan Campbell-Smith, *Masters of the Post: The Authorized History of the Royal Mail*, p.5.
③ Simon Garfield, *To the Letter: A Journey Through a Vanishing World*, pp.113 - 114.
④ [英]奈特编:《帕斯顿信札:一个望族的兴衰》,第 146 页。

也就是说,和之前相比,此时的邮递方法并没有很大的变化,依然是一个书写、委托和期待的过程。

从农夫克莱门特到雅茅斯伯爵,帕斯顿家族在一个多世纪的时间里实现了社会地位的攀升,为我们提供了一个时代的缩影。当时,和帕斯顿家族一样有类似经历的家族应该不在少数,但保存完好的书信使得他们而不是别人为世人所了解。要是帕斯顿家族的成员们知道,是他们的那些书信而不是他们的政治野心、社会地位和成就使他们留名后世,他们一定会大吃一惊的。

第二章
皇家邮政的初设

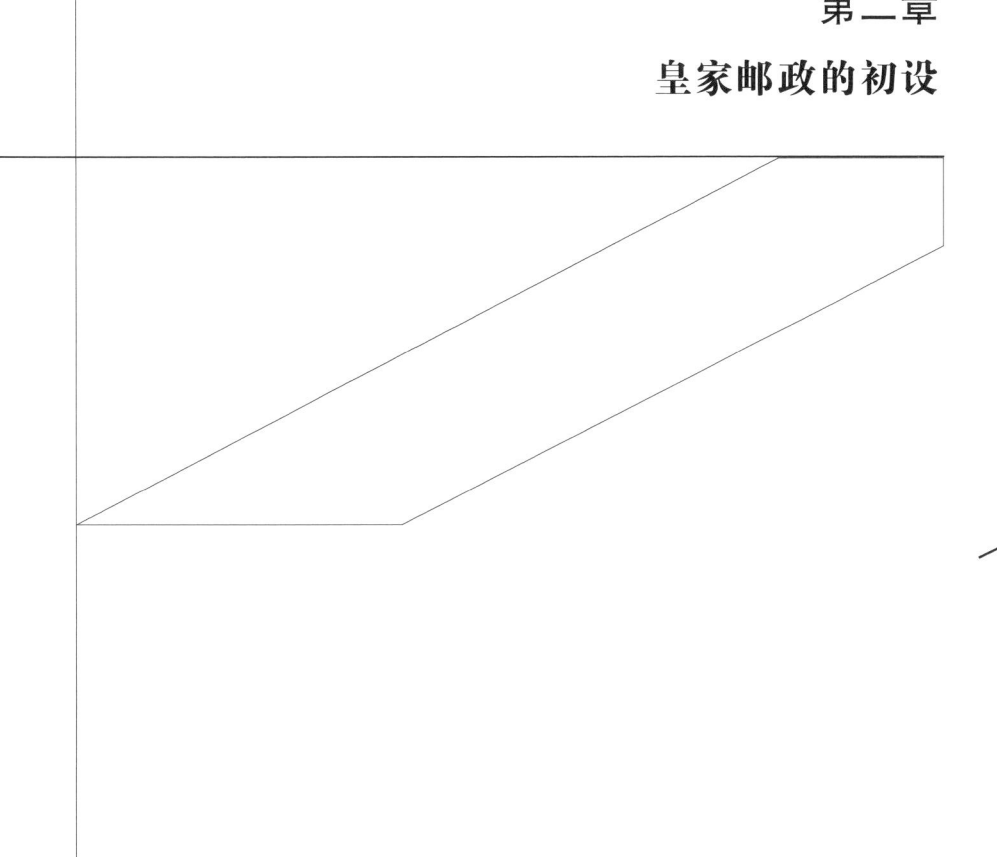

都铎王朝的建立是近代英国的开端,斯图亚特王朝是都铎王朝后的接续发展。这一时期,专制王权得以建立,经济贸易大幅发展,社会流动明显增加,海洋成为国际争霸的战场。书信作为一种重要的信息载体日益受到重视。都铎时期皇家邮政初设,斯图亚特时期皇家邮政开始向民众开放,但需求和控制的矛盾一直存在。

一、都铎和斯图亚特王朝的社会经济发展

1485年10月,出生于威尔士的贵族、里士满伯爵埃德蒙·都铎之子亨利·都铎,从法兰西跨过海峡,进军伦敦,在博斯沃思战役(Battle of Bosworth)中击毙理查德三世,同年即位为亨利七世(Henry Ⅶ),开启了都铎王朝。都铎王朝时期是专制王权的建立以及民族国家发展的关键阶段,也是邮政事业推进的重要时期。这一时期的政治、经济、社会变化为邮政的发展提供了契机。

亨利七世时,英国已经进入农业和手工业并行发展的时期。农民兼做手工业的现象已较为普遍。然而,在农村手工业中最主要的还是羊毛纺织业。羊毛纺织业主要集中在西部的沃尔特和萨默塞特、东部的东盎格利亚和北部的约克郡西部地区。

从中世纪开始逐步发展的集市在都铎王朝时期更加繁荣。亨利七世于1487年颁布法令,鼓励小商人参加集市交易。在政府的支持下,很多地方都有了固定的集市,例如索尔兹伯里、布里斯托尔、牛津、考文垂、诺丁汉和剑桥等。"16世纪初,英格兰已有352个大集市,其中最大的是英格兰东部的斯托布里奇集市,它从每年的8月24日到9月29日一共开集五周。同时,有760个商业城镇获得每周开市一天的许可证。"[①]定期集市吸

---

① Lipson Ephraim,*The Economic History of England*,Vol.1,London:Black,1945,p.248.

引了来自全国甚至海外的商人们。温彻斯特的圣吉尔斯成为英格兰和法兰西之间的贸易中心,史密斯菲尔德的巴托罗缪成为布业中心,街道熙熙攘攘,往来客商不断,商人们带着他们的货物从一个集市赶到另一个集市。人们从不同的地方涌来,路上来往的人都有可能成为信使,把信件带往他们的途经之地。

都铎王朝的海外贸易也有了明显的发展。在亨利七世看来,发展英国的商业和贸易不仅是巩固王权、稳定政局的需要,而且是提升英国国家地位的前提。贸易与海权是英国未来发展的根本依赖。① 为此,他采取了一系列措施来推动英国的商业与贸易发展:一方面,他通过颁布相关法令限制外来竞争,如颁布法令,限制外国商人在英国的活动及货物的运输;另一方面,他通过与西班牙、丹麦、尼德兰及佛罗伦萨等政府缔结商约,为英国商人在这些地区的经商活动创造了有利条件。

早在15世纪末,有着商人天赋的爱德华四世就把他的商船派到了地中海东岸。1569年,伦敦不顾汉萨同盟(Hanseatic League)的反对,在汉堡设立了贸易公司。在70年前,英国已经与丹麦签订了条约,后者向英国船只开放冰岛和波罗的海海域。1533年,英国开启了与俄罗斯的直接贸易关系。1579年,英国正式获得与土耳其帝国直接通商的权力。16世纪,英国与意大利的贸易往来迅速发展,通商的城市包括威尼斯、比萨和佛罗伦萨。17世纪中叶,与天主教西班牙的长期斗争结束后,英国获得了前对手西班牙的最惠国待遇。1703年的《梅休因条约》(Methuen Treaty)签订后,葡萄牙成为英国的商业特区。②

政府还鼓励商人成立公司,投身海外扩张。亨利七世给予商人探险公司正式保护。伊丽莎白一世(Elizabeth Ⅰ)统治时期开创了垄断公司,其有

---

① J. A. Williamson, *The Tudor Age*, London: Longman, 1979, p.36.
② [法] G.勒纳尔、G.乌勒西:《近代欧洲的生活与劳作》,杨军译,上海:上海三联书店,2008年,第50页。

三项优势,可以规范贸易、协助征收关税、降低远征的风险程度。1600年,东印度公司(East India Company)成立,拥有从麦哲伦海峡到好望角之间进行贸易的为期15年的垄断权。1609年,又将垄断权时效改为永久性。约一个世纪后的1708年,又将其改为绝对垄断。俄罗斯公司(Russia Company)和东方公司同样成立于伊丽莎白时代,同样拥有垄断权。斯图亚特王朝时期也建立了一些类似的公司,像在圭亚那、利凡特、哈得孙湾等处做生意的那些公司。

"在1470—1510年间,纺织品的出口翻了3倍。1470年出口3万匹呢布,1510年上升到9万匹。获利最大的是那些主要集中在伦敦,把未经染色的初加工呢布出口到安特卫普的呢布商,他们组织了'商人冒险公司'。到16世纪初,羊毛及羊毛制品已占英格兰出口业的90%,其余10%的出口物品是煤、锡、铅、谷物和鱼类。英国进口加斯科尼的酒、西班牙的染料、明矾、肥皂和油类等纺织业生产的必需品。"①在这些进出口物资中,一半是用英国商船运输,其余一半是由汉萨同盟和意大利的商船装运。

17世纪可能是英国历史上第一个人口迁移出境数多于迁移入境数的世纪:

> 在此期间,大概有30多万人,主要是已成年的年轻男子,渡过大西洋移居国外。其中单独组成的最大团体是到西印度;其次较富裕的团体是到弗吉尼亚和信仰天主教的马里兰,还有一个小得多的团体到信仰清教的新英格兰。人口移居的形式动荡不定,但在17世纪50至60年代可能达到顶峰。②

寻找职业、追求更好的生活是向外移居的重要原因。而在17世纪50年代之后,由于犯罪或仅因流浪受到惩罚而被强迫运往国外的人越来越多。

---

① 钱乘旦、许洁明:《英国通史》,第121—122页。
② [英]肯尼斯·O.摩根主编:《牛津英国通史》,第315页。

外国资本和外国移民也不断涌入。17世纪上半叶,伦敦出现了一个很大的西班牙犹太人社区。克伦威尔乐意为他们提供保护。虽然一些行业排斥犹太人,但他们的钱还是被利用起来,以促进商业发展。"不久,法国难民也来了,其中最有钱的那些不仅带来了经验,还带来了他们的财富。"①

据估计,在西班牙实施宗教迫害之前,约有3万名佛兰德斯织工进入英格兰:

> 他们受到伊丽莎白的竭诚欢迎。伊丽莎白允许他们在桑威奇和诺威奇定居,并由法律规定每一佛兰德斯人有义务雇用至少一个英格兰学徒。这样,英格兰人就学得了制造呢绒、制造丝织品和染色的精湛技艺,不再输出为佛兰德斯制造呢绒所需要的羊毛。②

据称在1527年,"仅伦敦一地就有约15 000名佛兰芒人"③。15世纪,还有许多意大利的工匠到英格兰居住但并未定居。同样受欢迎的还有那些去伯明翰碰运气的人,包括来自不同地方的金属加工工人、玻璃工、五金工、刀工等。1585年,英国接受了逃离安特卫普的棉织工。一个世纪后,由于路易十四(Louis XIV)的短视,法国驱逐了大批优秀工匠,而英国则成为他们的避难地。

都铎与斯图亚特王朝时期,交通设施的状况有所改善,海上运输事业得到了长足发展。1531年的一个法令授权治安法官在市、郡收税,以负责桥梁的维护。这是一个明显的进步,尽管一开始的税收征缴是断断续续的,但是后来,季审法庭的法官们开始定期征税。税收不仅用于维修公路上的桥梁,还用于公路的重建或者拓宽。④

---

① [法]G.勒纳尔、G.乌勒西:《近代欧洲的生活与劳作》,第64页。
② 中国英国史研究会编:《英国史论文集》,北京:生活·读书·新知三联书店,1982年,第118页。
③ J. A. Froude, *History of England*, Vol.1, London: Longmans, Greens and Co., 1872, p.127.
④ T. C. Barker and C. I. Savage, *An Economic History of Transport in Britain*, London: Hutchinson, 1974, p.25.

都铎王朝早期,公路的状况不尽如人意。多数的道路状况都不佳,许多所谓的"道路"其实都是因雨而泥泞不堪的车道而已,马车很容易被卡住。伊丽莎白一世前往布里斯托尔时,同样要面对"漫长又危险的旅程",因为英国西部的路况相当差,女王抵达布里斯托尔时,甚至会感谢老天让她保全了性命。1573年,塞西尔曾记录,女王"从肯特郡与萨塞克斯出发时,就遇上重重困难,路上竟有如此多的石头、低凹和比山区更糟的路况"①。公路的维护者原来是私人,可以是公路附近的地产拥有者,也可以是地方上的其他人。公路维护有时也出于人们的慈善行为。1555年的一个法令将公路维护变成了教区的责任。法令一开始只有7年的有效期,但从1587年开始长久有效。法令规定,每一年的复活节期间,治安官和教区执事都需要参加一个教区的会议,从他们之中选出两位无报酬的教区公路监察员:

> 每年从复活节到第二年6月24日之间的时段内,由他们两人负责组织教区的农民在6天之内带着自己的铁锹、鹤嘴锄这些工具去修路。②

糟糕的路况,与其说是地方上的重视不够,不如说是缺乏革新的铺路技术。如果修路一直仅限于填补路上的坑坑洼洼而不解决路面积水问题,真正的进步就不会到来。

尽管如此,16世纪颁布的一系列立法还是使得这些公路经受住了日益增长的交通压力。这一时期,四轮马车开始应用,私人马车并不仅限于伦敦,德比勋爵1566年就在兰开斯特有了一辆。17世纪早期,公共出租马车也开始出现,为解决首都伦敦日益增长的出行需求贡献颇多。

---

① [英]艾莉森·威尔:《伊丽莎白女王》,董晏廷译,北京:社会科学文献出版社,2014年,第378—379页。
② T. C. Barker and C. I. Savage, *An Economic History of Transport in Britain*, p.26.

长距离的四轮马车和之前大家熟悉的两轮马车形成了鲜明的对比。它们穿行在伦敦到坎特伯雷、诺里奇和格洛斯特等地之间,16世纪晚期已经开始承载很重的货物。1604年,坎特伯雷的季审法庭开始针对那些载重50担以上的重型货车收取额外5先令的费用,用以维护公路。

1637年,一个繁忙而组织有序的脚夫网络已经形成,它将伦敦和约克、曼彻斯特以及埃克塞特等地连在一起。不是所有的脚夫都使用交通工具,但是他们都提供非常有规律的服务。他们通常会在固定的日子里离开伦敦固定的小酒馆,运送的时间也可以预知,那些易腐烂的东西也可以通过他们运送。例如,17世纪20年代晚期的一个兰开斯特的家庭,就经常通过脚夫给他们在伦敦的女儿送去培根、奶酪以及一罐罐的黄油等。如果用马车运的话,还会捎上乘客。"一辆由6—8匹马,甚至更多马拉的车在不装货的情况下,可以搭载20名乘客。"①

更迅捷的交通方式扩大了人们的旅行范围。马匹能以10—15英里的速度载人进行短途的旅行,但当旅途变长时,随着马越来越疲劳,则很难再保持一开始的速度。因此,最快的旅行方式是隔一段就能雇到新的马匹。中世纪时,有的国王曾经建立过驿马制度,要求大路两旁的一些旅店准备马匹以供王室使者更换,费用由当地支付。16世纪早期,王室改为由自己支付费用,不过价格特别低廉。有时,地方上还被要求提供特别的马夫,在特定路段做向导来运送邮件。"这个邮件递送系统在夏季可以保持每小时7英里、冬季可以保持每小时5英里的速度。"②

从17世纪30年代开始,英国主要的大路上都已经有了常规运输的马车。就速度和价格而言,它提供了介于马和四轮马车之间的一种选择。一开始,这些马车从伦敦出发,驶往离伦敦并不太远的地方,例如圣阿尔班、赫特福德和哈特菲尔德等,车上一般有6名乘客。后来,线路开始向远处

---

① T. C. Barker and C. I. Savage, *An Economic History of Transport in Britain*, p.27.
② T. C. Barker and C. I. Savage, *An Economic History of Transport in Britain*, p.28.

延伸。到 50 年代中期,它们已经驶往埃克塞特、切斯特、约克以及纽卡斯尔,一天能跑 30 英里。后来又出现了一种更快的马车,例如 1669 年伦敦和牛津之间的马车,一天能走 60 英里。1706 年,驶往约克的马车一天能走 50 英里,而且能在 4 天之内走完全程。① 此外,服务的频率也提高了。但那时候,马车里只能坐 4—6 个人,外面不能坐人。有意思的是,当邮马以及四轮马车在公路上飞奔时,那些传统的旅者——成群的动物们依然存在。"在 18 世纪早期,每年的 8—10 月,成群的鹅、火鸡等从东盎格利亚走向伦敦。"②

　　旅行者们,尤其是商业旅行者们继续使用自己的马匹而不是邮马。外出旅行的人数量不断增长,行踪不断扩大,他们也逐步适应了远途旅行。威廉·斯托特是一名兰开斯特的贵格派商人,在 1688—1713 年间经常去伦敦参加友谊会的大会。他需要骑行 230 英里,耗时 5 天。他利用这种旅行来进货,随身携带大量现金,以便从伦敦购买货品。

　　16 世纪以来,陆地交通的增长也带来了其他相关行业的发展。到 1577 年,在英格兰约有 2 000 个小旅馆供旅行者休息。马匹的需求量激增,拖一辆重型马车需要 5 匹以上的马,远程旅行基本上需要 4 匹马。为了更快的速度,在每一程(大概 10 英里)结束之后都需要换马。据估算,养一匹马一年需要 5 英亩的干草和燕麦。因此,陆地交通的增长同样也对可耕地提出了很大的需求。③

　　为了有更多的资金投入公路的修建与维护,政府开始实行收费公路制度。第一条收费公路出现在通往苏格兰的北方大道上。1663 年,靠近赫特福德郡的威尔被授权收费。事实上,在此之后收费曾经被暂停了一段时间,1692 年又有法律试图对其加以恢复。直到 18 世纪中叶,收费公路的

---

① T. C. Barker and C. I. Savage, *An Economic History of Transport in Britain*, p.28.
② T. C. Barker and C. I. Savage, *An Economic History of Transport in Britain*, p.29.
③ T. C. Barker and C. I. Savage, *An Economic History of Transport in Britain*, pp.31-32.

发展一直比较缓慢。这种收费站制度后来还招致了暴力和骚乱,例如著名的瑞贝卡骚乱(Rebecca Riots)①就与此相关。

海洋运输业在这一时期迅速发展。到中世纪结束前,英国绝大部分的外贸运输由外国人代理,如由伦巴底人、佛罗伦萨人、荷兰人,尤其是由汉萨同盟的外国人代理。到了16世纪,英国人开始对这一挣钱的新门路感兴趣,抵抗外敌的需要也让他们意识到水手的重要性。1651年,奥利弗·克伦威尔(Oliver Cromwell)通过了著名的《航海条例》(*Navigation Acts*),规定进口货物只能由英国或生产国的船只运输。不仅如此,政府还给大船主和谷物出口商等发放奖励金,用以刺激他们开展远洋航运的积极性。为维持一支士气高昂的船员队伍,用上了各种手段:孤儿被打发上船做小厮,外国海员可以在当地居住,许诺帮助生病的、年老的海员,照顾殉职水手的家属,等等。为使那些加入远洋航行的人们安心,强大的舰队被组织起来保卫警戒航线。为保证一小笔保险费的支付,一套颇有独创性的保险体制建立起来,甚至包括了不确定的天气因素。在靠近海岸的危险区域,政府建造了灯塔,并改进了海图。港口被拓深、拓宽,海员不许在接近港口的地方丢弃压舱物。②

交通情况的改善提高了信件传递的速度。这意味着那些巴恩斯特普尔的小店主们可以在11天之内得到他们在伦敦的供应商的回信,而在此之前,他们则需要等待3周。送信的速度还在不断提升中,其后邮政又提高了服务频次,一周不止一次,他们需要等待的时间缩短到了7天甚至更短。看起来,地理空间变得越来越小。邮政缩短了人与人之间的距离,为商业和贸易开启了新的时代。

---

① 瑞贝卡骚乱是1838—1844年之间发生在威尔士西部农村的一系列骚乱的统称,是当地的农民不满收费公路昂贵的收费标准而发起的反抗行为。在这些反抗中,男性农民们乔装成女性攻击收费站,称自己为"瑞贝卡和她的女儿们"。
② [法]G.勒纳尔、G.乌勒西:《近代欧洲的生活与劳作》,第52—53页。

二、皇家邮政的初设

尽管中世纪的英国已经有建立邮政系统的尝试,但是,由政府管理邮政则是从亨利八世统治时期开始的。亨利八世不允许私人负责传递信件,因为这样很容易形成叛国阴谋,他认为私人通信应该被限制在最低限度,而且要受到严密的监视。这种观点在后来的一份非官方的报告中得到了证明:"就私人通信而言,我们的君主对其抱有深刻的怀疑……"①

正是出于专制王权控制信息流动的需要,加上之前邮政初步发展奠定的基础,由政府管理的邮政组织最终形成。亨利八世统治早期,布兰·图克(Brian Tuke)被任命为首任邮政大臣(Master of the Posts),掌管全国的通信。② 图克是沃尔西大主教推荐的人选,时年40岁。此前两年间,他基本在加莱任职,对于当时在欧洲大陆使用的帝国邮政(Imperial Post)和外国商人邮政(Foreign or Strangers' Post)都很熟悉,是比较合适的人选。③ 图克的具体任命时间并没有官方记载,但在1512年国王的账本上却有

---

① Howard Robinson, *The British Post Office: A History*, p.7.
② 1512—1655年,掌管邮政的官员都被称为"Masters of the Post";1655年后改称"Postmaster General"。参见 Duncan Campbell-Smith, *Masters of the Post: The Authorized History of the Royal Mail*, pp.715-719.
③ Duncan Campbell-Smith, *Masters of the Post: The Authorized History of the Royal Mail*, p.7.

付给图克 100 英镑作为津贴的记录,上面已经出现了邮政大臣的官职名。① 作为国王任命的邮政大臣,他的工资是 66 英镑 13 先令 4 便士。今天,皇家邮政将图克被封爵的 1516 年作为其创设时间。

图克建立了一个正式的邮政服务系统,大大拓宽了邮政服务的范围。他负责任命邮务员(postman)并监督他们的工作情况。所有的信件均由皇家邮务员(royal postman)送给他,他亲自分类后,再交由王廷信使(court messenger)送到目的地。邮务员的工资由邮政总长负责发放,从每天 1 先令至 2 先令不等,取决于他所提供的马匹数量。如果需要特别信使送信,就要额外支付费用,但这会增加国家的负担,因此在有常规邮政的线路上,这种特别信使是能不用就不用的。② 此外,图克还有一项职责,就是监管所有为信使和公干人员提供马匹的情况。当然在常规路线上,马匹的供应由邮务员负责,比较正常。在没有驿站的地方,由镇区负责提供马匹以备更换。③

图 2-1　布兰·图克爵士(小汉斯·荷尔拜因绘于 1527 年)

---

① Philip Beale, *A History of the Post in England from the Romans to the Stuarts*, p.115.
② J. C. Hemmeon, *The History of the British Post Office*, pp.4-5.
③ J. C. Hemmeon, *The History of the British Post Office*, p.5.

图克还将全国的道路进行分段,每段间隔10—15英里或者更远,视不同情况而定,每段由专人负责补充马匹和邮差。一种是一个皇家信使负责全程送信,这就是"through post"。在每个驿站,他雇一匹马骑往下一站;同时有个邮童(postboy)骑马跟随他,邮童一是负责带路,二是负责在到达下一站后将马匹带回。另一种是要在途中更换送信人,这被称作"standing post",由信使或代理人负责分段运送,每人负责一段,直至走完全程。①

图克还将信使分成了不同类别:常设邮务员(ordinary post)负责那些既有的或常设的邮路且目的地固定的人,被发放固定的日工资。当信件由常设邮务员送到多佛之后,通常会被临时雇用的送信人立即送出,这些被临时雇用的送信人就是特殊邮务员(special post),他们的报酬是按实际工作结算的。王廷邮务员(court post)负责在伦敦和王廷之间传送邮件。此外,还有特别邮务员(extraordinary post),当国王在外巡游之时,在巡游地和伦敦之间会有正常的通信,他们要负责国王私人信件及王国政务信件的递送,在被雇用期间拿固定工资。② 通常还会有一些临时雇用的人负责递送重要的外交邮件,他们不拿固定工资,而是根据具体里程收费。

亨利八世统治时期,图克并没有建立一个复杂的邮路系统。如果某条道路非常繁忙,例如往北通向苏格兰或者由多佛通向大陆的道路,图克会在那里设立驿站,而在偏远的道路上则不会。图克在1535年写道:"在伦敦和多佛之间,一直存在着常设的邮政设施。"③1542年,他下令在伦敦和贝里克之间的所有邮政都必须有两匹马备用。如果海军驻扎在朴茨茅斯的话,在那里将会临时设立邮政服务。当然,在国王离开伦敦的时候,在伦敦和国王所在地之间也会设立临时的邮政服务。除了上述这些职责之外,图克的权力很有限。他不能以自己的名义建立新的邮政所。这些通常都

---

① Howard Robinson, The British Post Office: A History, p.8.
② J. C. Hemmeon, The History of the British Post Office, p.5.
③ Howard Robinson, The British Post Office: A History, p.8.

由国王和枢密院决定,图克只需要遵照执行。邮政人员的工资也由国王和枢密院决定。①

布兰·图克爵士在1545年走到了人生的终点,之后他的职务由两个人接替:威廉·皮热爵士(Sir William Puget)和约翰·曼森(John Mason)。② 为什么要任命两个人来接任?对其原因我们并不清楚,但是我们知道这种做法一直保留了很长时间。当皮热去世之后,曼森继续任职到1567年去世时。1558年,议会通过了一项法令《4 and 5 Phillip and Mary》,明确规定曼森必须负责多佛、坎特伯雷、锡廷伯恩(Sittingbourne)、达特福德(Dartford)、罗彻斯特以及伦敦的常规邮政事务,上述每个地点必须有至少6匹马,其中2匹用来驮邮包,2匹用来给来往的信使使用。骑马的信使必须配备专门的向导。向导手持号角,在经过有邮政的地方时要吹号提示。马匹的行进速度为每小时7英里。③

伊丽莎白一世即位后,英国邮政的发展受到人为遏制。按理说,伊丽莎白一世统治时期是一个风俗习惯不断变化的时代,受到欧洲大陆的影响很大。旅行越来越普及,教育进一步发展,语法学校的数量不断增长,牛津和剑桥这两座大学的教学活动也变得更加活跃。最引人注目的是,英国的文艺复兴带来了散文和诗歌的繁荣,然而这一时期在信件的传送方面却进步不明显。尽管存在着改善邮政设施的需求,但女王政府所做的却不是鼓励它的发展,而是扼杀它的进步。

其实细究起来,这样的一种退步也是可以理解的。伊丽莎白一世在位期间,一直面临来自天主教世界的威胁,英国的国家利益和女王的个人安全都面临着巨大的挑战。伊丽莎白王位的最大觊觎者——苏格兰的玛丽女王,在被囚期间仍然动作不断。在漫长的囚禁生涯里,玛丽用了很多办

---

① J. C. Hemmeon, *The History of the British Post Office*, p.6.
② Philip Beale, *A History of the Post in England from the Romans to the Stuarts*, p.117.
③ Frederick Wilkinson, *Royal Mail Coaches*, p.17.

法和她的朋友保持联系,密谋取代伊丽莎白。

玛丽和西班牙大使保持着密切的书信往来。为了保证秘密通信的进行,她曾聘用过一位名为吉尔伯特·柯尔的苏格兰密码员作为秘书。吉尔伯特常在信中使用有误导性的词汇来代指某些人和事物。例如,英格兰女王被称作"伦敦的商人",而苏格兰女王则被称作"纽卡斯尔的商人"。① 文字用明矾写在纸上或是布上。② 书里的某些特定的页码也被用来传递信息。信件被藏在鞋的后跟里,或者箱子的内衬里。伊丽莎白的国务大臣沃尔辛厄姆对此心知肚明,有的信还没有被送出去就已经被他截获。1584年,西班牙大使也因此被驱逐。后来,从国外寄给玛丽的信件被混在法国大使的官方邮包中带入英国,然后由供应啤酒的人放在特制的啤酒桶中带给玛丽。信被放在一个防水的容器中,酒桶装满后从桶口放进去,回信被放在空酒桶中带出来。但即便是如此聪明的办法,还是被沃尔辛厄姆的手下发现了。这些信件在半路就被小心地打开、解密,然后被重新封缄送出去。在这种情形之下,政府不鼓励自由通信也是情有可原的。③

伊丽莎白一世时期邮政事务发展缓慢的另一个原因是财政压力。由于通货膨胀,维持邮政系统的费用大涨。据估算,到 16 世纪末,用来喂马的粮草价格翻了 4 倍。④ 1568 年,托马斯·伦道夫(Thomas Randolph)被任命为邮务总长。他在任内,有时会被派往法国做特使,其间由加斯科尼代行职权。伦道夫在伊丽莎白的授意下,下令撤销国内的所有常设邮务员,除非他们愿意工资减半。⑤ 这些邮务员原来的收入一直很低,到 1557年,基础工资只有一天 12 便士,几乎难以糊口。他们中的大多数人只是拿

---

① Simon Garfield, *To the Letter: A Journey Through a Vanishing World*, pp.138-139.
② 明矾溶液干了以后变成无色,再次浸入水中后会重新显示出字。
③ Howard Robinson, *The British Post Office: A History*, pp.12-13.
④ Peter Edwards, *The Horse Trade in Tudor and Stuart England*, Cambridge: Cambridge University Press, 1988, p.4.
⑤ J. C. Hemmcon, *The History of the British Post Office*, p.8.

这个职位当副业,主业是旅馆老板或者马夫。尽管如此,在亨利八世统治末期,这份工作也基本是个赔钱的买卖。① 伊丽莎白登基之初,曾经把他们的工资加到每天 20 便士,但 1557 年减薪之后则不如以前,因此一部分邮务员选择放弃工作,导致一些常规邮政被弃之不用。

邮务员的工资并不能及时被发放。贝里克的邮务人员就曾指控伦道夫扣发他们的首年工资,而且后面每年都会收取他们薪水的提成,此外还向他们收取固定的费用,全供其个人使用。他们认为邮政的效率低下是由伦道夫的腐败造成的。② 这些指控部分是真的,部分应该是出于嫉妒。

从布莱恩·图克去世到伊丽莎白一世执政末期这段时期,尽管有必须在信件上标明每站送达时间和经手人的做法,但邮件的传送速度依然比较慢,63 英里需要约 40 个小时才能送到。为了提高效率,伦道夫进行了一项改革。1582 年 9 月 30 日颁布的一项法令,要求每个邮递员传送女王或枢密院的信件都要系一个标签,标签上要登记信件到达的时间。此外,邮递员拿到信件的时间,寄信人和收信人的姓名、地址都要被记录在案。还要准备一本专门的本子登记所有信件的收发情况。③ 同时,各地的马厩里必须准备 2—3 匹好马,以便更快速地递送这些邮件。④

1590 年,约翰·斯坦霍普(John Stanhope)被女王任命为邮政总长,他在接下来的斯图亚特王朝时期继续留任。斯坦霍普不仅本人终身任职,还将职位传给了自己的儿子查尔斯。斯坦霍普父子都是行动派,但他们把持职位差不多 60 年之久,将这个职位当成自己敛财的手段,而不是为了国家的利益。他们对英国邮政的具体影响将在下文中予以进一步论述。

---

① Duncan Campbell-Smith, *Masters of the Post: The Authorized History of the Royal Mail*, p.14.
② J. C. Hemmeon, *The History of the British Post Office*, p.7.
③ Philip Beale, *A History of the Post in England from the Romans to the Stuarts*, p.145.
④ J. C. Hemmeon, *The History of the British Post Office*, p.7.

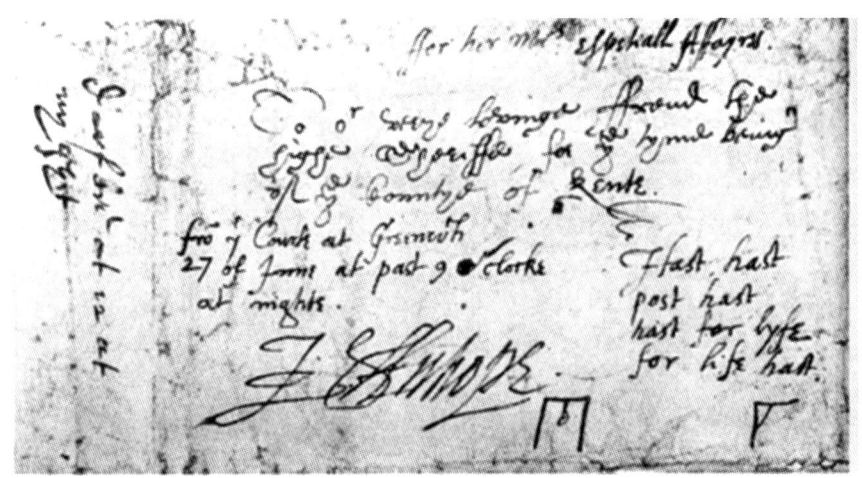

图 2-2　伊丽莎白给肯特郡郡守的信(信件封面显示了信件从格林威治发出和到达达特福德的时间,上面有斯坦霍普的签名)

1603 年,枢密院颁布法令,规定所有领取日工资的邮差都需要准备 2 个皮质袋子,邮递员在邮路上碰到任何人都要吹响号角,每英里要吹 4 次,信件延误时间不得超过 15 分钟。当时,送信的速度是夏天每小时 7 英里,冬天每小时 5 英里。①

邮政的拖延往往会招致许多抱怨。当然,这也意味着对于快速、高效通信的需求与日俱增,虽然此时还看不见什么改进。女王统治即将结束之时,贝里克的总督写信给塞西尔说:"你的上一封信(1601 年 2 月 11 日)尽管是用最快速度传递的,但直到 20 号我还是没有收到,它们本应该在五六日之内送达的。"②

另一封由塞西尔写给国会议员弗朗西斯·达西爵士的信件,更是经历了一次奇幻的漂流,它如今已被收藏在赫特福德郡的哈特菲尔德宫。历史学家詹姆士·戴比尔还原了这封写于 1601 年的信件的运送轨迹之后,惊

---

① J. C. Hemmeon, *The History of the British Post Office*, p.9.
② Howard Robinson, *The British Post Office: A History*, p.14.

奇地发现：它先是从伦敦被送到了多佛，后来又徒劳地绕了回来，以至于根本就没有到达收信人的手中。这是一封十分简短的书信，内容只不过是提醒达西爵士，他即将收到法院寄给他的其他信函和一本尚未命名的法语书。信件的执笔人是一名书记官，而签名的则是塞西尔爵士本人。信件的收件人信息是这样写的："致我挚爱的朋友弗朗西斯·达西爵士，多佛骑士。"即便是现在，若我们把写着同样地址的一封信塞进邮筒里去，相信它也是一样寄不到收信人的手中的。不过，真正难住邮差的其实并不是这模糊不清的地址。因为无论是在法院、咖啡馆、酒馆，还是在其他什么地方，应该都能够打听得到达西爵士已经逃离了多佛、跑到其他地方去的消息。①

负责递送这封信的人是骑马到多佛的，而且据推测这封信应该是由几个信差接力递送的。信封上标注着"免邮"的字样。被授权递送信件的信差必须要在一系列的固定地点停靠，而这些停靠点一般都设立在一些地标性地区，通常是相邻 8 英里到 20 英里的小镇。伦敦通往多佛的道路就是当时英格兰为数不多的几条邮递主干线之一，因而塞西尔爵士的信一天之内就被送到了多佛。然而，由于找不到收信人达西爵士，这封信最终落到了多佛城堡的副官托马斯·费恩（Thomas Fane）爵士手中。

这封信外面的标记本身就可以为我们提供很多的细节信息，让我们可以洞悉前面提到的邮件追踪系统的大致情况。信封上的第一个标记应该是由一个叫作罗兰·怀特的人亲手写上去的，内容是"伦敦，9 月 23 日，早上 8 点"。罗兰是宫廷中专门负责搜集各处官方书信并将其送到伦敦一处主要集散地的人。第二个标记上写着"伦敦，早上 8 点以后"，后面紧跟着的是"达特福德，上午 10 点"和"罗切斯特，下午 2 点"。此外还可以看出，这封信于晚上 7 点便到达了锡廷伯恩，而晚上 9 点时则被送到了坎特伯

---

① Simon Garfield, *To the Letter: A Journey Through a Vanishing World*, pp.115-116.

雷,并于第二天上午某时送达多佛。托马斯·费恩爵士是早上起床时才知道达西逃跑的消息的,后来试图在肯特山丘那里找到他,但没有成功。①

于是,托马斯爵士又将这封书信原封不动地装进一个包裹,寄回给塞西尔爵士。接下来,它便原路返回,和自己来的时候一样,在沿途的每一个站点作了停顿,并于凌晨4点多钟送达达特福德。此外,信的外面还画了一幅绞刑架的插画,大概象征着这封邮件的紧急性,或是在告诉可怜的信使,如果信件不能够被及时送到的话,他将会面临怎样的命运。②

另外值得一提的是,这些邮件的隐私往往在传递过程中得不到很好的保护。都铎王朝时期的皇家邮政在垄断了国内信件和其他邮品的递送服务后,还对海外通信加强了监管,并发展出了一项新的业务——书信检查制度。图克规定,所有出入宫廷的皇家邮件都必须先被打开阅读,然后才能被重新封装并被递送。在递送过程中,信件被打开的可能性也很大,上述塞西尔爵士的邮件就在寄回前被人拆开了,而此人有可能是他的秘书或是其他人。换句话说,在它被寄到收信人手中之前,也许早已被几十个人读过了。1547年10月26日,沃顿勋爵在一封信中也抱怨自己的信在送到之前被打开过,和很多人的遭遇一样。③ 图克的继任者们不仅变本加厉地加紧了对邮政业务的垄断,而且还带头扣压任何被认为是反君主制度者和天主教徒的书信。除此之外,任何被怀疑可能威胁国家安全的书信也会被扣压下来。事实上,这种对信件的拦截不仅仅发生在英格兰,在欧洲大陆也是如此。1529年8月13日,图克写信给沃尔西,提到一封由罗马送到英格兰的信件,分别在佛罗伦萨、热那亚和里昂被打开过。图克因此感慨道,除非这些信是用密码写的,否则被泄密是很正常的事情。④

---

① Simon Garfield,*To the Letter: A Journey Through a Vanishing World*,p.116.
② Simon Garfield,*To the Letter: A Journey Through a Vanishing World*,p.116.
③ Philip Beale,*A History of the Post in England from the Romans to the Stuarts*,p.145.
④ Philip Beale,*A History of the Post in England from the Romans to the Stuarts*,p.146.

图 2-3 都铎王朝时期的道路分布图

当然,邮政的时效也有很高的时候。当伊丽莎白一世于 1603 年去世之时,必须要尽快通知她的继任者——苏格兰的詹姆士六世(James Ⅵ)。负责送信的罗伯特·凯利爵士于 3 月 25 日上午 9 点至 10 点之间离开伦敦,当晚到达 162 英里以外的唐卡斯特(Doncaster),他用了两天完成剩下来的 255 英里。凯利在 27 号晚上詹姆士就寝后到达爱丁堡。就是说,他用了在那个时代令人印象深刻的速度,在三天两夜的时间里,几乎每小时骑行 7 英里。[①] 随着斯图亚特王朝的开启,英国邮政迎来了重要的发展契机。

---

① Howard Robinson,*The British Post Office,A History*,p.22.

三、邮政的初步发展

詹姆士一世(Jame Ⅰ)继位后,一直被一个视他为异族的民族所困扰。他的儿子查理一世(Charles Ⅰ)的境况更加糟糕,不仅陷于一场内战,而且最终被送上了断头台。尽管政局动荡持续了半个世纪之久,但是英国的邮政事业却取得了令人不可忽视的发展,更多的普罗大众能享受到邮政事业的好处,海外邮政得到了规范,为之后邮政的发展奠定了基础。

詹姆士一世继位之后,重新任命了约翰·斯坦霍普,并封其为勋爵,不仅同意他终身任职,还允许其职位父子相传。斯坦霍普进行了有限的改革。1618年,他命令萨瑟克(Southwark)的治安官帮助当地的邮务长(postmaster)递送6英里之内的信件。两年后,一项普遍适用的规定出台,要求每个教区任命2—3个步邮(footpost)来送信。[①] 1621年,老斯坦霍普传位给儿子查尔斯。根据惯例,邮政总长有权向被其任命的人收取费用,因而贿买职位的问题比较突出。查尔斯做邮政大臣的时候,邮政从业者的平均工资是2先令,此外每人还有2英镑的补贴。由于这个标准明显偏高,所以枢密院要求他降低标准。[②] 实际上,斯坦霍普父子没能将英国的

[①] J. C. Hemmeon, *The History of the British Post Office*, p.10.
[②] J. C. Hemmeon, *The History of the British Post Office*, pp.8-9.

邮政事务推上新的高度，而完成这一使命者是他们的继任者——托马斯·威瑟林(Thomas Witherings)。

威瑟林开启了英国邮政事业的新篇章。他的主要观点是要让邮政自给自足，不再成为国家的负担。在威瑟林的建议下，1635年7月31日，查理一世颁布敕令，规定皇家邮政开始为公众服务。① 尽管伊丽莎白政府想控制民间通信，但事实上随着经济文化的发展，民间通信的需求越来越大，其直接的后果就是邮务员和邮童的走私行为不断发生。由于收入菲薄，邮务员们很愿意夹带私信，这样可以赚外快，而比起私人信使和脚夫系统，寄信人可以享受国王邮政的服务，安全而高效。这种行为要付出的代价是惨重的，一旦被发现将被处以绞刑。② 但严刑峻法也抵挡不了民众交流的渴望。1585年8月，北方大道上亨廷顿(Huntingdon)的邮务员约翰·里格斯(John Riggers)在日志里记录了他当月经手的邮件情况：5个特别邮包，其中2个被转交给了沃尔辛厄姆，3个被交给了其他贵族；89个普通邮包；88捆未注明的东西；以及44封私信。③ 也正是在这种情况下，查理一世才接受了威瑟林的建议，将邮政系统向公众开放。

威瑟林着手进行国内和海外邮政改革，禁止任何机构与国家邮局进行竞争，以维护其垄断权。他计划在伦敦和其他地区之间设立邮政支局，开通从伦敦到全国各地的邮政服务，使皇家邮政面向大众，成为服务国民的政府机构。他在伦敦设立了总办公室和财务处，收取所有来往于伦敦的信件，运往各个设有邮局的城镇；到达后，将信件再次分类运至距离乡村最近的邮局；最后由邮差徒步走6—8英里送到各个乡村，邮差每封信可获得2便士。24小时内送信的速度至少要达到120英里，因此他们要日夜兼程。改革推

---

① Julian Stray, *Post Offices*, Oxford: Shire Publications, 2010, p.5.
② Duncan Campbell-Smith, *Masters of the Post: The Authorized History of the Royal Mail*, p.16.
③ J.W.M.Stone, "An Early Postmaster's Book", *The Philatelist* (November/December, 1984), p.257.

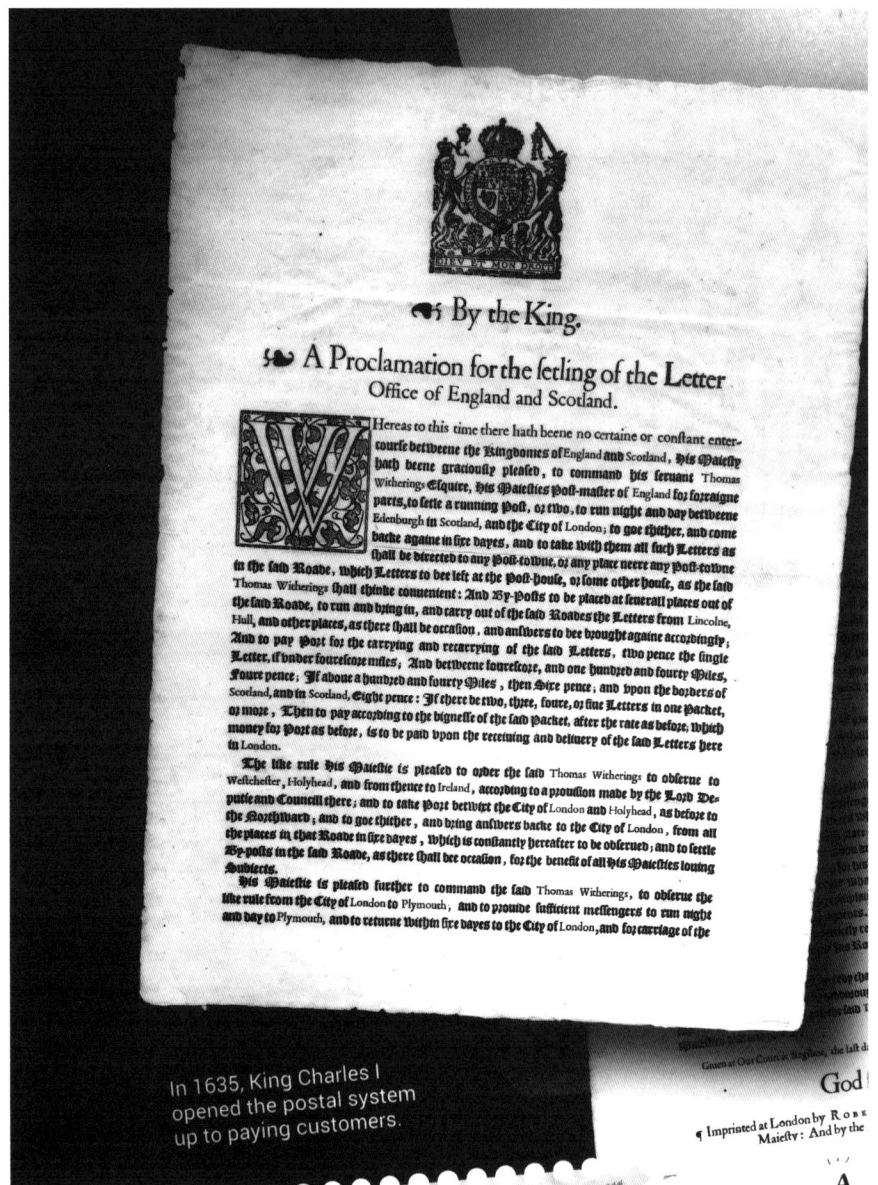

图 2-4 查理一世要求邮政向公众开放的敕令(摄于英国邮政博物馆)

行之初,首先把北方大道作为试点,在林肯、霍尔和其他几个地方设立了邮政支局,并大获成功,送往爱丁堡的信件来回只需 6 天。同时,威瑟林受命建立新的信所(letter-office),调整了收费标准:80 英里之内的邮件,一张信纸的邮资是 2 便士;80—140 英里之内是 4 便士;超过 140 英里是 6 便士;到苏格兰边境及苏格兰境内是 8 便士。①

威瑟林的另一项重要改革举措是整顿海外邮政。在都铎王朝和斯图亚特王朝时期,海外通信的重要性日益凸显。最重要的海外通信是通过英吉利海峡前往欧洲大陆的邮件。尤其是通过多佛,它离加莱只有 20 英里之遥。17 世纪,随着与欧洲贸易的增加以及与法国、荷兰和西班牙的外交关系越来越重要,邮政业务的需求也越来越大。此外,前文提到来自海外的移民受教育程度比较高,他们需要在英国和他们的祖国之间建立一个更好的信息传递系统,和大陆布料市场之间的商业关系也需要一个比皇家邮政更加高效的邮政系统。② 这些都是促进海外邮政发展的重要因素。

在整个 16 世纪,欧洲大陆和英格兰之间的通信主要有以下三种渠道:一是皇家邮政。二是外国商人邮政。三是商人冒险公司邮政(The Merchant Adventures' Post)。皇家邮政在向大众开放之前,只负责传送官方信件,因此大量的私人信件是由后两者传递。

1844 年议会委员会的调查中,曾经提到伦敦在 1514 年时有外国商人邮政。而事实上,15 世纪晚期这种邮政就已经存在了。那时,商人们的信件得以安全往来于海峡两岸,通过低地国家向北延伸到汉萨同盟的城市,向南抵达意大利全境。从伦敦到海峡边的港口大约有 60 英里的路程,常用路线是由泰晤士河口到罗切斯特,再经由锡廷伯恩、坎特伯雷到多佛,沿途的小旅店被当成固定的歇脚处,起着类似驿站的作用。③

---

① Howard Robinson,*The British Post Office*:*A History*,p.31.
② J. C. Hemmeon,*The History of the British Post Office*,p.6.
③ Duncan Campbell-Smith,*Masters of the Post*:*The Authorized History of the Royal Mail*,p.5.

这些外国商人居住在伦敦，他们享有英国人不能享受的权利。这引起英国人的不满。1517年，约翰·林肯曾向鲍尔牧师抱怨，外国来的工匠很多，伦敦的普通工匠因此很难找到工作，英国商人连抱怨的权利都没有。这些外国商人带来了丝、布、酒、油、铁甚至药品，却没有需要在英国购买的东西。继而，鲍尔在布道中煽动伦敦的工匠攻击外国商人。①

与工匠们的态度不同，亨利八世和他的大臣们欢迎外国商人，并鼓励他们在伦敦定居，更令人惊讶的是，这些商人们被允许自由收发邮件，无需通过政府的管控。他们在伦敦建立了自己的通信机构，负责伦敦和欧洲大陆的通信，由自己选出来的邮务长进行管理。邮务长人选由意大利人、西班牙人、荷兰人提名，交由枢密院确认即可。

虽然基于政治原因，这个机构对于英国商人有诸多不公之处，但由于没有其他选择，大部分英国商人还是会使用它。但他们对它的不满与日俱增，于是向枢密院请愿：如果这么重要的职责被外国人尤其是荷兰人控制，那怎样才能遏制叛国行为呢？② 此外，它对英国商人也不友好，经常故意延宕英国商人的信件几天，而外国商人的信件则往往被优先投递。

1568年，外国商人邮政的邮务长克里斯蒂安·萨福林（Christian Suffling）去世，由谁来继任这一职位引起了争议，争议的焦点是国籍和宗教信仰问题。候选人之一是拉斐尔·布特（Raphael Puttle），一个比利时新教徒；另一个候选人是英国人戈弗里·马歇尔（Godfrey Marshall），一个天主教徒。布特得到了萨福林遗孀的支持，由于信件仍然是在萨福林的家里收发，因此布特实际上控制了这些信件。③

布特还得到了一部分意大利和法国人士的支持，其中包括宗教界人

---

① J.A.J.Housden,"The Merchant Strangers' Post in the Sixteenth Century", *The English Historical Review*, Vol.21,No.84 (October,1906), p.739.
② J. C. Hemmeon, *The History of the British Post Office*, p.7.
③ J.A.J.Housden,"The Merchant Strangers' Post in the Sixteenth Century", *The English Historical Review*, Vol.21,No.84 (October,1906), p.740.

士。他们写信给威廉·塞西尔(William Cecil)推荐布特,塞西尔在他们的请求下,写信给外国商人们,任命布特为负责人。7月13日,部分商人集会,在会上出示了塞西尔的信函。作为回应,这些商人们说他们已经任命了马歇尔。他们不接受布特的任命,认为那些支持布特的都不是商人,不能代表他们。然而,尽管马歇尔得到了商人们的支持,但信件的实际控制权仍然在布特的手里。接下来,西班牙大使也开始干预此事,他召集所有的意大利商人,要求他们支持马歇尔,并要求所有信件不要再放到萨福林家里,而是转到马歇尔家中。1569年,这一问题最终由托马斯·伦道夫解决,确定布特负责外国商人邮政。①

此外,商人冒险公司也建立了自己从伦敦到欧洲大陆的邮政,由比林思利(Billinsley)统管。当时一些比较大的商业联盟,例如汉萨同盟等,也拥有自己的信使。著名的商业和银行业机构需要及时获得和它们利益相关的消息,所以信息传递和支票传递一样迅速而重要。欧洲大陆的商人在英国做生意期间,也习惯用他们自己的船运送邮件。

16世纪末,政府试图收管海外贸易的通信。1591年的一个敕令试图阻止这种非官方通信机构的发展,以拯救混乱无序的状况。敕令宣布,只有经过邮政长官批准的人才可以从事海外通信,郡治安官和其他一些官员负责抓捕那些未经批准擅自送信的人。外国商人邮政走到了终点。②

詹姆士一世时期,英国正式建立了海外邮政。17世纪早期,邮政大臣斯坦霍普雇用了一个名叫马休·德·奎斯特(Mathew de Quester)的外国人为国王处理国外信件。奎斯特由于办事效率很高,很快得到国王的赏识,1619年被詹姆士一世任命为主管海外邮政的邮政大臣(Postmaster-

---

① J.A.J.Housden,"The Merchant Strangers' Post in the Sixteenth Century", *The English Historical Review*, Vol.21, No.84 (October,1906), p.742.
② Philip Beale, *A History of the Post in England from the Romans to the Stuarts*, p.147.

General for foreign parts)。① 1623 年,一个正式的敕令确认了奎斯特和他的儿子对该职位的拥有权。他们对海外邮政有独断权,能任命自己的官员。从这时起到 1635 年,外国邮政和内地邮政都分属不同的管理部门,其财政也是分开的。

斯坦霍普不甘心自己的利益受到侵害,数次干涉海外邮政业务。这个问题被提交到一个委员会加以讨论,认定斯坦霍普的专利(patent)只适用于内地邮政。最终,问题被提交给王座法庭审理,结果做出了有利于斯坦霍普的裁定。但是,奎斯特无视这个裁定,继续行使其职能。②

国王继而任命弗里泽尔(Frizell)和威瑟林共同负责海外邮政。两人之中,后者的能力远超前者,而且威瑟林已经有一个工作计划。为了实现他的计划,威瑟林甚至将房产抵押给了别人。国王在听说此事之后,下令奎斯特不得再染指海外邮政,必须将所有利益转交威瑟林。③ 心有不甘的弗里泽尔在枢密院说,威瑟林只是出生于国内的一个小店主,不会外语,也为外国通信者所不喜,不是合适的人选。但是,当时的国务秘书科克更加了解威瑟林,让其成为海外邮政唯一的管理者。④ 威瑟林就任后,开始整顿海外邮政,1637 年将内地邮政和海外邮政合并,兼任代理内地邮政大臣和海外邮政大臣。⑤

当时的英格兰和欧洲大陆的通信服务主要是靠船,在威瑟林掌管海外邮政之后,将这些运送邮件的船只统一改称为"定期邮船"(packet boat)。这个名称更加贴切,因为船上装运的基本都是政府的邮件小包。1641 年,约翰·依夫林在海峡边游览时,看到了正在横穿海峡的"速度号"邮船,尽管他在日记中将它描写为威武的护卫舰,但事实上,它只是一艘小船而已。⑥

---

① Duncan Campbell-Smith, *Masters of the Post: The Authorized History of the Royal Mail*, p.21.
② J. C. Hemmeon, *The History of the British Post Office*, p.10.
③ J. C. Hemmeon, *The History of the British Post Office*, p.11.
④ J. C. Hemmeon, *The History of the British Post Office*, p.12.
⑤ J. C. Hemmeon, *The History of the British Post Office*, p.15.
⑥ Howard Robinson, *The British Post Office: A History*, p.160.

图 2-5 1750 年左右的一个邮船官员的画像(当时的邮局并没给邮船上的工作人员提供正式的制服,他们自己穿上了类似军装的红色外套,以凸显自己工作的重要性。摄于英国邮政博物馆)

这些小船所要面对的不仅是海峡变幻莫测的天气,在和法国、荷兰等国关系紧张时,它们还要应对额外的风险。上面提到的那艘"速度号"就配备了6门铜炮。1635年,多佛的邮务长7周内就曾经被抢劫了5次,其中4次是法国人所为,1次是荷兰的弗拉辛人所为。还有1次抢劫被幸存的船长记录了下来:

> 他们向他开枪……登上甲板,殴打船员,抢光船上的钱、货物以及成捆的信札,其中一捆还是国王的信件。①

到了17世纪中期,航运邮政的安全性得到了提升。每周有固定的邮政服务。1654年的邮政法案规定了寄往海外的邮件的费用。1660年,该法案被重新颁布。服务也有所改进,巴黎、海牙、布鲁塞尔、科隆、汉堡等地每周能投运两次。复辟王朝早期,在哈维奇和荷兰之间也有通航。使用的船只被称为"hoys",是那种载重6吨的小单桅帆船。当荷兰执政威廉前往英格兰登基后,哈维奇开设的邮政继续由3艘帆船运营。②

战争期间,与法国的邮政服务是在协议之下运作的。例如1698年的条例规定,伦敦到巴黎之间一周运送两次邮件。伦敦的出发时间是周三和周六的下午两点。英国的船只将信件运到加莱,在那里由法国负责将运往多佛的信件装船。那些运送距离超过巴黎的邮件,如运往西班牙、葡萄牙各地的邮件,都使用法国标准计费。英国政府给予法国每年36 000里弗尔的费用。协议要求到达多佛或加莱的信件不得被耽搁,要随到随送。③

1689年后与法国的战争使英国开辟了前往欧洲大陆其他地方的邮政线路,例如前往直布罗陀和米诺卡。1703年的《梅休因条约》签订之后,和葡萄牙的贸易也得到了增长。另一条通往欧洲大陆的邮路,联结了法尔茅

---

① Howard Robinson, *The British Post Office: A History*, p.160.
② Howard Robinson, *The British Post Office: A History*, p.160.
③ Howard Robinson, *The British Post Office: A History*, p.161.

斯和西班牙西北的科伦纳。18世纪的法尔茅斯是一个非常有价值的港口,不仅因为其联结伊比利亚半岛,还因为船只可以通过它穿越大西洋而前往殖民地。它离普利茅斯有50英里,可以免受法国海盗的袭击。1688年,两艘邮船正是从这里出发开往了科伦纳。直到18世纪早期,法尔茅斯到利普生之间的邮路仍在被使用。1739年,当詹金斯之耳战争(War of Jenkins's Ear)爆发后,和利普生之间的通信显得更加重要。

17和18世纪,这些海外通信的数量并不太大。1660年,海外邮政局只有4个工作人员。1688年,其人数有所增加,有1个审查官、2个分拣员、1个接待员(负责在窗口递信)和14名信差。1750年,其规模并没有明显的扩大。甚至在18世纪末,也只有10名信差。在便士邮政开始实行的1840年,海外邮政局依然自成一体。直到拿破仑战争时期,它所贡献的收入也只占邮政总收入的10%。①

由定期邮轮之外的船只运送的邮件,被称为"航信"(ship letter)。这些邮件不用被送到伦敦,而是被交给各个港口的邮务长。1660年法案规定,到港的船只必须尽快转交邮件,违者将被处罚。1700年,船长们每转交1封邮件便会得到1便士。1711年的法令将其提高到2便士,但是效果一直不太好。因此,1765年的法令规定,任何船只到港以后必须先转交邮件,然后才能卸货。邮政不仅从船上拿邮件比较困难,而且把邮件送到船上也很困难。船长们往往在岸上的咖啡馆、小旅店或者是船运代理那里挂上一个袋子收取邮件,然后把它们直接带上船,并不用经过邮局。

18世纪末,政府为了提高收入而开始对航信开刀。政府颁布了《航信法》(Ship Letter Act),要求信件必须额外缴纳4便士作为内地邮费。但是,法令并没有得到有效执行。接下来,政府又颁布了另一个法令,将其费用提高到6便士,照样收效寥寥。② 对于这种情况,最有效的办法应该是通过

---

① Howard Robinson,*The British Post Office:A History*,p.161.
② Howard Robinson,*The British Post Office:A History*,p.164.

协议的形式把信件包给这些船长,政府收取一定的费用就可以了。

詹姆士二世时期,英国在殖民地牙买加建立了邮局,与英国本土建立了邮政联系,这是英国第一个殖民地邮局。当时的邮费十分昂贵,两地之间并无专门的船只运送信件,邮局只能将邮件交给过往船只的船长代为运送,到岸之后由船长交给当地邮政局长,每封信件付给船长1便士的酬劳。

1637年6月,科克和温德班克(Windebank)被任命为邮政负责人。但是,威瑟林并没有完全离开邮政,他的名字还出现在与邮政事务相关的文件上。温德班克说,威瑟林的去职主要是由于他的任命合法性有问题;还有人猜测说,他的专利是通过非法手段得到的,而且大陆的邮务长们不愿意和一个出身低微的人打交道。①

1637年6月,伦敦商人们请愿,要求威瑟林留任,因为他在任时的表现令他们满意。但是,当他们听说继任者的人选之后又立即改口,说还是由科克来任职比较合适。他们很快发现自己错了。因为之后在与苏格兰的战役中,英格兰军队的统帅发现他的信件被人看过;还有人发现本该即刻送到的信被故意耽搁。威瑟林被授权调查这些事情。这还不是最糟糕的。一个月之后,邮务长们接到命令,除了国王陛下的特别事务并由特定政府官员交寄的邮件之外,其他邮件将不再由邮政代送,这对于私人通信来说是种倒退。②

1640年,威瑟林因受到多项指控而被迫辞职。国内与国外邮政由菲利普·布拉马奇(Philip Burlamachi)接管,他是一个富有的伦敦商人,曾经借过钱给国王,也是国王的财务代理人。③ 但是威瑟林并不甘心,他在1642年把他的专利转让给了沃里克伯爵,这再次引起了争端。最终在

---

① J. C. Hemmeon, *The History of the British Post Office*, p.16.
② J. C. Hemmeon, *The History of the British Post Office*, p.16.
③ J. W. Hyde, *The Early History of the Post Office in Grant and Farm*, London: Adam and Charles Balck, 1894, p.165.

1644年,下院任命普利多(Prideaux)为邮政负责人。①

　　普利多对邮政有着宏伟的计划,却没有具体的配套措施。1651年,有人首次向国务会议建议将邮政承包出去,②要求承包者必须有稳定而良好的信誉,对官方邮件以及议员的邮件必须予以免费邮寄。所有的收费标准由国务会议决定,未经同意不得变更。最后,承包人必须得到国务会议和护国公的一致支持。③ 1653年,普利多离职,政府开始实行租赁制度,也就是承租人每年预先交一笔钱负责邮政的运营,然后再从邮政的利润里提成。约翰·曼利(John Manly)成为第一位承租人,每年的租金为10 000镑,租期两年。两年后合同到期,改由克伦威尔的心腹——国务秘书约翰·瑟洛(John Thurloe)继任。也就是在这一年,议会确认了租赁邮政事务的做法,内地邮政与海外邮政两个部分被合并为一个邮政总局(General Post Office),瑟洛也被正式任命为第一位邮政总长(Postmaster General)。④

　　1657年,议会又颁布了第一个关于邮政费率和信件运送的《解决英格兰、苏格兰和爱尔兰邮资问题的法案》(*The Act for Settling the Postage of England, Scotland and Ireland*),建立了适用于英伦三岛的邮政制度。⑤ 它规定,英国邮政由邮政总长和邮政审计官(Comptroller of the Post Office)共同管理,其他人无权建立任何形式的邮政设施,但在牛津和剑桥除外。法令还规定,80英里之内的邮寄费用为每英里2便士。对那些不在邮路上的城镇,费用会有明显增加。信件必须经过伦敦转送,这明显增加了距离。雇马匹的费用为每英里3便士,雇向导的费用是每英里4便士。⑥ 这

---

① Frederick Wilkinson, *Royal Mail Coaches*, p.17.
② J. C. Hemmeon, *The History of the British Post Office*, p.21.
③ J. C. Hemmeon, *The History of the British Post Office*, p.22.
④ Kenneth Ellis, *The Post Office in the Eighteenth Century: A Study in Administrative History*, London: Oxford University Press, 1958, p.4.
⑤ J. C. Hemmeon, *The History of the British Post Office*, p.22.
⑥ Frederick Wilkinson, *Royal Mail Coaches*, pp.19-20.

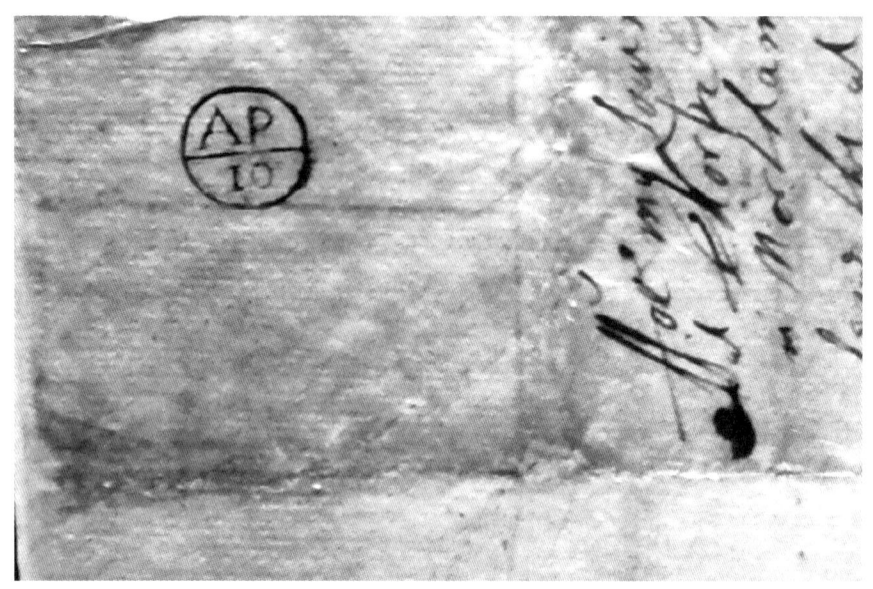

图 2-6　1662 年的世界上第一枚邮戳（摄于英国邮政博物馆）

一法案在复辟之后被重新予以颁布实施。

1660 年斯图亚特王朝复辟后，亨利·毕肖普（Henry Bishop）被任命为新的邮政总长，任期 7 年，他需要支付的租金是 21 500 英镑。1661 年，毕肖普提出在书信上加盖邮戳，显示信件发出的日期，用以代替之前在邮件上手写到达时间和地点的做法，希望以此提高信件时效，减少延误邮件的行为。不久之后，毕肖普辞职。1663 年，由丹尼尔·奥尼尔（Deniel O'Neile）接任邮政总长。1667 年，当奥尼尔的任期满了之后，国务秘书阿灵顿勋爵被任命为邮政总长。

17 世纪末，伦敦的内地邮政雇用了 49 个人。邮政总长名义上总管一切，但实际上，财政是相对独立的部分。此外，还有 8 个分管邮路的官员，分别负责通往霍利黑德、布里斯托尔、普利茅斯、爱丁堡、雅茅斯和多佛的 6 条大道上的通信。邮政总局在伦巴德街上，信件被寄到那里；或者位于威斯敏斯特、查令十字街、柯文特花园等地的寄信处，会在固定时间从这些站点被送往总局。①

邮件于每周二、四、六的晚上,或者第二天清晨离开伦敦,发往各地。在这些日子,邮政工作人员通常下午6点上班,通宵工作。在每周一、三、五,信件从英格兰各地到达伦敦,邮政工作人员早上四五点钟就要上班。此外,还有3个分拣员和3个接待员。接待员是站在窗口接收信件的人,在碰到预付费信件的时候,他还要负责收钱。②

17世纪晚期,有人开始尝试对邮政进行进一步的改革。在1680年之前,伦敦是没有同城邮政服务的。如果一个伦敦人想寄信给同城的人,他必须亲自前往或者委托特别的信使传递。直到1680年,威廉·多克瓦(William Dockwra)创立了伦敦便士邮政(Penny Post)之后,情况才有所改变。

1680年4月1日,便士邮政开始运行。最初的人员构成是1个审计员,1个会计,1个收信的人,6个信所的13个工作人员,还包括100个收寄信的信差。其中,6个信所分别为:星室法庭的总信所、新门街的圣保罗信所、圣马丁街的威斯敏斯特信所、大法官路的坦普尔信所、东史密斯菲尔德的赫米吉信所和圣玛丽·奥弗里教堂附近的萨瑟克信所。③

在伦敦,便士邮政有大约179个寄信处,除了上面提到的6个信所之外,很多商店和咖啡馆也负责收信。几乎在每条街上,在某个商店的门边或窗户旁,都有一张桌子,上面用醒目的文字提示:此处收寄便士邮政的信件和包裹。这些地方的信件最后被运往上述6个信所,在那里被分拣并被盖上邮戳。同样也是在那里,这些信件被送往伦敦各地。在大部分地区一天投递4次,在商业中心则一天投递6次。

伦敦市内的邮费是1便士,邮资预付。不超过1磅的信件和包裹均收

---

① J. C. Hemmeon, *The History of the British Post Office*, p.27.
② J. C. Hemmeon, *The History of the British Post Office*, p.27.
③ J. C. Hemmeon, *The History of the British Post Office*, p.28.

费1便士,不允许超过1磅。10磅以下的钞票也可以被邮寄。伦敦与距离其10—15英里的地区之间每天也有一次邮递。这些地区收费2便士,其中1便士付给驿站,另1便士是邮费。伦敦的邮差步行,去往附近城镇的邮差骑马。① 邮件不管是从哪里寄往伦敦的,到伦敦之后都要由便士邮政递送,寄出也是如此。②

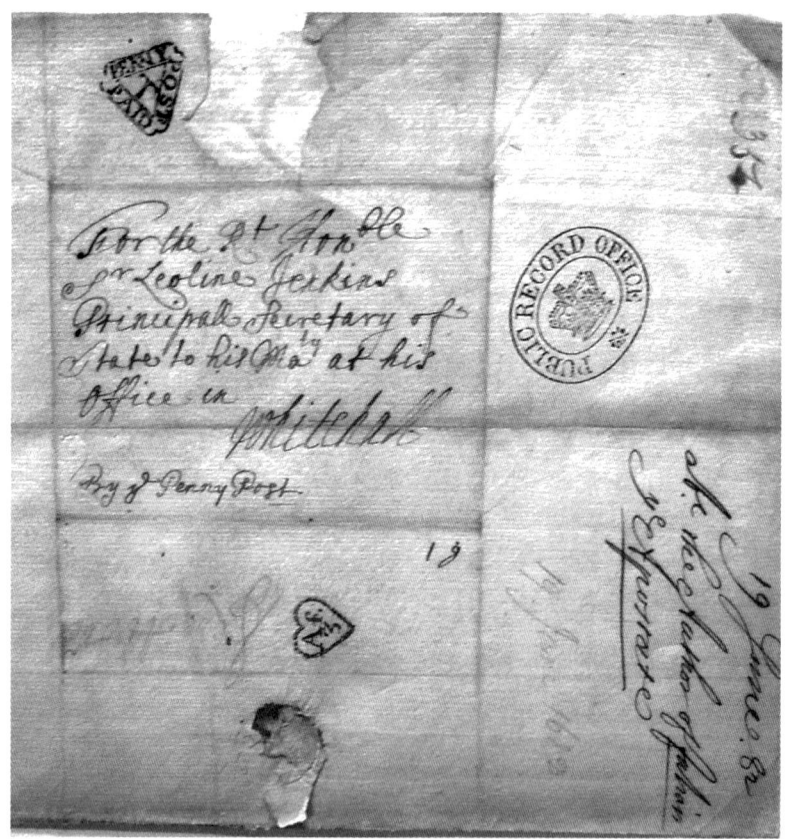

图2-7 1681年伦敦便士邮政的一封信(摄于英国邮政博物馆)③

---

① J. C. Hemmeon, *The History of the British Post Office*, p.29.
② J. C. Hemmeon, *The History of the British Post Office*, p.30.
③ 信件左上角的三角形邮戳是多克瓦的发明,也是伦敦便士邮政的标志之一,邮戳上有"便士邮政、已付"的字样。这种三角形的邮戳一直被沿用到多克瓦去世之后。

新的制度促进了邮政的发展,尽管最初并没有获得很多赢利,但它潜藏的赢利空间是显而易见的。拥有皇家邮政垄断权的约克公爵(Duke of York)声称他的垄断权受到了便士邮政的威胁。法律支持了他的请求,1682年多克瓦的便士邮政服务被强行关闭,但是很快又被重新开放。不过,这时的便士邮政已经成为官方邮政业务的一个组成部分(Post Office Penny Post),多克瓦失去了他的位置。① 直到1690年,他的贡献才得到认可,他也得到了养老金。后来,他被任命为便士邮政的监察官,年薪200镑。然而到1700年,他又受到几个模糊不清的指控,再次被解雇。② 无论如何,他的改革在18世纪得以延续,是英国邮政制度转型的开端。这项服务无疑改善了杂乱无章的信使递送系统,同时也鼓励了人们的写信热情。到1698年时,在"一便士邮资制"的规范下,伦敦总共投递了79万份书信和包裹,而伦敦以外的邮件数量也有7.75万份。5年后,这个数字更是飙升至100万份。③

信件在每周一、二被发往法国、意大利和西班牙,每周二、四、六被发往英格兰、苏格兰和爱尔兰全境。伦敦与肯特之间则有每日邮路。除了在伦敦设立常规邮政之外,在英格兰和苏格兰还雇用了200个代理邮务长。爱尔兰的邮政一直处在伦敦的监控之下,爱尔兰战争期间,总邮局由都柏林转到了贝尔法斯特。爱尔兰邮政由代理邮政总长掌管,净收入被送到英格兰。④

苏格兰邮政的情况不如爱尔兰。这一时期,苏格兰能读会写的人很少。唯一的邮路是英格兰建的,从爱丁堡到贝里克。很多年里,这条邮路上运送的大部分邮件是官方文件。英格兰与苏格兰合并之后,在爱丁堡有

---

① Julian Stray, *Post Offices*, p.7.
② Frederick Wilkinson, *Royal Mail Coaches*, p.21.
③ Simon Garfield, *To the Letter: A Journey Through a Vanishing World*, p.135.
④ J. C. Hemmeon, *The History of the British Post Office*, p.31.

一个邮政总长负责邮政事宜。①

自都铎王朝开始的检查信件的做法被延续下来,并逐步被制度化。约翰·瑟洛除了担任邮政局总长一职外,还在克伦威尔政府中充当另一个重要的角色,那就是间谍组织的首脑。在后来的整个18世纪,邮局甚至在某些方面成了情报系统的一个组成部分。②

1898年,当人们重新整理查理二世时期的政府文件时,发现了一部分涉及当时邮政工作职责的描述。据一份由约翰·瓦尔德曼(John Wildman)书写的文件显示,由于大部分通过皇家邮政寄送的书信都要经由伦敦市中心的一个信所发送,因而将它们连夜"分拣"出来的工作就被赋予了一个全新的意义。文件中称,克伦威尔雇用了一个叫作艾萨克·多里斯劳斯(Isaac Dorislaus)的人。他常驻这个信所,并在外交办公室旁边有一个私人的房间。每天夜里11点钟左右,他都会独自进入该房间,将所有的书信摊开在面前,打开任何他想看的信件,然后再将其重新封好。一般来说,他会在这里一直待到凌晨三四点钟。③ 在某些特殊的时候,比如信件的数量激增时,瑟洛的秘书S.莫兰也会在夜里11点至12点之间从白厅悄悄进入这个房间,协助多里斯劳斯。若是发现了什么危险的邮件,莫兰第二天一早就会将其带回白厅。④

瓦尔德曼的描述正好佐证了瑟洛自己在文件中所做的记录。他提到,被多里斯劳斯拦截或阻挡下来的信件确实不少。此外,多里斯劳斯本人给瑟洛的书信也被夹在了这些记录中。"先生,我彻夜未眠。"他在1653年6月的一封信中这样写道:

  以下是我昨晚的工作成果……

---

① J. C. Hemmeon, *The History of the British Post Office*, p.32.
② Kenneth Ellis, *The Post Office in the Eighteenth Century: A Study in Administrative History*, p.60.
③ C. H. Firth, "Thurloe and the Post Office", *The English Historical Review*, Vol.8 (1898).
④ Simon Garfield, *To the Letter: A Journey Through a Vanishing World*, pp.127-128.

商人们是这么写的,西班牙国王欺骗了他们,任由他们自谋生路,而他和他的国家本来是同意他们从事银器贸易的。我将按照您的心意低调而机敏地办好这件差事。从今以后,我决意,除了您之外,我不会将这些信件中的任何一个字泄露给别人,我将全心全意地效忠于您。您将看到我的真诚和忠实,您可以完全信任我,并交付我以重任。我现在有些困了,等到白厅后再向您详叙。①

直到1844年为止,伦敦都一直存在着这种由官方指使的秘密监控行为。那么,人们该如何躲避这种无处不在的监控呢？这就是反间谍活动需要发挥创意的地方。写信者不仅要懂得组词造句,还要知道利用文字来隐晦地表达自己的本意。很快,包括《懒散的敌人》(*The Enimie of Idlenesse*)在内的教授密码和解码方法的指南类书籍问世了。

早在1605年,弗朗西斯·培根就在《学术的进展》(*The Advancement of Learning*)这封写给詹姆士一世的信中提到了这门"艺术"。他认为,一个好的密码应该具备三个属性:读写起来不费劲、不容易被破译和不惹人生疑。针对这最后一个属性,培根还发明出了一套双字母密码(biliteral cipher)。② 所谓的"双字母密码",其实是由两套并列的字母表组成,一套用于组合成"诱饵",另一套则用于对照破解出原文的意思。如果想要进一步迷惑别人,还可以使用原词字母数量5倍以上的密码来编造一个新词,培根称之为"折叠加密"。使用这套密码,外人从书信表面的内容上并不能看出什么玄机,而只有收信人才能够明白其中真正的意思。

在使用这样的密码通信时,收信人一般都会熟记一套由数字或是字母构成的密码表。除了应付书信检查外,想要在市场上占得先机的商人们,

---

① Simon Garfield, *To the Letter: A Journey Through a Vanishing World*, p.136.
② Simon Garfield, *To the Letter: A Journey Through a Vanishing World*, p.128.

也时常会在书信中用到密码。不过,这些密码主要以他们自己发明的速记法为主。

除了使用密码通信之外,还有一些很有意思的隐蔽通信方法。约翰·韦克于1660年出版的书籍《有关艺术与自然秘密的十八本书》(*Eighteen Books of the Secrets of Art and Nature*)中就详细介绍了"如何在鸡蛋里写字",以及"如何使无字信显示出内容,并使有字书信上的字消失"的方法。隐形墨水也是17世纪的一个科学成果。这种隐形墨水的组成部分一般包括醋、尿液、明矾粉、牛奶、洋葱水、橙汁以及柠檬汁。①

历史上最著名的一次使用隐形墨水策划的案件,应该就是1605年的"火药阴谋案"(Gunpowder Plot)了。② 在案件的策划过程中,涉案的耶稣会教士之间的往来书信都使用了这种墨水。其中一个名叫约翰·杰拉德(John Gerard)的教士事后在监狱里供述,他们当时是用笔蘸着柑橘类水果的汁水在铅笔字之间写下特殊字迹的:

> 我们用铅笔书写的全部都是与神学有关的内容。但在这些铅笔字迹之间的空白处,我用隐形墨水写下了给外面一些朋友的指令。③

在这里,杰拉德特别指明了他们所使用的果汁的类型。柠檬汁在当时很贵,用它写的字迹一旦遇水或是遇热就会显示出来,但若是晾干或是远离火源后,字迹就会再次消失。但是橘子汁就不同了。他在自传中写道:

> 它沾水后是不会显字的……只有火烤才能够让字体显露,显露之后就不再消失了。所以,如果要寄送一封用隐形墨水写的书信的话,就一定要让对方知道该如何阅读它。④

---

① Simon Garfield,*To the Letter: A Journey Through a Vanishing World*,p.129.
② "火药阴谋案"是一群英格兰天主教徒试图引爆英国议会大厦,并杀害正在其中进行国会开幕典礼的詹姆士一世以及大部分新教贵族的计划。
③ Simon Garfield,*To the Letter: A Journey Through a Vanishing World*,p.129.
④ Simon Garfield,*To the Letter: A Journey Through a Vanishing World*,p.129.

随着官方的皇家邮政体系逐渐向公众开放,很多人也越来越坚信个人信息的安全是自己神圣不可侵犯的权利,书信检查制度最终在 19 世纪走到了终点。

都铎王朝和斯图亚特王朝时期是英国邮政制度确立的关键期。政府任命了正式的邮政官员,颁布了相关的法令,健全了邮政的管理制度。内地邮政与海外邮政都得到了一定的发展,管理也更加规范,为其后的邮政改革奠定了基础。

第三章
18 世纪的英国邮政

18世纪的英国邮政继续稳步向前,取得了明显的进步。斯图亚特王朝即将结束之时,政府颁布了英国历史上影响最深远的邮政法令。此外,艾伦的交互邮政(cross post)改革、帕尔默创设的邮政马车制度,以及便士邮政的不断完善,也改善了邮政的服务,提高了邮政的时效性和安全性,也为19世纪罗兰·希尔的邮政改革,以及现代邮政制度的确立奠定了基础。18世纪是英国邮政发展的重要过渡时期。

一、邮政的进一步规范化

1711年是英国邮政发展的重要里程碑。英格兰和苏格兰不仅统一在一个国王之下,而且统一在一个议会之下。与法国的战争使英国财政紧张,而殖民地的扩展使得其与母国之间通信的需求与日俱增,这些都需要议会对邮政进行改革。1711年法令正是为了解决这些问题而颁布的。

1711年法令的主要内容有:

① 英格兰和苏格兰的邮政统一在一个常驻伦敦的邮政总长的统领之下。在伦敦建立邮政总局。

② 除了伦敦的邮政总局之外,一些重要的信所也建立了起来:在爱丁堡、都柏林、纽约、西印度群岛以及其他美洲殖民地,每个信所都委任专人进行管理。

③ 设立邮政总长一职,他可以任命代理邮务长。他人不得干涉邮政事务。

④ 提高收费标准,以应付财政需求。新的收费标准为:离伦敦80英里以内的邮件,单张信纸3便士,两张信纸6便士,邮政小包等每盎司1先令;超出80英里,往北不超过诺威克的邮件,单张信纸4便士,两张信纸8便士,邮政小包等每盎司1先令4便士;从伦敦到爱丁

堡及爱丁堡以南地区的邮件,单张信纸 6 便士,两张信纸 1 先令,邮政小包等每盎司 2 先令;从伦敦到都柏林的邮件,单张信纸 6 便士,两张信纸 1 先令,邮政小包等每盎司 2 先令。寄往国外的单张信纸邮件的收费分别为:寄往法国 10 便士,西班牙 1 先令 6 便士,意大利 1 先令 3 便士,土耳其 1 先令 3 便士,德国、丹麦 1 先令,瑞典 1 先令,纽约 1 先令。

⑤ 授权邮务长开办交互邮政的权力,前提是确实其有利于经贸往来。①

此外,法令还正式确认了便士邮政的做法,并强化了对便士邮政的管理。所有从伦敦、威斯敏斯特和萨瑟克便士邮政寄出的信件,收寄地点在伦敦邮政总局 10 英里以内的,收费 1 英镑。②

1711 年以前实行的外包制也走到了尽头。1711 年,这些租约全部被作废,邮局被重新收归邮政总长的直接监管之下。原来的承包人变成经理,被发放津贴,数额为其承包期间赢利的 10%;代理邮务长的工资重新改为由国家直接发放。③ 1711 年法令对邮政事务的方方面面做出了详细的界定,被实行了相当长的时间,成为后来一系列相关立法的基础,因而具有非同寻常的意义。

1711 年之后,英国邮政得到进一步发展。首先是职员数量的增长。在总局,有 2 个邮政总长,每人薪水 2 000 镑。18 世纪,汉诺威王朝共任命了 26 个邮政总长,都和强有力的政治集团有关系。直到 18 世纪中叶,任命城市里有影响力的人物担任邮政要职依然是通行的做法。④ 邮政总长

---

① William Lewins, *Her Majesty's Mails: An Historical and Descriptive Account of the British Post-Office*, London: Sampson Low, Son and Marston, 1864, pp.48-52.
② J. C. Hemmeon, *The History of the British Post Office*, p.34.
③ J. C. Hemmeon, *The History of the British Post Office*, p.35.
④ H. Joyce, *The History of the Post Office: From Its Establishment down to 1836*, London: R. Bentley and Son, 1893, pp.430-432.

下面有 1 个秘书和 4 个职员。另外，还各有 1 个总会计、总收件员、律师、监察员、信差等，各司其职。除了便士邮政的收信所之外，还有 30 个邮政总局的收信处，共有 69 名邮差。信件每天被送往英格兰南部和中部的重要城镇。每周二、四、六，被送往英格兰和苏格兰全境；每周二、六，被送往爱尔兰和威尔士。每周一和周四，被发往德国、佛兰德斯、瑞典和丹麦；每周二和周五，被发往荷兰。每天都有从南部和中部发来伦敦的邮件。①

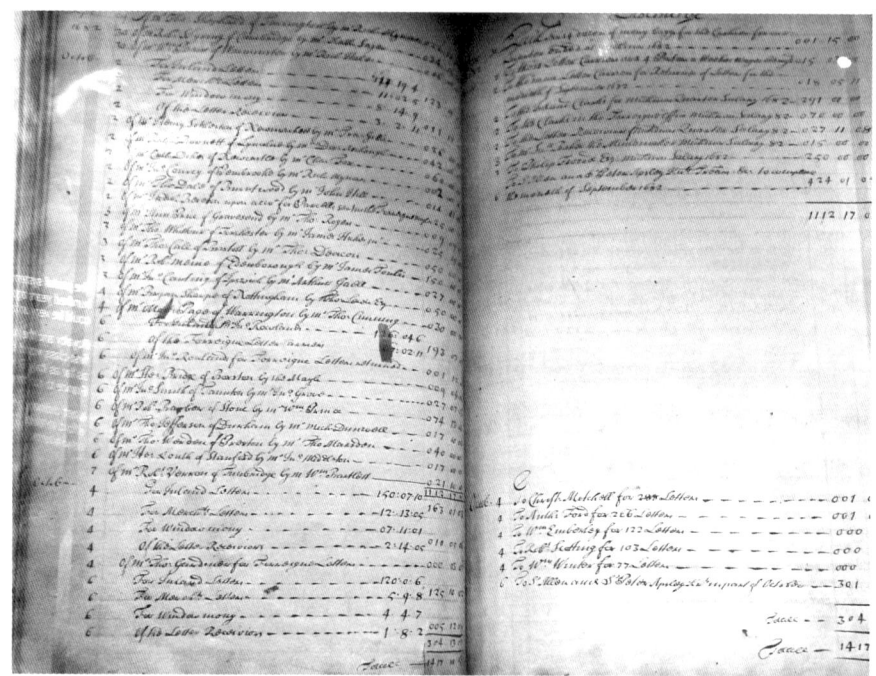

图 3-1　17—18 世纪邮局的账本（摄于英国邮政博物馆）

---

① J. C. Hemmeon，*The History of the British Post Office*，p.38.

二、交互邮政的试验

查理二世复辟之后,规定所有邮件都要经过伦敦,在伦敦确定每封信件将要收取的费用。这项规定一直持续到1696年,此举消耗了大量的人力物力,也拖长了收发信件的时间。此外,只有城镇和城镇之间存在邮政服务,城镇内部不存在。这些都是需进一步加以完善的地方。17世纪末,政府开始试行交互邮政,即信件在发出地和接受地之间被直接邮递,而不必经过伦敦。

拉尔夫·艾伦(Ralph Allen)在交互邮政方面做得最出色。1693年,艾伦出生在康沃尔,其父经营着一个小旅馆。他很早就和奶奶生活在一起,奶奶是圣科伦布小镇上的邮务长。小镇位于从朗塞斯特到法尔茅斯的邮路边。据说艾伦很早就显示出了很强的管理能力,引起了当时掌管邮政的约瑟夫·库尔西(Joseph Quash)的注意,认为他堪当重任。1707年,艾伦的奶奶退休,库尔西在埃克塞特给艾伦找了份工作,让他协助管理从巴斯到布里斯托尔的交互邮政。这样,艾伦得以亲身参与到交互邮政的运作之中,为他日后的改革奠定了基础。在库尔西的栽培与帮助之下,1710年艾伦来到巴斯,成为邮局的正式雇员,负责开辟从巴斯到牛津的交互邮政。[①] 巴斯在1675年前后成为驿站,位于通往繁忙的布里斯托尔的邮路

---

① Duncan Campbell-Smith, *Masters of the Post: The Authorized History of the Royal Mail*, p.66.

图 3-2 拉尔夫·艾伦

上,同时也是英国的度假胜地。巴斯经办的邮件数量是很惊人的,艾伦因此获得了丰富的经验。1712 年,巴斯邮务长的职位空缺,由于出色的业务能力和良好的人际关系,艾伦被任命为巴斯的邮务长,那一年他才 18 岁。①

多年的工作经历,使艾伦能够清楚邮政制度的弊端所在。1719 年,他来到伦敦,向邮政总长提交了改革方案。他认为,当前邮政系统递送缓慢、邮资居高不下的主要原因在于路线不合理。那些目的地是伦敦的邮件没有问题,而另一部分不是寄往伦敦,只是目的地在通往伦敦的邮路上的邮件,以及目的地不在正式的邮路上的邮件,全部要先寄到伦敦中转,这样一来路程翻倍,耗时耗力。现有邮件中占有比例最低的是交互邮政的信件,它们不用被送到伦敦,而是被点对点直接递送,这样既可以节约成本,又能提高递送效率。遗憾的是,全国只有两条这样的线路:一是 1696 年开设

---

① Frederick Wilkinson, *Royal Mail Coaches*, p.23.

的从埃克塞特到布里斯托尔,后来又延伸到切斯特的线路;二是从巴斯到牛津的线路。① 布里斯托尔和埃克塞特之间,相距不到 80 英里,但如果中途经由伦敦后再到达目的地则有 300 英里。从布里斯托尔到伦敦需要邮费 3 便士,从伦敦到切斯特又是 3 便士,总共要花费 6 便士,费时、费力又费钱。1696 年引进交互邮政之后,邮件不需要经过伦敦,邮费只需 2 便士,但这仅限于布里斯托尔和埃克塞特两地之间。而比如从殖民地和其他海外之地寄往布里斯托尔的信件,在到达法尔茅斯之后,仍然要经过伦敦,然后再由伦敦被发往布里斯托尔。布里斯托尔和埃克塞特之间的交互邮政取得了极大的成功,运营了三年,每年创造的纯收入超过 350 镑。此后,大量信件开始通过交互邮政寄送。

艾伦的建议是扩大交互邮政的适用范围,在埃克塞特和切斯特之间建立交互邮政,途经布里斯托尔、格洛斯特和沃切斯特,将英格兰西部和兰开夏地区连接起来。②

1720 年 4 月,艾伦和邮局的官员签订了合同,负责交互邮政的运作,每年租金 6 000 英镑,租期 7 年。他可以自行任命代理邮务长并支付其工资。契约规定,由他自己承担所有花费,向政府支付固定租金,还要上交一部分利润。③ 这个契约后来几经修订,又囊括了多条邮路。直到 1764 年艾伦去世时,该契约才被终止。

艾伦就职后,立即要求停止滥用邮政的行为,禁止邮童和邮务长利用邮政系统夹带私信。为了加强监督与管理,他设立了检查制度和收据制度,那些收据将全部寄往巴斯供其检查。④

艾伦的改革,改善了两地之间的通信状况,调整了邮递路线,提高了收

---

① Frederick Wilkinson, *Royal Mail Coaches*, p.23.
② William Lewins, *Her Majesty's Mails: An Historical and Descriptive Account of the British Post-Office*, p.53.
③ J. C. Hemmeon, *The History of the British Post Office*, p.36.
④ Frederick Wilkinson, *Royal Mail Coaches*, p.25.

取信件的效率,最重要的是信件不需要转运伦敦,节约了大量的人力物力,因此大获成功。由此,政府开始将交互邮政推广至全国各地。1756年的一项调查显示,当时的英格兰全境已有200多个邮局,遍布各地。到艾伦去世的时候,邮政的年收入已经从18世纪20年代的18万镑增加到23万镑,净收入每年基本维持在10万镑左右,即便在1756—1763年的七年战争时期也是如此。1774年,邮政的毛收入为313 000镑,净利润为164 000镑,又增长了40%左右。[①]

[①] Duncan Campbell-Smith, *Masters of the Post: The Authorized History of the Royal Mail*, p.72.

三、帕尔默与邮政马车制度的创设

艾伦的交互邮政改革旨在提高信件传送的速度,而帕尔默的邮政马车制度则侧重于提高邮件的安全性。在19世纪之前,英国没有现代意义上的警察制度。在大多数乡村,负责治安和法律执行的是教区治安官,他们有许多头衔,在一些比较大的社区通常会有一个为首的治安官来监督他们。这些治安官由地方法庭或教区委员会选出,任期通常为一年,没有报酬。如果他们不愿意履职可以交罚金代替,也可以出钱雇用别人替他上班。他们通常在治安法官的管辖之下,权力被限制在教区,一些重罪犯只要逃出教区边界,就可以逃脱追捕。①

由于地方官员之间很少有合作,关于罪行和罪犯的消息很少得到扩散。不出意料的是,很多治安官竭尽全力避免麻烦,混到任期结束就行。但也不是说人人如此,有的人对工作既认真又负责。在有些地方,还有其他人员负责治安,例如守夜人(watch),但他们通常也缺乏工作的动力和热情。1720年,一个做过公路劫匪(highwayman)的人写下了他的故事。有一次在伦敦,他和他的同伙抢劫了一辆马车,但是警报已经发出了。"守夜人从四面八方赶到,但只要我们往他们的头上放枪,他们就会

---

① Frederick Wilkinson,*Royal Mail Coaches*,p.55.

立刻逃跑。"①

我们很难界定那时候的生活环境到底有多么不安全。在城市,尤其是在伦敦,毫无疑问,有更多的罪案,人们不得不自己保护自己的财产。旅行者也处在特别危险的境地,从17世纪往后,公路抢劫变得很普遍。

政府对于犯罪的态度是用酷刑加以震慑。伦敦的泰伯恩刑场和其他地区的刑场的公开绞刑,就是震慑大众的重要方式。事实上,绞刑日变成了公共假日。很多罪行被定为重罪(capital offence),可以被判死刑。偷盗超过12便士就会被判处死刑。有时候法官会将涉罪金额定为11.5便士,以避免死刑判决。政府还用了其他办法,例如重金诱使一些人背叛同伙,在公路两边尤其是在交叉路口放置绞架行刑。有的地方还把犯人暴尸荒野,用以震慑那些有犯罪意图的人。通常情况下,这种重罪的威慑起不了什么作用,照样有很多人迫于贫穷而冒险走上犯罪道路。②

尽管抢劫邮件是重罪,但邮童受到攻击仍然是家常便饭。直到18世纪晚期和19世纪初,这种犯罪才开始减少。1787年1月的一份报纸刊登了一篇抢劫邮童的劫案,其中一个嫌犯是康沃尔的詹姆士·艾略特。报纸这样描述艾略特的长相:"他大概30岁左右,5英尺9英寸高,气色不好,戴了染色的假发,走起路来一瘸一拐,可能是因为脚伤或是鸡眼。"除了腿瘸这个特点,仅凭其他的描述,实在很难将其从成百上千个相似的人中辨别出来。

---

① Frederick Wilkinson, *Royal Mail Coaches*, pp.55 – 56.
② Frederick Wilkinson, *Royal Mail Coaches*, p.56.

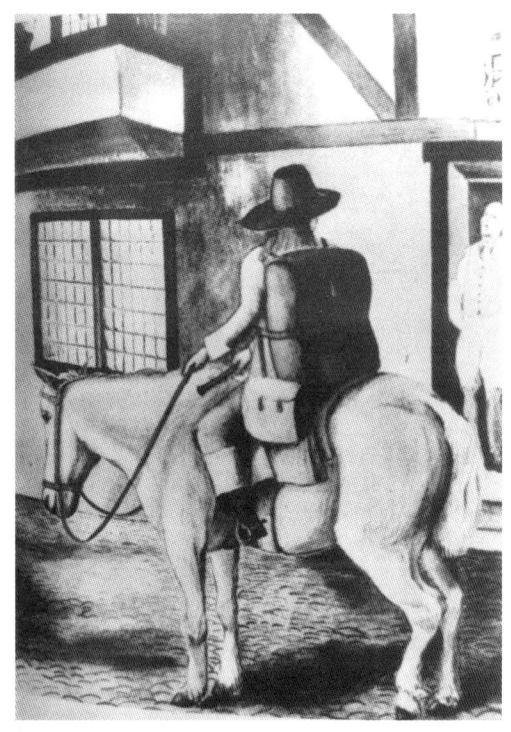

图 3-3 邮童

偷盗和抢劫对邮局来说是非常严肃的问题,17 世纪以来的文件中记载了不少邮童被抢、被打甚至被杀的内容。18 世纪 20 年代开始,每次发生类似事件之后,邮局都会在《伦敦公报》上刊登启事,少的时候每年十几起,多的时候每年三四十起。[①]

当劫案发生之后,邮政当局通常会悬赏捉拿案犯。那些提供确切消息使罪犯被抓或被定罪的人将会被付给酬金,通常是 200 镑。在邮局的账单里有这样的记载:

> 1722 年 4 月,支付给约瑟夫·高德曼先生奖金,因为在他的帮助下约翰·霍金斯被逮捕并被定罪,霍金斯抢劫了布里斯托尔的邮

---

① D. G. Haslam and C.Moreton,*Post Office Notices Extracted from the London Gazette 1660 – 1800*,Postal History Society of Lancashire and Cheshire,1988.

政。1722年5月31日,高德曼先生因协助逮捕本·查尔德而受赏。1795年7月,安·奥斯博顿女士等人因协助逮捕了两个涉嫌于1790年9月15日抢劫邮件并杀害邮童霍奇沃斯的罪犯而获得200镑奖金。①

类似的奖励机制在爱尔兰也存在。

因为邮童大部分是在凌晨出发,有几个小时都是在黑暗中行进,从而容易暴露在危险之中。17—18世纪,农村街上的照明是相当有限的,城镇中也是如此,邮童在城镇被抢的概率和农村差不多。1730年2月1日,布里斯托尔的邮童在位于伦敦郊区的骑士桥和肯辛顿之间被抢。在伦敦市中心也会发生拦路抢劫,受害者包括高级政府官员甚至国王本人。②

大多数的抢劫是简单直接的,但有时却与众不同。1782年4月10日,在伦敦的一场审判就是如此。被告托马斯·贝克·霍普金斯被控于1782年1月16日犯下拦路抢劫罪。邮童约翰·格莱德曼当天凌晨3点离开伦巴德街的邮局,前往巴尼特送信。大约走了五六英里之后,他被3个人拦下。劫匪把他打翻在地,连人带车拖到公路下面。劫匪拿走了价值5先令的2个皮箱和价值10先令的10个皮邮袋。格莱德曼被一个身佩短剑的劫匪所控制,但那个劫匪拒绝了同伙杀害格莱德曼的要求。格莱德曼后来逃脱并报了警。有一些邮袋后来在伦敦的一辆轻便马车上被找到,还没有被拆开。霍普金斯被认定打劫了格莱德曼。他被逮捕时,身上还有1把手枪、12个铅弹以及一些火药。③

盗抢行为如此频繁,人们不愿意把信交给邮局也就不足为奇了。为了避免损失,人们在寄支票或者钞票时,通常会把它们一分为二,分成两封邮

---

① Frederick Wilkinson, *Royal Mail Coaches*, p.57.
② Frederick Wilkinson, *Royal Mail Coaches*, pp.60-61.
③ Frederick Wilkinson, *Royal Mail Coaches*, p.61.

件来寄。① 但如果他们把信交给商业化的公共马车，其安全性就会得到很大提高，因为马车上的乘客有可能配有武器，可以防御。约翰·威尔逊就曾经供认说，有一次他们抢劫马车时，里面的人从车窗里向他们开枪，他的一个同伙肩膀上中了3个铅弹。②

1745年，苏格兰爆发叛乱。无数强盗趁乱打劫，劫掠邮件，民众损失惨重，因而对邮政的信任度直线下降。信件走私十分猖獗，民众尤其是商人，一般会选择安全性更高、速度更快的私人马车寄送信件，邮政的业务量也相应大幅下跌，收入锐减。1765年法案规定，凡是劫掠邮件或者偷窃装有钞票的信件者，一律被判处死刑。任何邮差如果丢失、毁弃邮件都要被强迫劳役。③ 严厉的惩罚使得人心惶惶，但收效甚微，改革的契机就此出现。帕尔默提出的邮政马车计划，满足了邮政对邮件安全性的要求。

约翰·帕尔默（John Palmer）于1742年出生在巴斯，他的父亲是一个剧院经理人。年轻的帕尔默先是子承父业，通过在伦敦的活动争取到了巴斯皇家剧院的专利权，后来又在布里斯托尔建了另外一家剧院。由于剧院经理的身份，他经常乘坐马车在各地奔波，这样他对马车也有了深刻的了解。对于帕尔默而言，公共马车相比之前的邮车（mail cart）是更快捷舒适的交通工具。④ 从巴斯到伦敦的轻便马车，每周一下午4点或5点从巴斯出发，周二上午10点左右到达伦敦。而邮车在每周一晚上10点或11点离开巴斯，直到周三下午两三点才能到达伦敦，还往往晚点。通过第一种方式寄的信件，每封邮资是4便士，而通过后者的则是2先令，但大多数人还是会选择后者。

---

① Duncan Campbell-Smith，*Masters of the Post：The Authorized History of the Royal Mail*，p.88.
② Frederick Wilkinson，*Royal Mail Coaches*，p.61.
③ J. C. Hemmeon，*The History of the British Post Office*，p.42.
④ Frederick Wilkinson，*Royal Mail Coaches*，p.25.

图3-4 约翰·帕尔默
(托马斯·盖恩斯伯勒绘)

帕尔默的改革方案是使用速度更快的四轮马车代替原来的两轮马车。他向邮政大臣提出建议：相较于邮差骑马送信,邮政马车的速度更快,成本更低,还可以打击那些非法寄送信件的"地下马车";给马车配备护卫队,可以雇用那些退休的军人,给他们配备枪支,保护邮政马车;为了不妨碍护卫队履行职责,马车不得搭载乘客。马车速度每小时不低于10英里,相当于骑马邮差速度的两倍。为保证马车的速度,帕尔默建议在邮路上设置很多驿站,每10英里就可更换马匹,此外用小碎石铺设路面以增加路面的坚硬度,并防止雨水造成道路泥泞而无法通行。①

帕尔默的提议遭到了部分人的反对,其中第一个回应者是南森·德雷帕。他可以理解民众对更有效的邮政制度的渴望,但认为帕尔默的提议实际上做不到。第二个表达反对意见者是菲利普·艾伦,他认为从安全性来

---

① W. J. Gordon, "The Post in Many Land", *The Leisure Hour* (March, 1886), p.166.

说，马车被抢的可能性更大。他也担心成本问题，认为首先应该试点，而巴斯到伦敦的成功经验并不一定适用于其他地区。①

1784年6月21日，支持帕尔默的皮特重新掌权。皮特立即启动了帕尔默的计划，并召集帕尔默和邮政官员一起开会，宣布从8月1日起在巴斯邮路上试行该计划。② 这引起邮政官员，尤其是掌管邮政的安东尼·托德（Anthony Todd）的不满，也为此后他和帕尔默之间的争斗埋下了伏笔。帕尔默雇了一辆马车，规定沿途换马，任命了沿线的5个客栈老板。帕尔默在报纸上打了广告，每位乘客收费1.4镑。马车包括车夫、卫兵以及4名乘客。8月2日下午4点，从布里斯托尔的酒杯旅馆出发，第二天上午9点左右到达伦敦的双颈天鹅旅馆，马车运行达到了预计的时间要求，是原来所需时间的一半。③ 8月8日，一辆马车于早上8点离开伦敦，夜里11点到达布里斯托尔，仅用了14个小时就走完了全程。④

此后，越来越多的人希望帕尔默开辟新的路线，皮特也命令邮局官员协助帕尔默的工作。接下来，他们想开设通往诺里奇的线路，但是遭到了抵制，因为当地邮政的人不希望他们的工作被一个外来人指指点点。尽管诺里奇线计划在1784年晚些时候开设，但最后一直拖到1785年3月才开始得以运行。

1785年10月15至18日的《伦敦公报》上，记录有以下这些马车邮路：

① 从双颈天鹅旅馆和皮卡迪利的格洛斯特咖啡馆通往巴斯和布里斯托尔；

② 从白马、菲特街到诺里奇和雅茅斯；

③ 从布尔和茅斯街到诺丁汉和利兹、索尔兹伯里；

---

① Frederick Wilkinson, *Royal Mail Coaches*, pp.34-35.
② Kenneth Ellis, *The Post Office in the Eighteenth Century: A Study in Administrative History*, p.101.
③ Frederick Wilkinson, *Royal Mail Coaches*, p.37.
④ William Lewins, *Her Majesty's Mails: An Historical and Descriptive Account of the British Post-Office*, p.82.

④ 从双颈天鹅旅馆到曼彻斯特；

⑤ 从双颈天鹅旅馆到利物浦、切斯特和霍利黑德，经曼彻斯特至卡莱尔、伯明翰；

⑥ 从圣·克莱门茨教堂附近到普利茅斯、格洛斯特。①

1786年1月的一份资料公布了另外6条邮路：包括多佛、埃克塞特和赫里福德等。②

这幅版画（图3-5）细致描绘了邮政马车的运行情况。为了保证邮件运送的速度，马车在有的邮件代收点并不停靠，而是在行驶过程中完成邮件的传递。这一方法在后来的"旅行邮局"（TPO）中被发扬光大。

图3-5　巴斯—伦敦的邮政马车

---

① Frederick Wilkinson, *Royal Mail Coaches*, p.38.
② Frederick Wilkinson, *Royal Mail Coaches*, p.39.

直到这时,帕尔默仍然不是邮局的正式官员,他还是用自己的钱来维持邮政系统的运转。皮特在布里斯托尔和朴茨茅斯的邮路试运行成功后,要求他把服务扩展到尽可能多的主要城镇。为此,帕尔默可以获得每年1 500英镑的津贴以及利润的2.5%。

帕尔默的计划于1784年8月8日被正式施行,在伦敦和布里斯托尔之间作为试点,开通了第一辆邮政马车(mail coach)。仅仅到了8月末,邮政马车就已经出现在诺里奇、诺丁汉、利物浦和曼彻斯特等地。1786年,

图3-6 邮政马车(摄于英国邮政博物馆)①

---

① 这种邮车也搭载乘客,收取一定的费用,车厢后部的座椅是邮政卫兵(mail guard)的专座,加了锁的信箱被放在他的脚下。这些卫兵佩带手枪,以防邮件被抢劫。每辆邮政马车上都有明显的"Royal Mail"的标志。邓肯·坎贝尔-史密斯认为,直到这个时候,"Royal Mail"一词才真正普及开来。(参见 Ducan Campbell-Smith, *Masters of the Post: The Authorized History of the Royal Mail*, p.xxiii.)

伦敦和爱丁堡之间也通了邮政马车。到1797年,英国一共设立了42条邮政马车路线,将境内60个主要的城镇以及沿途各地紧紧地联系了起来。这些马车通行的总距离为4 110英里,每年耗费的成本为12 416镑,这个数据仅为以前使用驿马寄信的一半。①

1789年4月15日,乔治·罗斯写信给财政部,说帕尔默任命了几个工作人员。皮特认为这并不是帕尔默的职责所在,这些工作人员必须由邮政总长重新任命。但后来情况发生了变化,帕尔默被授权可以组建自己的办公室——邮政马车办公室(The Mail Coach Office)。

帕尔默改革计划的首要点是保证邮件的安全性。1783年,他提出最好雇用军人作为邮政卫兵,这一点招致很多反对意见。反对者认为,需要的军人数量太大,不太现实。南森·德雷帕建议,如果雇用军人的话,要得到国王的许可,因为他是武装部队总司令,或是要议会颁布相关法律。另一些批评者指出,使用军人会带来问题,这些军人到底应该归谁管?严格意义上说,他们应该归军官而不是邮务长管辖。②

不管帕尔默是不是真心接受了他们的建议,我们能看到的是,在1784年第一辆邮政马车上路的时候,雇用现役军人做卫兵的想法被抛弃了。帕尔默的改革给邮政带来了新气象,也给邮政大家庭带来了新角色——邮政卫兵。

从1784年开始的邮政马车的记录中,没有提到雇用军人的规定,也没有说有类似经历会被优先雇用。邮政需要的是有着良好品行的人。对于一个邮政卫兵来说,最重要的是人品,是负责任和可信赖。这要求被雇用的人和雇用者要认识一年以上。这就大大降低了军人被雇用的可能性。记录中只有一个军士被邮政总长雇用;邮政总长是在朋友的推荐之下任用

---

① Frederick Wilkinson, *Royal Mail Coaches*, p.39.
② Frederick Wilkinson, *Royal Mail Coaches*, pp.63 - 64.

图 3-7　邮政卫兵佩带的手枪(摄于英国邮政博物馆)

他的,而且有专门的用途。①

一份保存下来的任命记录,反映了从 1801 年到 1841 年 5 月被任命的邮政卫兵的详细情况。它记录了他们的出生地、之前从事的行业、推荐者、任命者、任命时间、年龄、负责哪条邮路、发生了什么事情。这些人在成为邮政卫兵之前从事的职业五花八门,有水管工、脚夫、警察、学生、医生、养牛的、教师等。很明显,如果推荐人有某种头衔的话,其被雇用的概率将大为提高。只有一到两个被任命的卫兵是由没有头衔的人推荐的。对卫兵年龄的规定是不超过 30 岁,大多数是 20 多岁。② 但是也有超龄的情况,例如有资料记载,出生在威斯敏斯特的约瑟夫·查理斯,于 1834 年 11 月 19 日 39 岁时被任命为伦敦至多佛邮车的卫兵,于 1838 年 7 月辞职;49 岁的约翰·包威尔在 1807 年被任命为纽卡斯尔至卡莱尔的卫兵,于 1836 年获得养老金。③ 对后面这一位的记载可能有误,因为年龄情况不太现实。

---

① Frederick Wilkinson, *Royal Mail Coaches*, p.64.
② Frederick Wilkinson, *Royal Mail Coaches*, p.64.
③ Frederick Wilkinson, *Royal Mail Coaches*, p.65.

图 3-8 莫斯·诺布斯

图 3-8 是穿着制服的莫斯·诺布斯,他作为最后的邮政马车卫兵之一,是英国任职时间最长的邮政卫兵,任职时间从 1836 年至 1891 年,之前在邮政马车工作,后转到铁路邮政继续任职。

对于卫兵来说,这是一份令人满意和有一定社会地位的工作。事实上,他是一份行走的报纸。每当他抵达一地,就会把临近城镇的见闻带给大家,这使他成为邮局或小酒馆里的焦点人物。他使当地人可以在第一时间听到外地、伦敦甚至国外的最新新闻。但有时他的讲述会被添油加醋,从而带来严重后果。1792 年 12 月 2 日早上,利兹的邮车推迟了 45 分钟才到达利兹邮局。当卫兵被问及迟到的原因时,他说伦敦发生了令人发指的骚动,城市陷于大火,成千上万的人死亡,国王被斩首。同样的故事在剑桥、牛津、纽卡斯尔等地流传,这造成了极大的恐慌。[①]

---

① Frederick Wilkinson, *Royal Mail Coaches*, p.78.

每一位卫兵申请者都必须提供一份品行证明,开证明者则需要具备一定的社会地位。然而不得不承认的是,这份品行证明经常并不可靠。例如在詹姆士·威廉姆斯的案例中,他之前被解雇,后来在申请被重新任用的过程中提交了一份推荐信,而事实上,威廉姆斯酗酒成性。① 因此,托马斯·哈斯克(Thomas Hasker)认为获得这样的推荐信应该是很容易的。

1836 年的一份由监督员乔治·刘易斯签发的文件列出了一个卫兵需要满足的条件:"不超过 30 岁,高于 168 厘米,体格健壮,能经得住严重疲劳。……能进行基本的读写。"1836 年 5 月 12 日,J.卡明的信中提到丹尼尔·韦兰和詹姆士·巴瑞因为不能读写而被解雇。②

即便申请者所有的材料都符合要求,但在他被正式任命之前,也要准备好 5 镑现金,以应付不同的开支。他需要自己购买工具箱,每个 1.35 镑;1 个价值 18 便士的灯;锁和其他需要的工具,共需花费 60 便士左右。

刚入职的新卫兵都必须要见一个人——沃尔特·奈特(Walter Knight),他于 1786 年 1 月被任命为卫兵监督。他的职责有:巡视不同的邮路,教会新卫兵履行职责,记录他们的表现,检查武器状况,纠正卫兵的不当行为等。奈特的薪水是每周 15 先令,出差时另外享有每天 6 便士的津贴。后来经他申请,其周工资涨到 18 先令。③

另一个被卫兵熟悉的人是罗伯特·怀特。他的职责是每天一早向到达的卫兵收取时刻表和时钟,负责审核有没有任何延误和不正常的行为。他同样负责在晚上回收时钟,后来这工作交给了别人。他还要把准备好的时刻表发给卫兵们。他被认为是一个非常勤奋、积极、值得鼓励的人,年薪 40 英镑。

---

① Frederick Wilkinson,*Royal Mail Coaches*,p.73.
② Frederick Wilkinson,*Royal Mail Coaches*,p.75.
③ Frederick Wilkinson,*Royal Mail Coaches*,p.76.

图 3-9 1816 年母狮袭击邮政马车的报道 1

图 3-10 1816 年母狮袭击邮政马车的报道 2(邮政马车降低了邮件被盗抢的可能,但有些危险是出乎意料的。摄于英国邮政博物馆)

从 1812 年开始,一份名为《邮政卫兵指南》(Instructions to Mail Guards)的文件被印行,此后其长期成为卫兵必须遵循的规章。其中第一条就明确指出,邮包是至关重要的,并规定,如果卫兵因为失职而导致邮包丢失,那么他将会被监禁、服劳役。卫兵还需要协助车夫,但一刻也不能让邮包离开自己的视线。此外,文件中还有其他一些详细的规定。①

当申请者被录用后,他需要出席一个宣誓就职仪式,在阅读了相关规章之后要在一张誓词上签字,誓词上列有卫兵的个人信息,如出生地、年龄、外貌、之前从事的职业、推荐人信息,还要签上自己的名字。卫兵的行为受到邮政方面规章的约束,乔治三世(George Ⅲ)在位的第 50 年议会颁布的一项法律中也有涉及他们的其他规定,如警告卫兵不得有危害乘客、在路上游荡等行为。②

卫兵履职期间,他的行为都会被监控,不良行为会被记录在一个黑名单上。如果他有一些违规行为,比如上班时睡觉或是醉酒,就会被立刻开除。1795 年 4 月,有 4 名卫兵因不同原因而被解雇,包括:允许乘客坐在邮箱边的座位上,忘了给邮箱上锁,滥用武器,或是离开伦敦时没有带上武器。③ 有一些卫兵会禁不住诱惑给朋友私带信件或小包裹。哈斯克严禁这种行为,要求相关人员负责检查邮箱,看是否有夹带邮件的行为。

被解雇的卫兵通常会申诉。1796 年 7 月 2 日,一个名叫汉考克的卫兵被指控敲诈乘客 2 先令 6 便士。汉考克写信申诉说自己是无辜的,他有权那么做。哈斯克回信说,那个皮箱和汉考克无关,是被放在车主箱子里的。哈斯克继续指责汉考克在做卫兵的这几年里表现不好,经常酗酒,不负责任,不能胜任工作。汉考克继续申诉,说自己有 5 个孩子要养。哈斯克尽管同情他,但同时表示他需要对自己的行为负责。汉考克仍不死心,他找

---

① Frederick Wilkinson, *Royal Mail Coaches*, p.76.
② Frederick Wilkinson, *Royal Mail Coaches*, p.77.
③ Frederick Wilkinson, *Royal Mail Coaches*, p.78.

到了埃克塞特的福沃德先生替他求情。后来，心软的哈斯克于 8 月 19 日重新任命了汉考克。①

帕尔默的计划能够稳步推进，和两个人密切相关，他们就是托马斯·哈斯克和弗朗西斯·菲利林(Francis Freeling)。

1785 年 10 月，哈斯克被帕尔默任命为邮政马车的监督员，年薪 100 镑。他工作勤奋忘我，孜孜不倦。他几乎是一手创建了邮政马车的管理制度，包括细致的日常管理记录：时刻表、制服、黑名单（记录卫兵失职行为的本子）等。此外，他还需要巡视全国，检查邮路，等等。他不像其他官员那样在伦敦有邮政安排的住所，这又让他多了份额外开支。② 可以说是帕尔默制订了邮政马车的计划，是哈斯克把这个计划落到了实处。到 1817 年退休时，哈斯克已经为邮政马车系统服务了 32 年。

另一个重要的人物是菲利林。他不像哈斯克那样主要负责日常事务。他原来是布里斯托尔邮局的一个主要职员，对邮政事务有着广泛的了解。1785 年 4 月，帕尔默任命他为布里斯托尔的代理邮务长。然而，他的办事效率和组织能力引起了帕尔默的注意。1785 年 7 月，他被调到伦敦的邮政马车办公室，作为全职的督查。1797 年，他升任邮政秘书安东尼·托德的助手。1798 年托德去世后，菲利林继任邮政秘书一职。

但帕尔默也有看走眼的时候，邮政马车方面的另一个重要人物是来自布里斯托尔的查尔斯·博纳(Charles Bonnor)，他就曾在关键时刻给予了帕尔默致命的一击。博纳曾经做过马车制造商的学徒，1777 年转行做演员，在巴斯和布里斯托尔的剧场演出。1785 年，他开始转行做邮政，被帕尔默任命为常驻监察员和副审计官。③

从一开始，帕尔默和邮政总长的关系就很差，这一方面是由于利益的

---

① Frederick Wilkinson，*Royal Mail Coaches*，pp.78 - 79.
② Frederick Wilkinson，*Royal Mail Coaches*，p.42.
③ Frederick Wilkinson，*Royal Mail Coaches*，p.43.

冲突,另一方面也和他的个性有一定的关系。帕尔默的能力突出,是一个有远见和决心的人,能够处理复杂的邮政事务,但是忍耐和策略一直不是他的强项。他对邮政总长的态度比较傲慢,这使得两人之间的矛盾持续激化。他甚至在写给邮政总长的一封信中,明确表示不会遵从任何错误或有害的指令。① 这样的态度,必然会招致邮政总长的反击,对他个人及邮政马车制度的运行也不利。

1787年,沃尔辛厄姆勋爵(Lord Walsingham)被任命为邮政的负责人之一。他是一个执着于正确的程序、细致的记录以及账目等细节的人,并且下决心要对邮政进行改革。② 他上任以后对邮政马车的财务问题加大了审核的力度。博纳作为帕尔默的副手,主要负责财务问题,然而他的账目却并不那么清楚。他甚至承认,有一段时间他被迫待在法国以躲避债权人。

1788年1月,博纳的办公室发生了一起高度可疑的火灾,毁掉了他的部分发票,没有嫌犯被捕,也没有人解释失火的原因。让事态更糟糕的是,他位于伦巴德街的办公室也遭到袭击。在那次袭击中,壁橱和抽屉被严重损坏,有一个箱子被盗。尽管进行了深入的调查,但是仍然没有抓到窃贼。很明显,两次事件中最大的获益者是博纳本人,因为大部分记录、账目和其他证据都被毁了,这给对他的调查带来了不便。③

1788年7月,帕尔默应邀去都柏林接受荣誉市民的称号,而此时乔治三世刚刚痊愈,正在切尔滕纳姆(Cheltenham)。沃尔辛厄姆越过帕尔默,命令博纳每天安排两次专用马车给国王送信,丝毫没有考虑其成本问题。帕尔默得知此事后非常生气,他认为沃尔辛厄姆无权做这样的决定。④ 在

---

① Frederick Wilkinson, *Royal Mail Coaches*, p.47.
② Kenneth Ellis, *The Post Office in the Eighteenth Century: A Study in Administrative History*, p.111.
③ Frederick Wilkinson, *Royal Mail Coaches*, p.49.
④ Frederick Wilkinson, *Royal Mail Coaches*, p.50.

帕尔默的授意下，马车的供应方提交了数额巨大的账单，远超实际费用。沃尔辛厄姆表示数额太大，拒绝在账单上签字。这次帕尔默的自作聪明给自己带来了更大的麻烦，沃尔辛厄姆下决心要彻查邮政马车运营中的不当行为，帕尔默将面临更大的困境。①

1789年，博纳提交了一些账目给沃尔辛厄姆审核，后者仍然在其中发现了一些不正常的开支。1791年，深受财务问题困扰的博纳不得不向帕尔默坦白并寻求帮助，他说业务压力大、要求高，使他的健康严重受损，同僚的指责也让他很受伤害。他请求帕尔默的原谅，并承认了1 200镑左右的亏空。帕尔默用自己的私房钱替他还了一部分。更糟的是，博纳的下属这时又提交了一份经过篡改的博纳的旅行账单。后来又发现，他还与马车供应商之间有不正当交易。所有这些，让帕尔默对他的误解更深。

1790年，双方的分歧继续加深。那一年，帕尔默派遣菲利林到苏格兰去建立更多的邮路，以图扩展邮政。菲利林非常能干，得到了众人的认可，其中一个苏格兰领主还写信表扬他。菲利林把信转寄给了沃尔辛厄姆。菲利林和帕尔默所不知道的是，沃尔辛厄姆也有意在苏格兰发展邮路，但一直进展不大，他觉得自己被故意忽视了。他写信给菲利林，说自己并没有收到与此相关的直接报告，认为菲利林处置不当。1790年10月12日，帕尔默写了封措辞激烈的信给邮政总长，说他已经向财政部申诉自己的职责被干预，他认为他只需要对财政部负责。②

1790年5月8日，沃尔辛厄姆写信给财政部，提供了邮政马车详细的开支情况。当年10月，他又写了一封长信给皮特，指控帕尔默不仅自己任命官员，还提拔他们、付给他们工资，认为帕尔默的这些行为都没有获得授权，是

---

① Kenneth Ellis, *The Post Office in the Eighteenth Century: A Study in Administrative History*, p.115.
② Frederick Wilkinson, *Royal Mail Coaches*, p.50.

自行其是,而且帕尔默提供的账目也混乱不清。① 事实上,他们能看到的只有卫兵的工资,总数大约 7 000 镑;工资的支付也比较混乱,因为有的卫兵被多付了工资,而有的则没拿到。帕尔默任职之后,也并没提供详细的述职报告。他声称,邮政马车制度大大增加了成本。② 1791 年 4 月 16 日,沃尔辛厄姆又提交给皮特一份备忘录,说事态很糟糕,邮政马车系统已经处于停滞状态。对于沃尔辛厄姆的指控,帕尔默回应说,他只向财政部的官员负责而不向邮政总长负责。这样,两人之间的争执导致了严重的后果。

帕尔默接下来表示,如果他认定这些指令不合理或者有害的话,他就不再遵从任何邮政总长的指令,他认为他们对菲利林非常无礼,应该为此给予后者精神损失费。尽管帕尔默有理由生气,但是他的措辞实在不够含蓄。③

1792 年,沃尔辛厄姆发现国内邮政税收的账目可疑,有一部分邮政收入往来不合理,于是发起了交叉检查,结果造成了邮政服务的延迟。1792 年 2 月,有人提议召开会议讨论邮件延迟的问题。帕尔默想利用这个会议对付沃尔辛厄姆,于是他指示博纳暗中操作,但没想到的是,博纳不仅没能做到反而把事情搞得更糟。争执双方都求助于皮特。皮特发起了一次官方调查。博纳作证说,沃尔辛厄姆之前的调查并非邮政事务受到影响的真正原因,帕尔默也无所作为。他还曝光了帕尔默私下写给他的信件。这六封信显示出帕尔默打算用尽一切可能的办法来败坏邮政总长的名声。④ 在此情况下,皮特不得不考虑解雇帕尔默。1793 年 4 月 5 日,帕尔默离职,但被给予了 3 000 镑的年金。⑤

---

① Frederick Wilkinson, *Royal Mail Coaches*, p.46.
② Frederick Wilkinson, *Royal Mail Coaches*, p.48.
③ Frederick Wilkinson, *Royal Mail Coaches*, p.51.
④ Frederick Wilkinson, *Royal Mail Coaches*, p.53.
⑤ Kenneth Ellis, *The Post Office in the Eighteenth Century: A Study in Administrative History*, p.121.

帕尔默是一个有远见、有决心的人,他敢于拒绝邮政内部保守势力的干涉,让邮政马车制度得以存续。他的工作使得邮政制度更加可靠并为大众所认可。他后来被选为很多地方的市政官员,他的头像被印在纪念币上。但他的个性确实比较固执,缺乏变通,如果他在和邮政总长打交道的过程中能多一些灵活性的话,也许他能任职更久。但也许恰恰是他的执着,才使得邮政马车制度取得了成功。[①]

---

① Frederick Wilkinson, *Royal Mail Coaches*, p.54.

四、便士邮政的发展

上文曾经提到,在17世纪后期,威廉·多克瓦尝试在伦敦建立一个独立邮政系统,但后来被迫让位给官方的邮政部门。便士邮政在18世纪进行了重组,服务范围继续扩大,取得了有目共睹的成绩。1711年邮政法给予便士邮政合法地位,将其服务范围限制在伦敦邮政总局的方圆10英里之内。这一规定是为了避免便士邮政与内地邮政进行竞争。对超出10英里且不到80英里的地区的邮件,邮政总局收费3便士。[1] 不超过1磅的包裹的收费和一封信的收费是一样的。

伦敦便士邮政的一个显著特点就是信件和包裹的邮资预付,但乡村地区那些需要信差收取额外费用的地方除外。在乔治二世(George Ⅱ)统治早期,信差收取额外的便士是很难的,有一些人拒绝予以支付。1731年的一个法案将这个额外便士的征收变为合法。1765年的邮政法将包裹的限重从1磅降低到了4盎司,理由是一些又重又占地方的邮政小包和包裹拖慢了邮政的寄递速度。

18世纪后半叶,如果将收入作为衡量指标的话,伦敦的便士邮政没有太大的进步。18世纪初期,便士邮政的年收入在5 000英镑左右。80年

---

[1] Howard Robinson, *The British Post Office: A History*, p.192.

之后，其年收入仅仅翻了一倍，增长速度远远落后于普通邮政，其年收入仅占邮政总收入的五分之一。

约翰·帕尔默在进行邮政马车制度改革之时，也注意到了便士邮政的问题，并试图予以改进，提出了一个详尽的计划——"新便士邮政"。但是后来帕尔默去职，并没有机会对便士邮政进行改革。便士邮政的重组任务就落到了爱德华·约翰逊身上。他原来是个信差，后来被帕尔默看中并予以任用。约翰逊的改革计划囊括了帕尔默的计划，包括将主要的邮局从 5 个减少到 2 个，增加每天派送的班次，将信使人数增加到 81 个。[①] 1794 年，那些从郊区送到城市的信件还要被另收 1 便士，改革后则变成 2 便士。邮资既可以由寄件人付，也可以由收件人付。[②] 财政短缺造成邮政资费的上涨。1801 年，伦敦的寄信最低收费变成了 2 便士，原来的便士邮政不复存在，而代之以两便士邮政。如果到统一邮政之外的地区，还要再加上 1 便士，以此类推。

约翰逊改革之后，便士邮政的发展比较迅速。首先是毛收入翻番，主要是因为邮资涨价，接下来的 60 年中，其价格增长也一直很迅速。拿破仑战争快结束时，伦敦地区的年收入超过了 9 万镑，是约翰逊改革时的 5 倍，是帕尔默接手之时的 10 倍。到了 19 世纪 20 年代末期，它的毛利润是 117 000 镑，净收入是 77 000 镑。[③]

那时的伦敦有以下三种邮政机构：便士邮政、内地邮政以及海外邮政。三者的职能有所重合：内地邮政负责英伦各岛的邮政，包括每天进出伦敦的邮政马车。内地邮政有自己的官员和职员。海外邮政比较特殊，主要负责寄往外国以及从海外寄往英国的邮件，几乎是完全独立的机构。

随着这三种机构的扩展，到了 1829 年，原有的办公地点已经不敷使用。伦巴德街的老邮政总局已经被用了一个多世纪，虽然屡次被扩建，但

---

① Howard Robinson，*The British Post Office：A History*，p.193.
② Howard Robinson，*The British Post Office：A History*，p.194.
③ Howard Robinson，*The British Post Office：A History*，p.194.

图 3-11　圣马丁街的新邮政总局

还是不能解决问题。1829 年,位于圣马丁街的新邮政总局被投入使用。[①] 新建筑宏伟壮观,正前方有爱奥尼亚式的圆柱装饰。建筑的设计者同时也是邮局的官员认为,这样的设计是为了凸显邮政作为一种公共服务设施,与监狱和医院有所不同。

便士邮政的服务分为内区和外区,内区收费 2 便士,外区收费 3 便士。1794 年,三便士邮政的范围是以伦巴德街的邮政总局为中心向外辐射 10 英里的地区。1829 年,其范围扩大到以圣马丁街的邮政总局向外辐射 12—15 英里的地区,标准不统一。向东包括奇格威尔、伍利奇等,但不包括埃平、罗姆福、达特福德;向南包括克里登,但不包括布罗姆利和金斯顿。尽管泰晤士河畔的金斯顿不在三便士邮政的范围内,它对岸的森伯里却在里面,虽然从距离上来说后者更远。向西北和北部地区包括伊林、芬奇利、

[①] Julian Stray, *Post Offices*, p.13.

图 3-12　今日伦敦街头的信所(很少见到专门的邮局,绝大多数还是这种商店兼信所)

哈洛和恩菲尔德,但是不包括艾奇威尔,尽管它比哈洛还要近。

两便士邮政被限制在伦敦、威斯敏斯特、萨瑟克市,包括了人口最为稠密的地区。三便士邮区和两便士邮区之间的划分暗合了城乡之间的界限。但是到了1829年,两个地区之间的区别已经没有那么大,伦敦不断地扩张,原先的农村中有一些已经变成了城市的一部分。在城区,两便士邮政不再使用之前的6个办公室,仅仅用2个,一个在圣马丁街的邮政总局,另一个在西边的杰拉德街。① 后者又常被称为"威斯敏斯特办公室"。两处相距15分钟路程,每天有6次信件交换。两个邮局之间的信件交换通常使用驮马。每个邮局都有一个小窗,收取已付邮资的信件。那些未付邮资的信件,则被放在专门的箱子里。

---

① Howard Robinson, *The British Post Office: A History*, p.196.

在两便士和三便士邮区,还有很多的收信所代收信件。1830年,在城区有148个,在乡村有202个。很多收信所之间的距离并不远。这些收信所通常是商店,一直开到晚上8点,既收已付也收未付的信件。晚上8点以后,寄信的人可以把信件通过开在商店百叶窗上的小洞投进店里。在城区,从收信所到邮局一天6次;在乡村地区,则为一天2次。在两个主要的邮局,邮件被分拣、收税、盖上邮戳并被分发给不同的信差。需要送到邮政总局和海外邮政的信件,则被单独放在一边。①

在两便士邮区有224个邮差,在乡村或是三便士邮区则有165个邮差。在城里的邮差送信主要靠步行,在乡村地区的邮差送信主要靠骑马。步行和骑马的地区被很细致地进行了划分。根据审计官的指令,信差们要尽可能快速地送信,不要耽搁;审计官同时也真诚地希望那些收件人不要耽误这些信差,而应该尽快让他们到下一家。②

在城市或两便士邮区,一天可以投递信件6次,最早一次是在早上8点,然后是在10点、12点,下午2点、4点和晚上7点。送完信件的信差,负责在回程时将沿途收信所的信件带回邮局。邮差每天的工作时间差不多是11个小时,因为要收取后付费用户的邮资,其送信速度快不了。据估算,每个信差跑一趟大概需要一个半小时,平均送信70封。农村地区的投递没有这么频繁,为每天3次。③

在两便士邮区,如果上午10点前在收信处寄出一封信,差不多在12点时会被送出。如果回复及时,晚上7点应该能够收到回信。而在农村(城郊)地区,则至少需要24小时,即便是在那些毗邻两便士邮区的地方。因此,在切尔西和哈克尼之间的邮件,其往来也需要24小时以上。

造成信件延误的原因有很多。首先是信件数量多,来自收信所、内地

---

① Howard Robinson, *The British Post Office: A History*, p.197.
② Howard Robinson, *The British Post Office: A History*, p.197.
③ Howard Robinson, *The British Post Office: A History*, p.198.

邮政、海外邮政和船信处的信件全部集中在此,分拣很麻烦。其次是大多数邮件没有预付,需要逐个核对邮资。寄往伦敦之外的邮资被用笔写在信封上,两便士邮政的邮资被用邮戳盖在信件上。

伦巴德街的邮局和威斯敏斯特邮局利用邮戳来登记信件收发的时间。多克瓦经营便士邮政时使用的是三角形邮戳,这一直沿用到他去职以后。1794年,三角形的邮戳被停止使用。此后的邮戳基本都是椭圆形,有固定的模式。例如,邮政总局的邮戳是月份在日前面,而威斯敏斯特邮局是日在月份之前。① 1801年之后,所有的邮戳格式被统一。

1794年之后,收信所开始用官方邮戳以取代之前的手写收件人姓名的首字母缩写,后来还用邮戳来区分已付和未付邮件。所有免费邮件有专门的邮戳——一个圆圈,中间环绕着一个王冠,写着"免费投递"几个字。如果某些邮件因为到晚了而错过了第一班投递,就会被盖上一个邮戳,上面写着"太晚,没赶上早班邮政"(too late for Morning Post)。②

这类邮戳的使用,不仅是为了预防信件的延误,同时也可供查证。那些申诉自己邮件被延误的人,需要把信件带到监察员处,说明送信的时间,并可以通过邮戳追溯信件行程。为了避免弄错,那些预付邮资的人被建议在窗口看着信件被盖上"已付"的邮戳之后再离开。

邮件的数量也很多。在伦敦城区,每天的邮件数量从300件到1 000件不等。邮件数量最多的是银行业集中的地区,例如格罗夫纳广场、圣詹姆士广场、波特曼广场。1829年4月的第一周,信件数量达到了150 000封,而全年的信件数量是750 000封。③

1830年,根据调查委员会的建议,便士邮政进行了一系列改革:步邮被优化;乡村地区的投递次数得以增加;三便士邮区的范围继续扩大,包括

---

① Howard Robinson,*The British Post Office*:*A History*,p.199.
② Howard Robinson,*The British Post Office*:*A History*,p.200.
③ Howard Robinson,*The British Post Office*:*A History*,p.201.

金斯顿、豪恩斯诺、巴尼特和罗姆福地区。两便士邮区和三便士邮区之间的划分也更加合理,切尔西被并入两便士邮区。信件仍然由邮政马车送进伦敦。

除了便士邮政的信差之外,内地邮政和海外邮政在伦敦也有自己的信差。国外来信基本都由海外邮政部门的特别信差投递。最初,有 10 条步邮线路,每条由 1 名信差负责。每条邮路以负责的邮差的名字命名,此举后被沿用下来。例如负责齐普赛特地区的萨德勒线,沿着斯特兰的佩客线,从牛津街到圣詹姆士宫还有大使们驻地的皮克林线,等等。到 1830 年,海外邮政的信差增加到 34 人。① 海外邮政信差的活动范围,小于两便士邮政,主要分布在泰晤士河北岸,从议会大厦到伦敦塔这些账房集中的地方,向西直到海德公园。

内地邮政的范围大于海外邮政而小于两便士邮政。和两便士邮政一样,它在街上有自己的收信处,大约有 71 个。内地邮政通常不会在早上 8 点起送,因为开到伦敦的邮政马车通常一大早才到达。最近的一班邮政马车在早上 7 点 10 分左右到达圣马丁街。接下来,分拣员和信差就要忙碌起来。根据目的地,信件被分为 14 个邮包,其中 12 个是交给邮差的,还有 2 个分别交给两便士邮政和商人们。②

伦敦的商人们希望能够最早收到信件,因此他们交了一笔钱而获得了优先投递的特权。他们可以从邮局工作人员那里直接获取信件,就像在海外邮政一样。这种优先投递的好处是显而易见的。优先投递通常在该线路的正常投递开始后两小时内结束。在城里,尤其是账房集中的地方,优先投递的信件数量是很大的,通常达到该地区早上邮件总数的四分之三左右。

但这种商人优先权遭到了委员们的抵触,他们认为不应该给商人们享受特权,这会影响正常投递工作,他们希望能够加快信件投递的速度。而

---

① Howard Robinson,*The British Post Office: A History*,p.203.
② Howard Robinson,*The British Post Office: A History*,p.204.

内地邮政的信件是没有预付费的,需要信送到后再收费,还要找零钱什么的,更浪费时间。一个信差被问道:"你有没有算过投递一封信并收取邮费要耗时多久?"他回答:"这要看情况,比如需要爬多少级台阶,有时还要跑出去借钱找零。"据估算,信差在每户耽搁的时间至少有 2 分钟,遇上需要找零时则需要耽搁 3—5 分钟不等。

在邮政马车把邮包放到邮政总局之后,分拣工作就开始了。打开邮包后,首先要确认已付邮资的信件数量,每包里都有个账单,里面记录了该包邮件中已付邮资的多少。核对完之后,接下来的程序就比较慢了。如果有免费邮件的话,需要检查寄件人和收件人是否符合标准;如果是没有预付费的,则需要检查信件的收费标准。要把每封信放到灯边照一下,确定信纸数量以供收费。在有的地方,例如在曼彻斯特和利兹,邮务长会事先核定邮资,用笔将其写在信上;但在伦敦,所有的邮件都必须被重新确认,然后被盖上邮戳。在进一步检查之后,信件才会被分到不同的袋子里。每天有 4—6 万封信件,再加上每天早晨优先投递的信件,信差要到每天晚上 10 点才能下班。①

收信所下午 5 点关门,从 5 点到 6 点 10 分,最迟到 6 点半,信差变身"敲钟人"(bell man),在街上一路摇铃收信。如果信件是已付邮资的,则第二天要在邮局予以登记。信差还要经过账房、咖啡馆和俱乐部等地方,看有没有人要寄信。晚上的摇铃收信,每封有 1 便士的额外补助,如果经过咖啡馆这些地方则还会有额外的收入。

在 18 世纪和 19 世纪早期,由于邮局的数量很少,信件的收集和递送基本是由信差完成的。他们通常一手拿着带锁的包,包的顶部开口,用于投放信件;一手拿着摇铃,在街上边走边摇铃提醒大家收寄信。在 19 世纪中叶邮箱开始使用之后,信差逐步淡出了公众的视线。

---

① Howard Robinson,*The British Post Office:A History*,p.205.

图 3-13 摇铃的信差

三种邮政各自拥有信使的做法，不仅增加了邮政的人工成本，也容易造成信件递送上的延宕，当时已经有不少人建议合并这些信使，精减人员，提高效率。后来，伦敦的外国来信改由便士邮政递送，因此海外邮政的信差在 19 世纪 30 年代早期被予以取消。但是邮政部门认为，没有必要将内地邮政和便士邮政合并。所以，两个系统依然同时存在，甚至到了统一的便士邮政实行之后的一段时间，依然如此。①

便士邮政设立近百年之后，开始向不列颠其他地区扩展。在多克瓦时代，伦敦人口超过 50 万，是排名第二的城市人口数的近 17 倍。1680 年，除伦敦外，较大的城市布里斯托尔和诺里奇各自只有 3 万人口，每个城市有一个邮局就足够了。而到了 18 世纪，尤其是随着工业城镇的发展，工厂出现，一

---

① Howard Robinson, *The British Post Office: A History*, pp.205-206.

些城市变成了制造业中心,这些工厂往往远离传统邮路,需要新设邮政服务。

1765 年,政府通过法令规定,如果邮政部门认为有必要的话,任何城镇及其郊区都可以设立便士邮政。便士邮政的扩张开始了。伦敦之外的第一个便士邮政于 1733 年出现在都柏林。① 它以伦敦为蓝本,但其规模很小,到 18 世纪末也只有 14 个信差,年均毛收入不超过 400 镑。1810 年,当克兰卡特勋爵开始改革后,情况有了很大变化。其信差数量增加到 57 个,每日投递次数从 2 次增加到 4 次,1822 年又被改为 6 次,邮递效率大大增加。1823 年,都柏林便士邮政的年收入超过了 4 000 镑。②

虽然都柏林的便士邮政收入可观,但是仍然存在一定的管理问题。50 多个信差远超实际需要,其中有一些人实际上习惯性不在岗,雇用别人替他干活。收信所有 82 个,也供大于求,有的收信所 6 个月才收到 100 封邮件。同时,滥用免费特权的情况也很多。邮局的官员,包括分拣员,都利用这个特权免费邮寄自己的信件,同时还帮助他们的朋友从邮包里直接拿走邮件而不予以付费。

运费在城里是 1 便士,超出该范围是 2 便士。和伦敦一样,在便士邮政范围内同样存在和内地邮政的职能重合,内地邮政有 60 个邮差在便士邮政区域活动。内地邮政的信差分为两部分:40 个负责递送爱尔兰其他地区的信件,20 个负责递送英国和海外来信。内地邮政在都柏林也有收信所,每个收件所靠窗的地方放着一个带锁的箱子,信件通过箱子上开的槽投进箱内。每周,都柏林便士邮政的信件投递数量大约为 12 000 封。③

除了都柏林之外,爱尔兰值得一提的地方是贝尔法斯特。贝尔法斯特虽然那时还没有便士邮政,但是有一个邮务长,雇用了 2 名信差送信。除了应付的邮资之外,每个收件人要额外支付 1 便士。当议会调查人员问信

---

① Julian Stray, *Post Offices*, p.7.
② Howard Robinson, *The British Post Office: A History*, p.208.
③ Howard Robinson, *The British Post Office: A History*, pp.208-209.

差约翰·贝尔德(John Baird),如果人们不愿意支付这额外的 1 便士时怎么办。他回答:"这很简单,我就告诉他们,你自己来信所拿就可以了。"①邮差们同样对商人们的信件予以特别对待——特殊信件,优先投递。贝尔法斯特代表了改革之前没有便士邮政的大商业中心邮政的运作情况。

大不列颠的第二个便士邮政出现在爱丁堡。爱丁堡的便士邮政一开始是由私人开启的,他是彼得·威廉姆森(Peter Williamson)。他的早年经历充满了传奇色彩。当他还是个十岁男孩时,他曾在阿伯丁被绑架,后被卖到美洲的种植园。再后来,他去了前线,不幸被印第安人抓住,不过逃脱了。之后,他加入了英国的部队,但在 1757 年被辞退。好在他脑子够聪明,他把自己的经历写成了书,最终成为爱丁堡的印刷商和书商。他同时还开了一家咖啡馆,叫作"印第安的彼得咖啡馆"。1773 年,他出版了第一本爱丁堡城市指南。由于他的咖啡馆地处议会大厦,威廉姆森很自然地被雇用,负责送信到爱丁堡其他地区。

在 1773 年或是 1774 年,威廉姆森决定将送信业务拓展到那些有需要的人。1774 年,在第二版爱丁堡城市指南中,他刊登了如下申明:出版商将承担收发信件和包裹的职能,任何信件或包裹只要重量不超过 3 磅,都可以被寄送,每份收费 1 便士,白天 1 小时送 1 次。其办公地点设在临近圣吉尔斯大教堂的地方,同时在城里别的地方设有收信所。威廉姆森的信使被称作"caddies",他们穿着自己的制服,帽子上印有"便士邮政"的字样。每个信差在送信时会摇铃示意,以期收取更多的邮件。

威廉姆森和邮政管理部门并没有联系。在当时政府缺位的情况下,他的这个服务坚持了将近五分之一个世纪。1790 年,邮政监督员菲利林造访了爱丁堡,他得出结论说必须在爱丁堡开办便士邮政。1793 年 7 月,威廉姆森的邮政生涯走到了终点,他被给予每年 25 镑的养老金。

---

① Howard Robinson, *The British Post Office: A History*, p.209.

图 3-14 1798 年爱丁堡邮政记录邮件到达时间的文件（摄于英国邮政博物馆）

官方开办的便士邮政，比威廉姆森的更有野心。邮递系统扩大，包括内地邮政的信件，白天一共送 3 次信，早晚送比较重要的信，中午只送来自北方的信。1797 年，爱丁堡有 10 个信差，20 年以后有 30 个；有 9 个信所，一天收信 5 次。① 爱丁堡的人们还可以在邮所里收信，在爱丁堡邮局里有 80 个箱子，每个箱子上面都有编号和姓名。取信者必须同时报出名字和编号才能把信取走。

爱丁堡的邮局和两英里之外的利思（Leith）保持着密切的联系，早在威廉姆森开办邮政的时候，爱丁堡和利思之间就有信件往来。18 世纪 20 年代，利思的两个步邮每天往返爱丁堡 4 次以运送邮件。

截至 1793 年年底，便士邮政在曼彻斯特、布里斯托尔和伯明翰建立起来。1800 年以后，更多的小城镇也纷纷设立便士邮政，便士邮政的数量一直处于稳步增长中。到 1820 年，155 个英国城镇建立了独立的便士邮政系统，其中有一些处于工业革命的核心地区，例如设菲尔德、德比等地，促进了工商业的发展。②

---

① Howard Robinson, *The British Post Office: A History*, pp.210 - 211.
② Duncan Campbell-Smith, *Masters of the Post: The Authorized History of the Royal Mail*, pp.107 - 108.

第四章
现代邮政制度的确立

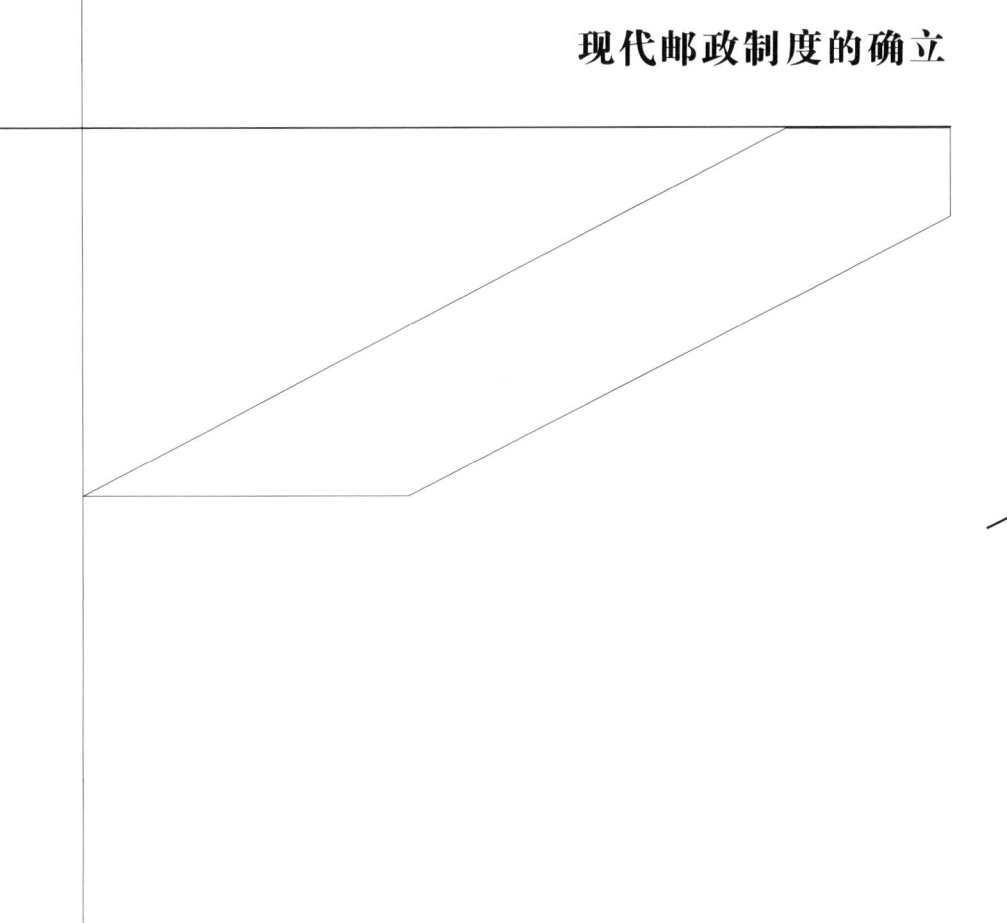

工业革命开始之后,随着工商业的蓬勃发展,民众对信息交流的需要更加迫切,对信息传递速度和效率的要求也逐步提升,而原有的邮政制度已经不能满足社会发展的需要,以罗兰·希尔为代表的自由主义改革者们开始致力于邮政制度的变革。希尔改革所确立的统一邮资和邮资预付的做法是现代邮政的两个核心理念,使邮政真正变成了廉价高效、普通百姓能享受的公共服务。

一、工业革命时期的经济社会变化

从18世纪中叶开始,英国进入了工业革命时期。工业革命是以一系列新发明与新技术的使用为标志的,对于这些发明的丰富性和多样化,我们难以一一详述,但我们可以根据三个原则对它们进行归纳分类:

第一个原则就是以机器——快速、规则、准确而且不知疲倦——替代人的技能和努力;

第二个原则就是用没有生命的动力资源替代有生命的动力资源,特别是引进了能够将热转化为功的发动机,从而为人类开辟了一个全新的并且几乎是无限的能源供应渠道;

第三个原则是大量使用新的并且更加丰富的原材料,特别是用矿物资源替代了植物或者动物资源。①

工业革命时期的技术革新首先发生在棉纺织业。棉纺织业是英国新兴的工业部门,发源于16世纪80年代,对其第一次明确的文献记载出现在1610年。② 相对于传统的毛纺织业,棉纺织业的发展一直比较滞后,受

---

① [英]H. J. 哈巴库克、M. M. 波斯坦主编:《剑桥欧洲经济史》(第六卷),王春法等译,北京:经济科学出版社,2002年,第259页。
② Paul Mantoux, *The Industrial Revolution in the Eighteenth Century: An Outline of the Beginnings of the Modern Factory System in England*, Oxon: Routledge, 1961, p.198.

到毛纺织业的排挤,同时来自印度的优质棉布,也使它面临激烈的竞争。这是棉纺织业率先开始技术革新的内在动力。①

棉纺织业主要分为纺纱和织布两大部门。1733年,约翰·凯伊(John Kay)发明了飞梭,但长期没能得到实际应用,因为它尚不完备,不能立刻产生利润。② 到18世纪50—60年代,飞梭得到广泛应用。飞梭的普及使织布的速度加快,进而促使棉纱涨价,纺纱业出现了劳动力紧张的现象。如果纺纱部门继续按照传统生产方法,需要3—4名纺纱工才能供得上一个织布工的需要。③ 纺纱部门的技术变革显得势在必行。

1764年,兰开夏的纺织工人詹姆士·哈格里夫斯(James Hargreaves)发明珍妮纺纱机,并于1770年取得专利。最早的珍妮机只有8个纺锭,1770年申请专利时增加到16个纺锭,1784年增加到89个纺锭。到18世纪末,大型的珍妮机已能带动100—120个纺锭。④ 珍妮机大大提高了纺纱的效率,因而在短时间内得到迅速传播。据统计,至1788年,英国已有2万台珍妮机。⑤

然而,珍妮机仍然存在不完善之处,它需要人力转动,只能生产细纱,并不结实,仍需进一步改良。1769年,理查德·阿克莱特(Richard Arkwright)发明的水力纺纱机取得了专利。水力纺纱机以水力而不是人力作为动力,这比之前所有的发明向前迈进了一大步。1779年,塞缪尔·克朗普顿(Samuel Crompton)发明的骡机取得专利,骡机结合了珍妮机和水力纺纱机的主要特点,它纺出来的纱线比水力纺纱机更加光滑,质量也

---

① Phyllis Deane, *The First Industrial Revolution*, Cambridge: Cambridge University Press, 1979, p.88.
② [法]保尔·芒图:《十八世纪产业革命——英国近代大工业初期的概况》,杨人楩等译,北京:商务印书馆,1983年,第164页。
③ Phyllis Deane, *The First Industrial Revolution*, p.89.
④ Phyllis Deane, *The First Industrial Revolution*, p.89.
⑤ A. E. Musson, *The Growth of British Industry*, New York: Holmes and Meier, 1978, p.80.

更好,从而使英国的棉布质量最终超过了印度的。①

由于一系列新机器的使用,纺纱部门的生产率越来越高,棉纱产量迅速增长,而与之形成鲜明对比的是,织布业的生产手段非常落后,织布业由此开始了新一轮的变革。1785 年,埃德蒙德·卡特莱特(Edmund Cartwright)发明了用水力推动的自动织布机,使织布的生产效率比传统生产提高了数十倍。一系列的技术革新使棉纺织业获得了令人瞩目的发展:

> 在 1760 年,英国输入了大约 1 250 万磅原棉以满足广泛分散在兰开夏乡村地区并且与亚麻制造业——主要为棉纺工业提供它还不知道如何生产的结实经线——并存的棉纺工业部门的需求。所有这些工作都是用手工操作的,通常是在工人自己的家中进行(除了染色以及最后完工的修正),偶尔也在纺织师傅的小作坊中进行。一代人以后的 1787 年,原棉消费增加到 2 200 万磅;棉纺织业成为雇佣人数与产品价值仅次于毛纺织业的第二大产业部门;消耗的大部分纤维都是使用机器清洁、梳理、纺织的。②

棉纺织业中的新机器和新技术,也逐渐推进到毛纺织业、麻纺织业以及丝织业中,并逐步推动了其他工业部门的机械化发展。随着这些新机器的广泛使用,动力问题开始凸显。以水做动力存在很大的局限:工厂必须选在水流湍急的地方,这不仅使生产受到气候的限制,而且这些地区往往交通不便,从而影响原料与成品的运输。在这种情况下,瓦特的蒸汽机应运而生。

蒸汽机是 1690 年由戴奥尼休斯·巴本(Dionysius Papin)发明的,但并没有被投入使用。1705 年,英国的托马斯·纽卡门(Thomas Newcomen)发明了能用于矿井排水和农田灌溉的蒸汽机。纽卡门的蒸汽机存在不少缺陷,

---

① Phyllis Deane,*The First Industrial Revolution*,p.90.
② [英] H. J. 哈巴库克、M. M. 波斯坦主编:《剑桥欧洲经济史》(第六卷),第 260 页。

例如效率低、燃料消耗大、成本高等，不适用于工业生产，需要被进一步改良。

1765年，詹姆士·瓦特(James Watt)在改良纽卡门蒸汽机的基础上发明了单动式蒸汽机，并于1769年初领到特许状。① 这种机器克服了纽卡门蒸汽机的不足，提高了热效率，节省了大量燃料。然而，单动式蒸汽机并不能直接应用于各种机械，需要被进一步完善。在工厂主马修·博尔顿(Matthew Boulton)的资助下，瓦特于1782年发明了复动式蒸汽机，这种蒸汽机能与纺纱机相连，可直接应用于工业生产。这种蒸汽机首先应用于博尔顿的工厂。1775年到1800年间，博尔顿和瓦特在英国装置了289台蒸汽机，其中55台在兰开夏，41台在米德尔塞克斯，31台在斯塔福德郡，25台在什罗普郡，21台在康沃尔。从分布的行业看，棉纺织厂用了84台，毛纺织厂用了9台，煤矿用了30台，铸造厂及锻铁厂用了28台，铜矿用了22台，运河用了18台，酿酒厂用了17台。② 由此一来，蒸汽动力逐步取代水力，成为工业生产的主要动力。瓦特的发明使工厂选址不再局限于水力丰富的偏僻地区，而能够在任何适宜的地方，大大推进了工业生产的发展。

很多工业部门由于采用了机器，所以对金属的需求与日俱增，但是用旧方法进行钢铁生产已经不能满足工业发展的需求，冶铁业的变革就迫在眉睫。早在1709年，亚伯拉罕·达比(Abraham Darby)就已把煤炼成焦炭，成功用于熔铁。焦炭是一种燃烧缓慢的燃料，在燃烧时必须借力于强风。③ 因此，如何进行鼓风成了焦炭熔铁的关键环节。1776年，约翰·威尔金森(John Wilkinson)用瓦特的蒸汽机给熔铁炉鼓风成功。④ 蒸汽机开始被日益广泛地应用于冶金工业，从而推动了冶金工业的发展。冶金工业

---

① ［英］哈孟德夫妇：《近代工业的兴起》，韦国栋译，北京：商务印书馆，1959年，第108页。
② John Lord, *Capital and Steam-Power*, 1750–1800, Oxon: Routledge, 2006, pp.174–175.
③ Phyllis Deane, *The First Industrial Revolution*, p.104.
④ Phyllis Deane, *The First Industrial Revolution*, p.109.

的发展，又带动了煤炭工业的迅速发展，因此钢铁和煤炭构成了现代工业发展的两大重要基础。

1800年，英国生产的煤和铁的数量比世界其余地区生产的总量还要多。19世纪中叶以后，英国的煤和铁的产量则达到世界总量的三分之二。换言之，英国的煤、铁的产量是世界其他国家产量总和的两倍。具体来看，英国的煤产量从1770年的600万吨上升到1800年的1 200万吨，进而上升到1861年的5 700万吨。同样，英国的铁产量从1770年的5万吨增长到1800年的13万吨，进而增长到1861年的380万吨。由此，英国成为当时世界上唯一的钢铁出口国。

工业革命时期的技术革新，从机器、动力、原料等方面大大改变了传统工业的生产模式，提高了生产效率，改变了原有的经济结构，促进了工业的迅速发展，开创了人类历史上的一个全新时代。

工业革命时期的新发明或新技术，不仅促进了生产力的发展，也促进了经济组织的变革。这种经济组织的变革有两大类：

① 从绝大多数以家庭为生产单位、自给自足的生产形式向以企业为生产单位、为资本主义市场生产的生产形式转变。这种资本主义企业将雇佣专业化劳动力和使用昂贵的资本设备。

② 由专门经济机构服务的国内或国际市场的发展。①

使用机器生产的现代工厂制的出现是英国工业革命的重要标志。这种生产形式意味着大规模的生产单位、节省劳动力的机器以及对于劳工的管制。在英国，最早实现工厂化生产的是棉纺织业，W.W.罗斯托(W. W. Rostow)在《经济增长的阶段：非共产党宣言》一书中，将棉纺织业看成是第

---

① ［意］卡洛·M. 奇波拉主编：《欧洲经济史》(第四卷)，王铁生等译，北京：商务印书馆，1989年，第140页。

一次经济起飞的领头羊。①

水力纺纱机开始由水力后来由蒸汽驱动,但体积比较大,不适用于家庭生产。1771年,阿克莱特在水力资源丰富的克罗姆福德(Cromford)建立了第一家现代意义上的工厂,使用水力纺纱机进行生产,这是英国第一个利用机器进行生产的工厂。到1779年,这家工厂已拥有1 000枚纱锭,雇用了300名工人。② 该厂的建成,标志着传统的手工工场向现代工厂的迈进,也标志着工业生产终于开始告别家庭手工业时代。

1785年,阿克莱特水力纺纱机的专利权被撤销,这使得所有人都可以使用水力纺纱机进行生产。也就是在同一年,博尔顿和瓦特的蒸汽机开始被应用于棉纺厂,这使工厂摆脱了动力的制约,使在城镇里设厂变为可能。所有这一切都使得大规模的工厂生产变得更加切实可行,英国的纺纱工厂数量由此大大增加。T.S.阿什顿(T. S. Ashton)指出,到1781年,也就是阿克莱特办厂十年之后,英国仅有20家以水力为动力的工厂,而到1790年则增加到了150家。③ 据S.D.查普曼(S.D.Chapman)的估算,1787年英国有水力纺纱厂143家,1795年约有300家,1797年水力纺纱厂和使用混成式纺织机的棉纱厂共900家,1833年有1 125家,1850年达到1 407家。④

1785年,卡特莱特发明了动力织布机。1787年,他在约克郡的唐卡斯特开设了一个小工厂。它有20架织机,8架用于织白洋布,10架用于织细洋布,1架用于织方格子布,还有1架用于织粗布。1791年,他和曼彻斯特的纱厂主格里姆肖兄弟议定创设一个工厂,工厂里有不少于400

---

① W. W. Rostow, *The Stages of Economic Growth: A Non-Communist Manifesto*, Cambridge: Cambridge University Press, 1971, p.53.
② Paul Mantoux, *The Industrial Revolution in the Eighteenth Century: An Outline of the Beginnings of the Modern Factory System in England*, p.224.
③ T. S. Ashton, ed., *An Economic History of England*, Vol.3, London: Methuen, 1955, p.117.
④ 钱乘旦:《工业革命与英国工人阶级》,南京:南京出版社,1992年,第12页。

架用蒸汽开动的织机,为此他们还特地建造了很大的厂房。① 18 世纪 90 年代,已有几家机器织布厂投产。到 1812 年,英国已经有 2 400 架动力织机在运转。②

这些新式工厂往往都拥有比较雄厚的资本:

> 每一工厂都有几千镑的资本。而且,一个人拥有几个工厂并不稀奇。例如,我们知道阿克赖特同时经营着八个到十个工厂。皮尔第二几乎把整个伯利居民都雇用在他的纺纱、染坊和印花等作坊里;织布则是雇用所有邻近村庄里雇农(cottagers)去织的。他还有其他工厂设在十二处以上不同的地方。1802 年,受他指挥的人员高达一万五千人之多,而且,他缴纳四万镑的消费税给国库。斯托克波特的一个大细洋布制造商塞缪尔·奥尔德诺,在十八世纪末年左右,被认为每年赚得一万七千镑之多。从 1792 至 1797 年,霍罗克斯家族仅在普雷斯顿一个城市里就开设了三个工厂。③

除了具有代表性的棉纺织业之外,其他的行业,例如毛纺织业、亚麻业等,也逐渐实行了使用机器生产的工厂制。除了使用机器生产的工厂之外,还有一些不使用机器的行业通过生产组织的变革实现了近代化。例如,制陶业原来是一种典型的小手工业。1769 年,乔赛亚·韦奇伍德(Josiah Wedgwood)开办了埃特鲁利亚制陶工场,在工场实行严格的分工,把制陶工序进行细分,每个工人只负责其中的一道工序。他还根据每道工序需要的平均工作量计算出每个车间需要的人数,据此给每个工人规定工作量并按年龄、性别安排工种。通过这些方法,韦奇伍德把原始的制陶业

---

① [法]保尔·芒图:《十八世纪产业革命——英国近代大工业初期的概况》,第 192 页。
② P. Deane and W. A. Cole, *British Economic Growth*, *1688 – 1959*: *Trends and Structure*, Cambridge: Cambridge University Press, 1964, p.191.
③ [法]保尔·芒图:《十八世纪产业革命——英国近代大工业初期的概况》,第 197 页。

改造成了近代工业。① 此外，在采矿、冶金业中，也出现了显著的劳动力集中的趋势。

工业生产和商业贸易的发展对信息传递提出了更高的要求，而这一时期交通事业的发展，又为信息传递提供了必要的有利发展条件。

公路是重要的传统运输方式之一，其路况一开始非常糟糕。物资由马或者驴子背着驮篓运送，还有一些则通过河流和大海运输。不管用哪种方式，运输的代价都很高。水运比公路运输更加容易，但水运的最大问题是河水的流向或水深并不总是能达到运输的要求。

在此背景之下，运河的开凿显得更加重要。第一个开始建造运河的是布里奇沃特公爵。1761年，他雇用詹姆士·布林德利，设计制造了一条从沃尔斯利到曼彻斯特的运河，用来将他在沃尔斯利的煤矿所产的煤运送到曼彻斯特。布里奇沃特运河于1759年开始建造，1761年竣工，全长16公里。运河建成后，大大降低了煤炭运输的成本。布里奇沃特的成功，在英国引发了修建运河的热潮。从那时起，到19世纪30年代，是英国运河发展的黄金时期。从1790年到1794年，英国政府颁布了81道开凿运河的法令。1800年前后，英国境内的运河已经超过6 000公里。大量的工业原料、产品和农副产品等通过运河进行运输，从而推动了工商业和农业的发展。

运河主要用来运送大宗物资，例如煤炭、钢铁以及砖石等；或者用来运送易碎品，如玻璃和瓷器等。但是，运河的建造基本上都是个人行为，国家对此并没有制定统一的标准，各地运河的宽窄不一，从4米到6米不等。因此，很难有一艘船能在全国的运河系统中自由通行，除非它是按照最小尺寸建造的。同时，由于速度太慢，运河也不适用于客运。这些都限制了运河业的持续发展，尤其是在公路状况改善以及铁路兴起之后，运河遭遇

---

① 钱乘旦：《工业革命与英国工人阶级》，第23页。

了前所未有的挑战。

公路在罗马统治不列颠时期就已经存在。然而,自从罗马统治结束之后,公路的保养显得非常不足。18世纪初,大多数英国公路的路况仍然非常糟糕,夏天灰尘扑面,冬天又泥泞不堪,马车经常会陷入淤泥之中。当一个议员被问及他所在地区的公路状况时,他答道:"我们是在沟里行进,先生!"如果天气不好,300公里的路程要耗费3个星期的时间。

1730年之后,旧公路的保养得到改善,同时,新的收费公路开始被建造,投资者主要是当地的商人及其他投资人。根据《收费公路法》,他们可以投资兴建新公路或是负责管理旧公路。但是,公路路况的真正改善还是要等到新的筑路技术出现后。新的筑路技术是由约翰·麦克达姆、托马斯·特尔福德以及约翰·麦卡非发明的,其技术核心是将柏油和碎石混合用以铺路。[①] 1818—1829年,在英格兰和威尔士地区修筑了1 000公里的新公路。许多公路都以碎石铺筑路面,既平坦又坚硬结实。新公路使车子行驶得更加平稳快速,提高了运输效率,舒适程度也大为提高。从伦敦到爱丁堡,在1745年时需时两周,1796年时需时两天半,1830年时就只需一天半了。在1815—1840年间,乘坐马车旅行之风达到了鼎盛时期,有30 000名马车从业人员,在所有的小镇和城市中间都有班车往来,穿梭其间的皇家邮车承担了主要的运输功能,既运邮件又运人。

工业革命时期的技术革新,从机器、动力、原料等方面,大大改变了传统的工业生产模式,提高了生产效率,改变了原有的经济结构,促进了工业的迅速发展,开创了人类历史上的一个全新时代。

[①] T. C. Barker and C. I. Savage, *An Economic History of Transport in Britain*, p.53.

二、变革的时代

工业革命逐步改变了英国的经济生产方式、政治模式以及社会结构。这一时期,随着自由放任等经济自由主义思想的兴起,要求放松政府管制、实现更加自由的社会的呼声越来越高,其中对于信息自由流动的要求也越来越迫切。一部分自由主义思想家纷纷对政府职能进行了重新界定,对人类自由作出了全新思考。一部分实践家则在此基础上进行了广泛而深入的改革,19世纪英国邮政事业发生的变革也正是这个时代洪流中的一个分支。

工业革命前后形成了最有影响力的两个自由主义流派:亚当·斯密(Adam Smith)的"自由放任"学说和边沁的"功利主义"。18世纪初,已经有人开始关注经济活动的方式,关注政府应该以何种方式介入经济活动;有人提出个人的自利而不是家长式的关照才能够带来最多的利益,是权利和自利,而非责任和施舍,构成了社会的基础。伯纳德·曼德维尔(Bernard Mandeville)在1714年出版的《蜜蜂的寓言:或私人的恶意,公众的利益》中宣称,自利将会给这个社会带来最大限度的财富、成就和幸福。这是最早探讨自由放任经济的作品之一。比曼德维尔的作品更加普及的有丹尼尔·笛福(Daniel Defoe)的《鲁滨孙漂流记》(*Robinson Crusoe*)等。

然而,经济自由主义作为一套系统的理论则是从苏格兰启蒙运动时期开始的,最能全面反映这种思想的是 18 世纪下半叶出现的英国古典政治经济学派。该学派对前工业社会经济发展和政府管理经济的模式进行了深刻反思和总结,要求去除国家对于经济的种种限制,使经济得以更加自由地发展。该学派的创始人为亚当·斯密,其主要倡导者有大卫·李嘉图(David Ricardo)、托马斯·马尔萨斯(Thomas Malthus)和纳索·W.西尼尔(Nassau W. Senior)等。

亚当·斯密于 1723 年出生于苏格兰,曾长期在格拉斯哥大学任道德哲学教授。他在这里讲授的道德哲学比今天的道德哲学的内容要宽泛得多,包括神学、伦理学、法学与政治学等方面的内容。斯密以其渊博的学识和严密的逻辑,构建了一个有机的学术体系,对现代自由资本主义制度做出解释,并为之辩护。因此,斯密被看作现代自由资本主义制度的设计师。

1776 年,亚当·斯密出版了著名的《国民财富的性质和原因的研究》,又称《国富论》(The Wealth of Nations),标志着古典政治经济学的诞生。由此,斯密建立了一个庞大的全新的经济理论体系——自由主义经济学说,其中最为核心的一点就是他提出自由放任和完全的自由竞争是发展经济的唯一途径。

斯密理论的出发点是"经济人的利己心"。他强调个人的利己心在经济发展中的决定性作用。他说,人类要想仅仅依赖他人的恩惠,那是一定不行的。"他如果能够刺激他们的利己心,使有利于他,并告诉他们,给他做事,是对他们自己有利的,他要达到目的就容易得多了。""我们每天所需的食料和饮料,不是出自屠户、酿酒家或烙面师的恩惠,而是出于他们自利的打算。我们不说唤起他们利他心的话,而说唤起他们利己心的话。我们不说自己有需要,而说对他们有利。"[①]

斯密将个人利益和个人自由放在了一个至高无上的地位,经济生活的

---

① [英]亚当·斯密:《国民财富的性质和原因的研究》(上卷),郭大力、王亚南译,北京:商务印书馆,1981 年,第 13—14 页。

基本单位是个人,经济生活的基本原则是自由,尤其是契约自由。以此为出发点,他否定政府对经济生活进行干预的必要性,认为"看不见的手"将会引导个人在追求自己利益的同时实现社会的利益,个人利益与社会利益最终将实现统一,因此,政府这一"看得见的手"就没必要再在经济生活中发挥作用。斯密要求废除限制经济发展的法规,为经济的自由发展创造条件。

除了以亚当·斯密为代表的主张自由放任的古典政治经济学派之外,这一时期自由主义的另一个主要流派是以边沁为代表的功利主义。

"功利主义"(Utilitarianism)一词出现于近代,功利观念在西方伦理、社会、哲学和政治思想中一直不绝于耳。特别是18世纪哲学家大卫·休谟(David Hume)的思想成为19世纪边沁功利主义的一个直接思想来源。在休谟看来,理性和感情是联系在一起的,前者受后者的控制,后者可以确保感情所认可的行为是有道德的。这里所谓的"有道德"就是对人类有用;社会基本规则和制度得以存在,其原因在于它们有用而得到了人们的认可。凡是人们认可的东西就是快乐的,否则就是低劣的。休谟提出的三个重要概念:功利、道德和快乐,构成了边沁思想的重要内容。[1]

功利主义的创始人是杰里米·边沁(Jeremy Bentham)。他于1748年出生在一个托利党家庭,父亲和祖父都是律师。边沁一生主要从事著述和政治、法律改革活动。1776年出版的《政府片论》(*A Fragment of Government*),不仅是他最早发表的一部著作,也是西方第一部比较系统地将功利原则运用于政治思想领域的著作。1789年,他在《道德与立法原理导论》(*An Introduction to the Principles of Morals and Legislation*)中对功利主义进行了详尽的阐述。

边沁所谓的"功利"是指"任何客体的这么一种性质:由此,它倾向于给利益有关者带来实惠、好处、快乐、利益或幸福,或者倾向于防止利益有

---

[1] Robert Pearson and Geraint Williams, *Political Thought and Public Policy in the Nineteenth Century*, London: Longman, 1984, p.9.

关者遭受损害、痛苦、祸患或不幸;如果利益有关者是一般的共同体,那就是共同体的幸福,如果是一个具体的个人,那就是这个人的幸福"①。因此,功利原理是按照看来势必增大或减小利益相关者的幸福倾向,即促进或妨碍这种幸福倾向,来赞成或非难任何一项行动。这里所说的行动,不仅包括私人的每项行动,而且包括政府的每项措施。

边沁认为:"苦与乐是人类行为的基本动力,避苦求乐则是人类活动的最高准则。而所谓的'避苦求乐',这就是'功利'原则;快乐和幸福,这些都是功利。……人们出于自然的本能,必定要追求幸福,躲避痛苦,这就为人类社会的有序状态创造了条件。"②

边沁把实现最大的幸福作为个人的人生目标,也作为社会和政治的目标。在他看来,共同体是个虚构体,由那些被认为构成其成员的个人组成。与此相应,共同体的利益就是组成共同体的若干成员的利益总和。与最大多数人的最大幸福是同义的,不理解什么是个人利益,谈论共同体的利益便毫无意义。按照他的逻辑,当人们追求个人幸福时,由于观念联想作用,也会关心他人的幸福,包括个人与他人分享的幸福,因为人们追求快乐,仅仅追求快乐的数量,快乐的数量与分享快乐的人数有关,享受快乐的人数愈多,个人享乐的量就愈大。因此,个人快乐量的增加与社会幸福量的增加是一致的,愈是追求个人利益,增加个人的快乐量,也就愈能最大限度地增加享乐人数,促进最大多数人的最大幸福。于是,只要每个人都能够追求和实现个人的最大利益,那么整个社会也就实现了利益的最大化。

由此可见,和斯密一样,边沁也将个人作为社会的基础,把个人的幸福和个人利益的实现看作社会利益的基础,只有个人的利益得到了保证,才能谈得上社会利益的实现。追求个人幸福是实现社会幸福的前提,在个人

---

① [英]边沁:《道德与立法原理导论》,时殷弘译,北京:商务印书馆,2000年,第58页。
② 钱乘旦、陈晓律:《英国文化模式溯源》,上海:上海社会科学院出版社、成都:四川人民出版社,2003年,第161页。

利益与社会利益之间存在着一种天然的和谐关系。

从功利原则出发,边沁对英国现存的政治与法律等制度进行了激烈的批判。"在边沁看来,所有的法律是一种邪恶,因为它干涉了人的自由。同样,颁布和使法律实施的政府也是一种邪恶。由于政府在颁布法律上是以赏罚为主要手段的,而'任何惩罚都是伤害,所有的惩罚都是罪恶'。"①他十分痛恨英国的惯例法、判例法,毕生致力于法律的改革。在他看来,英国的诸多法律条文及其实践都是长期演进的结果,不是大众利益的反映,而是受传统、宗教乃至少数人"罪恶利益"左右的结果。边沁痛恨腐败的政府,他对当时的英国政府持激烈的批判态度。实事求是地说,由于强调政府必须追求最大多数人的利益,边沁对几乎所有的政府都持批判态度,他认为英国政府充其量只是为少数人的"罪恶利益"服务的工具。

然而,尽管边沁对于法律和政府进行了非常激烈的批判,但他并没有完全否定二者的作用。他认为法律和政府都是必需的存在,只不过其存在的前提是要符合功利主义原则。边沁把功利原则作为衡量个人与集体行为的唯一准则,作为衡量现存法律、政治、经济与社会制度的唯一标准。

在法律上,边沁指出,根据功利原则,如果惩罚被认为确实是必要的,那仅仅是由于它能够排除更大的罪恶。立法的目的还在于促进最大多数人的幸福。他认为,组成共同体的个人的幸福,或称之为快乐和安全,是立法者应当记住的目的,而且是唯一的目的。立法者的主要任务就是尽可能地增加一个国家中的幸福总量。如果幸福总量增加了,那么相应地,快乐总量就会增加,痛苦总量就会减少。

除了将功利原则作为一切立法的首要原则之外,边沁还提出了四项立法目标:安全、生存、富足和平等。安全主要是指人身、名誉、财产与职业等方面在法律保护下免受侵犯与威胁,国家主权和领土不受外敌侵犯。边

---

① 吴春华主编:《西方政治思想史》(第四卷),天津:天津人民出版社,2005年,第33页。

沁认为,在个人安全之中,财产或所有权的安全是最基本的;没有财产的安全,就会挫伤人们创造财富的积极性,妨碍社会的进步。

边沁要求对英国的法律制度进行彻底变革,他认为必须用功利主义的标准来重新评估所有的法律条文与判例,在此基础上,编制成文法典。在1830年出版的《宪法原理》(Constitutional Code)中,他提出所有的立法者都应该遵循最大多数人最大幸福的原则。边沁的立法是要对过去的陈旧部分进行删减,解除从中世纪继承下来的枷锁在个人行动中的羁绊,并且用一种更易被接受和更易被领悟的形式来表达法律。

就政府而言,与对坏政府的评判标准相一致,边沁提出了好政府的标准,即符合功利主义的原则。他认为,政府必须为最大多数人的最大利益恪尽职守,只有做到这一点,才能算是好政府。他还为一个合格的政府设计了如下职责:① 它必须有助于创造社会财富;② 它必须减少不平等;③ 它应该保障公民的人身、荣誉和物质生活条件方面的权利;④ 它能够确保公民的生存;⑤ 它制定法律,为社会提供必要的服务;⑥ 它在公民中传播同情和仁慈。① 他还认为,只要是符合功利主义原则的政府干预都是合理的、可以接受的。他甚至在《宪法原理》中描绘了一个干预性政府的蓝图:"这个政府必须是民主的,因为只有多数人才知道什么是多数人的利益。政府应该有14个部门,分管财政、贸易、外交、殖民地、教育、健康、济贫等事务。这个政府应是中央集权的,拥有许多督察员监督地方官员的行为。"② 边沁相信,政府干预的目的在于促进世界的自由以及个人的独立。由此可知,不管功利主义者是如何强调政府干预的重要性,其目的仍然是为了增进个人在经济、政治和社会生活等方面的自由。

除了对政府功能的重新界定之外,边沁还对政府的组成形式和行政改

---

① 钱乘旦、陈晓律:《英国文化模式溯源》,第161页。
② F. David Roberts, *The Social Conscience of the Early Victorians*, Stanford:Stanford University Press, 2002, p.434.

革提出了具体建议。他认为,应该实行代议制政府,为社会利益服务,这个政府的最高权力机构是由普选产生的人民议会,这才是理想的政体。在行政改革方面,针对当时英国官员任用制度中恩赐制以及政党分肥制盛行的情况,边沁提出了官制改革的设想。他主张通过考试任用行政人员,对行政人员进行严格的资格审查,并在职务常任和职责定位等方面都提出了自己的设想。改革目的在于,使所有政府官员都能具备必要的能力,并提高行政效率,减少行政支出。这种官制改革,仍然是要去除旧的行政体制中由土地利益的代表把持政权的局面,正如哈列维所指出的那样,边沁试图通过这样的改革,不再"把职位分配给地主,分配给土地贵族的代表,而是分配给……动产的创造者、暴发户、制造业者和商人"[①]。

在经济思想方面,边沁是亚当·斯密经济思想的继承者和自由竞争原则的维护者。他主张政府不应该干预供需规则,要容许个人自由地进行贸易。他在短文《为高利贷辩护》中提出,立法者干预高利贷是不明智的,因为干预是有害而无益的。在《奖励原理》中,他极力主张毫无限制的自由竞争,认为它可以增进利益,而干预它只能带来不利,有伤国民财富的积累。实际上,边沁就是要让个人最大限度地追求个人财富的增长,以此来实现大多数个人的最大幸福。

边沁的功利主义思想,与当时工业资产阶级的要求在很大程度上是一致的。随着工业革命的蓬勃开展,工业资产阶级取得了一定的经济地位,但他们仍然被旧的政治和法律制度所束缚。在这一背景之下,他们呼吁改革,要求扫清发展道路上的障碍,抛弃贵族和地主阶级主导的法律制度、政治体系,使政治上层建筑完全适应工业资产阶级的需要,以期在最大程度上实现自己的利益。尽管斯密对于旧的经济制度进行了周密细致的批判,提出了自由放任的思想,试图为经济发展松绑,但他并没有对政治和法律

---

① [法]埃利·哈列维:《哲学激进主义的兴起——从苏格兰启蒙运动到功利主义》,曹海军等译,长春:吉林人民出版社,2006年,第446页。

制度的改革指出具体的路径。这一点，在边沁那里得到了实现。边沁利用其渊博的法律知识对旧有制度展开了激烈批判，并且提出了具体的改革建议。他对于改革的态度是激进的，不承认任何传统的或宗教的权威，对任何现存的制度都持一种批评性态度。他认为，所有存在的制度都必须展示其功利的价值，凡是不能在功利主义原则面前证明其存在价值的都应被废除，而代之以全新的、以功利原则为基础的制度。他试图通过这样的改革，去除英国政治和法律制度中存在着的封建因素，为个人自由以及资本主义的发展，提供一个统一的、明确的和具有权威性的法制保障。

1823年，由边沁出资兴办了刊物《威斯敏斯特评论》，其编辑人员几乎都是他的门生，而密尔父子是其主要撰稿人。《威斯敏斯特评论》成为向大众传播边沁学说的主要工具。功利主义对于政府政策产生的影响，主要在19世纪30年代之后的社会改革中体现出来。1832—1856年，边沁主义者在工厂、济贫法、教育以及健康等方面进行了一系列的改革实践。

功利主义在19世纪二三十年代影响的逐步扩大，有着深刻的历史原因。随着工业化进程的深入，众多的社会问题日渐显现，其中很多问题如果一直得不到解决，将会直接威胁社会的稳定，并最终威胁到中等阶级自身的利益。出于这种考量，中等阶级意识到必须实行某种程度的改革以解决社会矛盾，而功利主义正好为他们的改革提供了理论支撑。并且，1832年议会改革使中等阶级获得了政治权利，使他们中的一部分要求改革的人能够将自己的设想付诸实践。

工业革命开始之后，随着经济的发展以及新的社会力量的出现，变革旧制度的呼声日益高涨，出现了一批以改革为己任的激进主义者，要求对政治和经济制度进行全面而彻底的变革。他们推动议会改革，希望获得政治权利，同时要求废除《谷物法》《工匠法》等阻碍经济发展的法律，鼓吹自由放任，要求政府为经济发展松绑。正是在这样的大背景下，罗兰·希尔的邮政改革应运而生。

三、罗兰·希尔与邮政改革

18世纪下半叶开始的工业革命,推动了英国工商业的繁荣,促进了社会流动和社会交往需求的不断扩大。而旧有的邮政制度,在经历了数百年的发展之后,仍然存在一些问题,阻碍着邮政的进一步发展。概括而言,这些弊端主要表现在以下几个方面。

1. 邮资昂贵,计费方式复杂

邮资因路程远近和信件重量多少而不同。最便宜的是只有一张信纸的邮件,寄送距离在15英里以内,邮资是4便士;超出部分,每100英里增加1便士。这意味着一封从伦敦寄往布莱顿的信件,需要耗资8便士,到伯明翰要耗资9便士,到利物浦要耗资11便士。如果信件有两张信纸的话,那么邮资要双倍;三张信纸则邮资要三倍,以此递增。邮资通常由收件方负担。伦敦地方邮政一开始是由寄件人承担邮费,但从1794年开始,不再强制由寄件人支付,因此邮戳也开始区分出"已付"和"未付"。[①] 而在内地邮政,绝大部分信件的邮费都由收件人支付。因此,每一封信件的费用

---

① M. J. Daunton, *Royal Mail*:*The History of the Post Office Since 1840*, London:Athlone Press, 1985, p.7.

要根据复杂的计费系统进行核算,然后被写在信封上,由邮递员向收件人收取费用。由于费用昂贵,除了议员等特权阶层之外,没有人能享有免费通信的权利。因此,"即便是中产阶级,也很少有人觉得邮费负担是不沉重的。如果一个年轻人半个月给家里寄一次信,到年底他就会发现,一年所花的邮费相当可观,更不用说更加贫困的阶层了。很多年轻人到外地工作之后,就不再写信回家,成千上万的学徒、店员、家庭女教师和帮佣们,都被迫切断了和家庭的联系,正如大海或沙漠将他们隔开一样"①。

高昂的邮资,还导致了欺诈行为的出现。例如,有些寄件人按和收件人事先的约定在信封上做标记——这些标记可能是划痕,也有可能是符号,或是简短的字母代码,而这些标记所代表的既有可能是一个简单的"是"或者"不是"的答复,也有可能是一个问题,或是一种表达爱意的暗号。收件人拿到信之后,只要看一眼就知道是什么意思,然后以某种借口拒收信件,这样既可以收到信息,又可以免交邮费,这种行为在当时并不罕见。托马斯·卡莱尔(Thomas Carlyle)就曾经在他的信中提到:

> 两周前,我寄出了一份《检查者报》给曼彻斯特的珍妮,并请她寄给你……我不知道罗博或是珍妮会不会关注报纸,但他们肯定会注意到报纸背面的两道划痕记号的。每当我给他们寄去带有两道划痕记号的报纸时,你都可以将它看作是代表我这里都好的信号。②

2. 邮政管理体系混乱

当时,英国的邮政体系非常复杂。以伦敦为例,就有三个不同的邮政机构:一是便士邮政,负责伦敦及其郊区的通信;二是外国邮政,负责海外

---

① Eleanor C. Smyth, *Sir Rowland Hill: The Story of a Great Reform*, London: T. Fisher Unwin, 1907, p.40.
② Simon Garfield, *To the Letter: A Journey Through a Vanishing World*, pp.220-221.

通信；三是内地邮政，负责整个国家的邮政系统。这些邮政机构都有自己独立的员工和办公地点，独立运行。除伦敦之外，在其他城市，也有一些相对廉价的本地邮政，负责当地通信，也就是前文提到的便士邮政。在 19 世纪 30 年代中期，便士邮政在爱尔兰有 295 个，在苏格兰有 81 个，在英格兰和威尔士共有 356 个。① 超越这些便士邮政递送范围的邮件，则要交给内地邮政来完成。繁复的架构设计，不仅增加了邮政运行的人力成本和资金成本，也不利于提高邮政的运行效率。

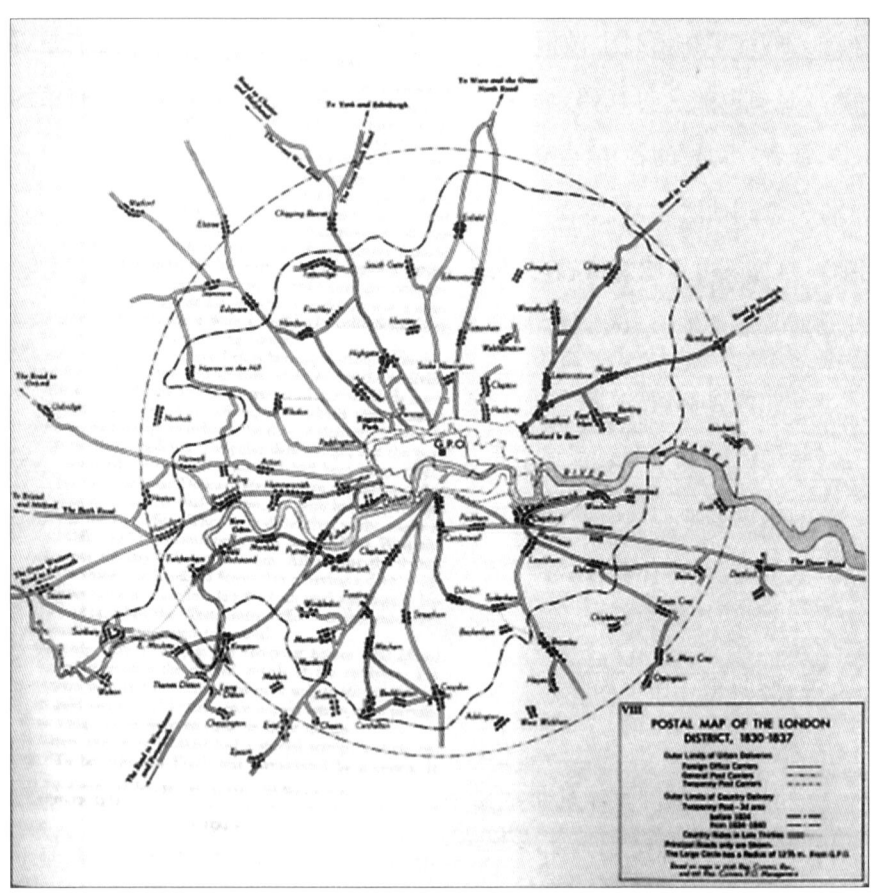

图 4-1　1830—1837 年之间伦敦的邮区分布

① M. J. Daunton, *Royal Mail: The History of the Post Office Since 1840*, p.7.

3. 邮政服务效率低下

在旧制度之下，邮局的工作人员要核算每一封信的不同邮资并将其写在信封上，这是非常考验人耐心的工作。除此之外，从收件人那里收取邮费也很费时。邮递员通常送一封信要花费 5 分钟：敲门、递信、收钱，有时候送一次收不到钱，还要送第二次、第三次。有人曾经做过一个实验，如果邮递员送信加收钱的话，一个半小时他只能送 67 封信；如果他们不需要收钱的话，半个小时就能送 570 封信件。① 而且，让邮递员负责收钱也会带来其他问题，例如有的人缺乏职业道德，抵制不住诱惑，将收到的钱据为己有；还有一些歹徒对邮递员见财起意，在偏远或人少的地方抢劫甚至杀害邮递员。而事实上，在他们步行或骑马递送邮件时，更容易发生危险，即便对劫邮者处以死刑，也不能遏制此类行为。②

4. 腐败和不公正现象丛生

邮递员收来的钱要交给当地的邮政局长，再由邮政局长上交总部。在层层递缴的过程中，时有贪污行为发生。③ 此外，高额邮资还造成信件走私猖獗。在有的地区，这种非法现象已经存在了差不多半个世纪，有的甚至超过一个世纪。有一位出版商兼书商承认，在东窗事发前，他已经走私了约 20 000 封信件。有的走私者是收发都由自己包揽，还有的是雇用别人走私信件，其中大多是雇用妇女和儿童。有人一天走私 60 封信，还有人

---

① Rowland Hill, *Post Office Reform: Its Importance and Practicability*, London: Charles Knight and Co., 1837, p.22.
② Eleanor C. Smyth, *Sir Rowland Hill: The Story of a Great Reform*, p.63.
③ Eleanor C. Smyth, *Sir Rowland Hill: The Story of a Great Reform*, p.63.

被抓时被搜出1 100封走私信。在伯明翰和沃尔萨尔之间,有12个送信人被雇用来专职递送走私信件,每件收费1便士。① 曼彻斯特的信件中有六分之五是走私信。在货栈主人的包裹里,在工厂主的模具里,在织工的口袋里,在农夫的箱子里,都有可能夹带着走私的信件。甚至连皇家邮车的车夫和保镖,也都加入了走私的行列,尽管有时这么做不是为了节省邮费,而是为了使邮件更快送达收件人手中。每隔十天左右,就有一艘开往美国的轮船,载着大约4 000封走私信件;而几乎每个轮船经纪人的办公室里,都会挂着一个收邮件的袋子。对这一切,邮政当局完全知情。对走私的处罚是每封信罚款5镑,如果走私行为达到一周则罚款100镑,但罚款并没有能降低走私的数量,因为利润实在惊人。②

高昂的邮资不仅使平民望而却步,连议员也难以承受,为此议会竟决定议员可享受免费邮件的特权。结果一些议员将这种特权与亲朋好友分享,甚至收受贿赂。除了议员之外,一些政府部门和官员也享有免费邮寄权,无论信件的重量和距离。③ 不仅如此,拥有免费邮寄特权的人,只需要在信封外面签名就可以,这很容易被伪造。1836年,托马斯·卡莱尔在给母亲的一封信中就不无得意地宣称:自己很高兴议会的夏季休会已经结束了,因为如今"'一些尊贵的议员们'又要回到城里来了"④,从而使他有机会再一次偷用他们的免邮资特权。1794年的一天,居然从伦敦邮局寄出了103 000封免费邮件,且都是从银行寄出的。⑤ 然而,这种明显的不正常行为并没有得到邮政部门的监管与处罚。免费邮寄,使邮政一年约损失收入1 065 000英镑,⑥造成了严重亏空,也加剧了社会不公。

---

① Eleanor C. Smyth, *Sir Rowland Hill: The Story of a Great Reform*, p.67.
② Eleanor C. Smyth, *Sir Rowland Hill: The Story of a Great Reform*, p.68.
③ Kenneth Ellis, *The Post Office in the Eighteenth Century: A Study in Administrative History*, p.89.
④ Simon Garfield, *To the Letter: A Journey Through a Vanishing World*, p.220.
⑤ Eleanor C. Smyth, *Sir Rowland Hill: The Story of a Great Reform*, p.45.
⑥ Eleanor C. Smyth, *Sir Rowland Hill: The Story of a Great Reform*, p.43.

由上可知,英国邮政系统在经历了 300 多年的发展之后,已经出现了严峻的现实问题。这些问题不仅影响了信息传播的速度、大众交往的范围,而且在一定程度上阻碍了经济与社会的发展。尤其是工业革命后,随着工商业的蓬勃发展,民众信息交流的愿望更加迫切,对信息传递速度和效率的要求也逐步提升,这促使一批改革者将目光聚焦于此,在 19 世纪推动并实行了英国邮政发展史上最为关键的变革。

在罗兰·希尔提出系统的邮政改革方案之前,已经有人对当时的邮政系统提出了批评。他就是 1832 年当选为议员的罗伯特·华莱士(Robert Wallace)。1833 年,华莱士公开抨击邮局人浮于事、保守,及其各种复杂的、让人难以搞清楚的规定。他强调,要根据自由主义的原则对邮政系统实施改革。在他的努力之下,1835 年,政府任命了一个委员会来调查邮政部门的运营情况。[1] 在接下来的三年里,该委员会提交了 10 份报告,提出了一些改革建议,但并没有对关键的邮资问题提出激进的改革要求。1837 年,至少有 5 个与邮政有关的法令被通过,其中均没有关于改变资费的规定。有人指出:"1837 年的法令,并没有给邮局带来真正的变革,只是完善了管理制度。"[2]

1795 年,罗兰·希尔出生在伍斯特郡的基德明斯特,他的父亲托马斯·怀特·希尔(Thomas Wright Hill)是边沁派的改革者。托马斯在伯明翰做学徒时,受到了激进派牧师约瑟夫·普利斯特里(Joseph Priestley)的影响,后者为他在一个慈善学校谋到了教师的职位。从此,托马斯开始投身教育事业。他对激进改革事业的热情,对希尔兄弟产生了深刻影响。1803 年,托马斯在伯明翰建立了一所私立学校,罗兰·希尔和他的兄弟们在很小的时候就在学校里帮忙。长大之后,有一个孩子留在学校做了专职教师,其他的全部投身到了公共生活之中。他们热心公益,关注社会问题。

---

[1] M. J. Daunton, *Royal Mail: The History of the Post Office Since 1840*, p.9.
[2] Howard Robinson, *The British Post Office: A History*, pp.256-257.

图 4-2 罗兰·希尔

1832 年,每个孩子将自己家庭结余的一半捐出来,成立了一个家庭基金,主要用来帮助那些需要帮助的人,使他们避免陷入贫困。

希尔在投身邮政改革之前,已经参与过其他领域的改革。1832 年,他出版了一本关于殖民地改革的小册子,试图逐步消灭殖民地的贫困现象以及减少犯罪行为的发生。从 1833 年至 1839 年,希尔在南澳大利亚殖民委员会任职。不管希尔关注的焦点是哪个方面,他所主张的改革都有一个一以贯之的目的,即必须改革现存的不完善制度,使其适应自由放任法则的需要。而在希尔看来,要实现这个目标,就迫切需要对邮政进行改革。因为改革之后,更低的费用可以促进教育事业的发展,而教育的发展又是文明的重要驱动器。[1] 希尔认为,邮政改革在经济上的成功及其产生的广泛社会效益将是无与伦比的,同时降低邮资也可以减少社会不平等,穷人们

---

[1] M. J. Daunton, *Royal Mail: The History of the Post Office Since 1840*, pp.15-16.

也能用得起邮政，而原来可以免费邮寄的阶层则被剥夺了特权，这对于社会趋向公正也是有益的。

罗兰·希尔在1835年前后开始关注邮政改革，并得到了华莱士的鼎力相助。华莱士把自己掌握的相关资料全部给了希尔，使其得以在这些材料的基础之上，结合自己的调研成果，写出了《邮政改革：其重要性与可行性》的小册子，从而对现存邮政体系提出了彻底改革的构想。

在这个小册子中，希尔提出了两点核心建议：一是统一邮资，二是实行邮资预付。他指出，在过去的20年里，邮政收入逐步递减，这是不正常的。如果考虑到人口的增长，每年的邮政收入应该至少达到507 700英镑，而事实上，每年的收入不仅没有达到预期，还有不断递减的趋势。他坚持认为，正是高邮资阻碍了收入的增长。如果把社会影响考虑在内，高邮资的危害则更大，它阻碍了宗教、道德和知识的进步，贸易也因此受到影响。希尔对邮件的成本进行了核算，提出降低邮资的要求。他指出，统一邮资和邮资预付将会使业务量至少增加4倍，每年的花费约为651 248英镑，平均到每封信的成本约为0.32便士。[①] 除了降低邮资的建议之外，他还提出要简化邮资的标准，即废除原来的按重量、里程和信纸数量等多重计费的标准，改为统一按重量收费，不超过半盎司的邮件只需支付1便士，不管路程远近，且邮资应由寄件人预付。相应地，国家需要发行邮票作为预付费的凭证。希尔指出，如果邮局自此能够提供廉价的服务，那么，那些通过邮政马车、走私者以及轮船非法传送的信件，就没有必要存在了，并将大大提高民众使用邮政的热情。

希尔的小册子出版的时候，委员会正在调查伦敦的两便士邮局，这也是希尔指出的第一个应该被改革的地方。他应委员会之邀前去作证，他的有关预付费的信件资费应该降至1便士的提议，得到了委员会的支持。1838年，

---

① Rowland Hill，*Post Office Reform：Its Importance and Practicability*，p.24.

委员会的第十份也是最后一份报告出版,报告中提出了降低邮资的建议,指出:"为了贸易和商业的发展,安全而快速地传递信件是政府建立邮局的最重要的目标……而通过专有特权所带来的收入应该占据并不重要的位置。"①

1837 年 5 月,华莱士提议成立一个特别委员会来调查邮政资费问题,尤其是调查关于罗兰·希尔的提议,看看降低邮资是否可行。这一年,辉格党的重新执政给了华莱士机会,特别委员会成立,华莱士出任主席。②在委员会调查的同时,压力集团也在运作,其中最有成效的是 1838 年 2 月成立的以约书亚·贝茨(Joshua Bates)为主席的商人委员会。他们向议会请愿,并争取公众舆论的支持。他们发行报纸宣传希尔的主张,并向首相推荐希尔的改革建议。宣传改革的报纸发行了近 40 000 份,后又增印 100 000 份。共有 2 007 份要求改革邮政的请愿书被提交给议会,上面有 262 809 个签名,其中包括伦敦市长以及 12 500 名城市商人的签名。③ 由此可见,希尔的改革得到了工商业阶层的大力支持,因为改革将会使信息传递速度加快,有利于他们赚钱。同时,请愿还得到了一些激进改革者的支持,例如理查德·科布登(Richard Cobdon)、丹尼尔·奥康奈尔(Daniel O'Connell)以及弗朗西斯·普雷斯(Francis Place),等等。④ 而在他们看来,邮政改革成为否定旧体制的新的突破口。

在华莱士委员会于 1838 年提交的最终报告中,并没有全盘支持希尔的主张,这很大程度上是因为当年政府的财政收入出现了赤字。因此,委员会建议首重半盎司的信件邮费为 2 便士,每增加半盎司邮费就增加 1 便士。统一邮资和按重量收费的建议被接受,但强制性的预付费并没有得到支持。1839 年,辉格党政府通过法案正式实施统一的便士邮政,但费用超过 1 便

---

① Rowland Hill, *Post Office Reform*: *Its Importance and Practicability*, pp.103 – 104.
② Howard Robinson, *The British Post Office*: *A History*, p.276.
③ M. J. Daunton, *Royal Mail*: *The History of the Post Office Since 1840*, p.18.
④ Howard Robinson, *The British Post Office*: *A History*, p.273.

士；当年11月，又规定收取转寄费，伦敦为1便士，其他地区为4便士，这招致民众不满；1840年1月，政府又重新颁布法令规定，一封半盎司以内的信件只需1便士，即可在英国全境传递。① 希尔的建议部分变成了现实。

后来，财政部宣布面向社会大众举办一个邮票设计大赛。当时的《泰晤士报》(The Times) 上刊登广告，说"艺术家、科学家以及所有公众都将有机会对未来邮票的使用建言献策"。财政部还将拿出100至200英镑奖励那些既能够设计出新颖别致的邮票又能够解决仿造邮票及其他安全问题的人。然而，参赛的2 600份作品中竟然没有一份能够令评审团感到满意。最终，一个印有维多利亚女王侧面头像的邮票设计稿脱颖而出。其设计者是希尔熟悉的一个专业团队，此前负责印刷银行钞票和其他官方文件。② 1840年4月，邮局第一次收到了两幅"黑便士邮票"的画稿，并同时收到了该如何发行和作废这些邮票的详细说明。此外，邮政局长还收到了由威廉·马尔雷迪设计的印有大象、狮子、大不列颠岛以及其他图样的信封和信纸。后来，在伦敦文具商和讽刺杂志的嘲谑下，该设计很快就被撤销了。

面值为一便士的"黑便士邮票"和面值为两便士的"蓝便士邮票"，于1840年5月1日周五正式开始对外销售，同期上市的还有预付费的信封。从此，一场邮政改革正式拉开了帷幕。当晚，罗兰·希尔在日记中写道："印花税局里的人们简直是手忙脚乱。"第二天，他又提到："昨天共售出了价值2 500英镑的邮票。"1840年5月6日，英国政府正式发行了黑便士邮票。这是世界上第一枚邮票，罗兰·希尔也因此被称为"邮票之父"。当天，共有22 993版邮票（每版上印有240枚邮票）被分别送往了253个邮局。希尔于5月22日记录道："对于邮票的需求量是巨大的，印刷厂每天供应50多万版仍供不应求。"③

---

① M. J. Daunton, *Royal Mail: The History of the Post Office Since 1840*, p.19.
② Simon Garfield, *To the Letter: A Journey Through a Vanishing World*, p.205.
③ Simon Garfield, *To the Letter: A Journey Through a Vanishing World*, p.205.

图4-3 黑便士邮票①
(摄于英国邮政博物馆)

和十年前引入市际轨道交通时的盛况一样,邮票的出现也给邮政体系带来了巨大的改变。和轨道交通相似,邮政改革同样也是民意的表达:

> 1839年,即实施邮政改革的前一年,英国国内的邮件数量是75 907 572份。而这个数字到了1840年竟然翻倍,达到了168 768 344份,并在十年后增长到347 069 071份。②

很快,希尔的改革改变了那些心存疑虑的人的想法,家家户户的门上开始出现了长方形的信件投递口。在伦敦,希尔还引入了"邮政区"的概念,以缓解邮件分类和投递的压力。到他1864年退休之前,半个世界都已

---

① 那时的邮票必须要从正版印刷的一大张邮票联版上剪下来才能被使用,打孔技术是直到1854年才被引入的。
② Simon Garfield, *To the Letter: A Journey Through a Vanishing World*, p.206.

经采用了他的改革措施。在此之前,没有哪个人能够对全球通讯做出如此伟大的贡献。

除此之外,希尔的改革也催生了一项全新的爱好,一个专属于"宅在家中"写信之人的特殊爱好。自邮票问世之日起,就出现了一批爱好集邮的男女。不过,这种爱好最初被认为是十分奇怪的。一版黑便士邮票或是蓝便士邮票的纸板上,通常都会印上 240 枚邮票,而为了限制伪造同时跟踪纸板的印刷情况,每一枚邮票底部的两个角上都会被印上一个字母。同一幅纸板上的邮票左下角都会被印上同一个字母,而右下角则会按照字母顺序进行排序。也就是说,第一行上印刷的邮票底部会依次出现 AA、AB、AC 等字样,而第十三行上的邮票底部则会出现 MA、MB、MC 等,以此类推,一行共有 12 枚邮票,一版共有 20 行,则共计 240 枚邮票,面值恰好共计 1 英镑。[①] 据此,很多人都认为若是能够集齐一整版邮票,应该是件颇有乐趣的事情。

第一个提到这项全新爱好的媒体是德国的一本杂志。1845 年,该杂志以一种嘲讽的语气描述了英国邮局是如何出售一张印有女王头像的小小纸张,并让人们把它贴在书信上以换来免费邮寄服务的。文章的作者还指出,虽然说邮票上印刷的维多利亚女王头像非常精致,但是英国人也"通过收集这些邮票显示了他们奇怪的个性"[②]。

我们所知的第一位集邮爱好者是一名女性,名叫"E.D."。1841 年,这位女士在《泰晤士报》上刊登了这样一条广告:

> 一位年轻的女士想要将作废的邮票贴满她的化妆间。截至今日,她已经通过她的朋友收集到了 16 000 张邮票。然而,这还是远远不够的。若是哪位好心人手里还有邮票可供她来完成这个异想天开的

[①] Simon Garfield, *To the Letter: A Journey Through a Vanishing World*, p.206.
[②] Simon Garfield, *To the Letter: A Journey Through a Vanishing World*, p.224.

计划,她将表示无限的感激。

广告的结尾处留下了两个可供人们递送邮票的地址,一个位于伦敦的利德贺街,另一个在哈克尼。不过,之后就再也找不到有关 E.D.小姐的收藏记录了,世间也没有留下关于她的化妆间的照片。第二年开始,她便有了"竞争对手"。《庞奇》(Punch)杂志刊文指出:

> 一股热潮正在慵懒的英格兰女性之间传播……使得她们开始热衷于珍藏女王头像,其热情程度丝毫不亚于亨利八世想要除去它们时所做的努力。①

便士邮政被推广后,各地开始加速为各条街道命名,为每栋房屋编上门牌号码,在每户房门上钉上邮箱,以便于收寄信件。1847 年,希尔又提议通过邮政来寄送书籍,价格为每磅 6 便士。这个提议得到了不少人的支持。他还建议进一步扩大寄送范围,除了书籍外,还可以通过邮政运送其他印制品,比如报纸和议会会议记录等。1848 年,邮政开通了书籍邮寄服务,还可以添加其他东西一起寄送,比如药物、手表、植物标本、种子等。1850 年规定,如果书籍或杂志比较轻,则需要和报纸一样贴上邮票;2 盎司以内的杂志被寄送至不列颠的任何地方,其邮费均为 2 便士,而寄送 6 盎司以内的书籍则需收费 6 便士。此举推动了许多偏远乡村的人可以像大城市里的人那样阅读书籍和报刊。

统一便士邮政的实行只是邮政改革的开始。在此之前,希尔并没有在邮政系统工作的经验,他对邮政改革的建议更多是站在一个旁观者角度提出的。自从其改革方案被政府采纳之后,希尔也谋求进入邮政系统任职,以全力推进自己的改革计划,但这一过程一波三折。希尔计划的基础是低资费、预付费,以降低运营成本,以及更有效率地分发信件,以吸引更多的

---

① Simon Garfield, *To the Letter: A Journey Through a Vanishing World*, pp.207-208.

人寄信。整个计划建立在以下两个主要的预设之上：一是降低需求可以刺激消费，以及邮资的减少会刺激业务量大幅增长；二是业务量的增长可以降低成本。这两点都被业内人士认为存在很大缺陷，尤其是在1836年被任命为英国邮政负责人的W. L.马伯里看来。他一直是希尔最严厉的批判者，终其任期来极力阻挠改革。他认为希尔的计划只是看上去很美，实际上完全是建立在空想之上。他警告，邮资降到1便士之后，要经过40—50年，邮政收入才会和原来持平。①

在马伯里等人的反对之下，希尔并没有能够马上进入邮政部门任职，而是被任命为财政部的一个官员，负责监督邮政改革给财政带来的影响，但不能直接干预邮政事务。1846年，随着辉格党的重新执政，希尔终于进入邮政系统，担任邮政大臣的秘书，但他和马伯里之间的冲突依然存在。在接下来的八年中，两人就邮政的主导权展开了争夺。1854年，马伯里被调到了其他部门。

同年，"诺斯克特—屈威廉报告"所指导的文官制度改革开始，这给邮政管理带来了重要变化。即便处于复杂的人事纠纷之中，希尔也一直寻求机会来实施自己的改革方案。他对改革的执着是非常罕见的，以至于他的兄弟曾经这样评价他：

  当你上天堂的时候，你会站在天堂门口问圣彼得："你们每天要送多少信件？从天堂到其他地方的通信是怎么收费的？"

从某种程度上说，正是希尔的执着使得邮政改革能够突破种种阻挠，最终得以完成。

1864年，希尔退休，但这并没有影响邮政发展的惊人速度。信件数量从1853年的4亿，增加到1864年的6.75亿，至1870年又达到8亿；在希

---

① M. J. Daunton, *Royal Mail：The History of the Post Office Since 1840*, p.19.

尔退休十年之后,信件数量达到 9 亿,其中还不包含 8 000 万封的明信片以及每年 1.25 亿份的报纸。① 此外,邮政的收入也得到明显增加:1854 年,邮政的收入总额为 270 万英镑;1864 年,收入总额增加到 423 万英镑;1874 年,收入总额又增至 575 万英镑。1870 年,报纸的邮资也被降低,同时报纸的印花税也最终被废除。报纸的邮资是每份半便士,和重量无关。同时,书籍和明信片的邮资也被减少。毫无疑问,报纸和书籍的流通数量得以大大增加,从 1870 年的 1.3 亿增加到 1871 年的 2 亿。②

从长远来看,希尔的邮政改革奠定了英国乃至世界现代邮政的基础,而他所确立的统一邮资和邮资预付的做法,正是现代邮政的两个核心理念。希尔的改革使邮政真正变成了廉价高效、普通百姓能享受的公共服务,大大推动了英国社会的发展,同时也为世界其他国家的邮政发展,提供了可资效仿的经验。

---

① Howard Robinson, *The British Post Office: A History*, pp.366 - 367.
② Howard Robinson, *The British Post Office: A History*, p.367.

四、铁路邮政的开端

铁路的发展主要包括以下两个方面：一是路轨的发展，二是机车的发明。在平行的轨道上运行车厢的情况很早就有了。从中世纪起，木制轨道交通已经在欧洲大陆的煤矿里被使用。在德国，从15世纪以来，矿主们就使用这种木制轨道运煤。在中世纪的一些绘画作品中，就有矿工在地上铺设平行的木头，中间横铺木条形成轨道，矿工们在这些轨道上运送煤炭等物资的景象。

17世纪初，这一木制轨道的铺设技术被传入英格兰。这种木制轨道在英格兰最早被修建于1603—1604年之间，位于诺丁汉以西的沃灵顿，长度约20英里。1605年，在什罗普郡的煤田里，还有一条从布罗斯利通向塞文河的木轨。[①] 关于这种木制轨道的最早出现时间，也有学者认为是在1600年，是由亨廷顿·博蒙特建立的，修建目的是将他的煤矿生产的煤运往诺丁汉予以出售。[②] 不管哪一种说法准确，可以肯定的是，这种木制轨道在英格兰出现的时间是在17世纪初。

18世纪下半叶开始，煤炭的运输主要依赖运河，但是很多煤矿远离渡口，因此将煤炭运到渡口是个大问题。木制轨道的出现解决了这个难题。

---

① T. C. Barker and C. I. Savage, *An Economic History of Transport in Britain*, p.33.
② R. Smith, "England's First Rails, A Reconsideration", *Renaissance and Modern Studies*, pp.119 – 34.

在很多地方,这种木轨被不断延伸。在木轨上负责运货的不是机车,而是由人或马拉的车厢。随着煤矿生产量和需求量的增加,这样的轨道在英国变得越来越多。

但由于木材自身承重有限,所以在运输量加大的时候,木轨经常容易被损坏。

18世纪中期,亚伯拉罕·达比发明了一种新的路轨,在路轨顶部加上了铸铁,从而加大了路轨的承重限度。这个办法很实用,达比的妻子在写给其朋友的信中不无得意地说,使用这种路轨的话,原来需要20匹马来背的货物,现在只需要3匹马拉一个车厢就可以运送了。17世纪晚期,在东北部的产煤区,部分载重44英担(cwt)[①]的货车已经替代了原来通用的33英担货车。18世纪50年代,已经出现了载重53英担的货车。[②] 这些货车一般将货物运送到码头,再由马匹将空车拉回。

但达比的轨道并没有解决一个关键性的问题——如何才能将马车固定在轨道上,使马车不易脱轨。1811年,米德尔顿的一个煤矿经理约翰·布兰金索普和利兹的一个工程师马修·莫瑞开始研制齿轨铁路,并于次年获得成功。这种装置包括一个带齿轮的火车头,以及与其相匹配的轨道。这种轨道能有效地防止车厢的出轨。

18世纪下半叶,铁轨逐步取代了之前贴了铁皮的木轨。18世纪末,一种L型的轨道也开始被使用。为了适应那种无凸缘的车轮,这种轨道在达勒姆地区得到了普遍使用。本杰明·乌特勒姆(Benjamin Outram)是德比郡布特雷铁制品公司的创建者,也是铁轨的大力推崇者。他声称,这些铁轨如果配上强健的马的话,一匹马可以在下坡时拉6吨重的货物,这差不多是之前货物重量的两倍。1790年以后,这种铁轨在南威尔士发挥了越来越重要的作用,其中最长的一条是从特里迪加到新港,全长24英里。据

---

① 英担,即hundred weight。1英担合112磅。
② T. C. Barker and C. I. Savage, *An Economic History of Transport in Britain*, p.33.

图 4-4　1795 年伊顿煤矿的轨道交通①

一项保守的估计显示,这种马拉的铁路在 1750 年约有 133 英里,而在 1800 年则达到了 292 英里。②

那时,这种铁轨主要集中在产煤区和产铁区。1803 年,萨里铁路开始运行,全长 9 英里,由独立的铁路公司运营。第一条常规运行的搭载乘客的轨道交通开始于 1807 年,它是围绕着西部斯温西海湾运行的奥斯特伯恩铁路。③

在机车发明之前,在木轨上运行的车厢大多数是由马来牵引的。1804 年,身为煤矿矿主的克里斯托弗·布莱克特雇用理查德·特里维西克(Richard Trevithick)制造了一个火车头,用来代替马匹拉车。特里维西克不负众望,制造出了一种排气的高压蒸汽机车,它被形象地称为"噗噗机"。在南威尔士的铁轨上,这个机车车头拖着 10 吨重的货物,以每小时 4 英里

---

① 这条 L 形的轨道连接了煤矿和德比运河,一直到 20 世纪初仍然在被使用。
② T. C. Barker and C. I. Savage, *An Economic History of Transport in Britain*, p.56.
③ Julian Holland, *History of Britain's Railway*, Glasgow: HarperCollins Publisher, 2015, p.17.

的速度穿行。但遗憾的是，由于负重太大，它损坏了很多铁轨。① 1808年，他又制造了一辆名为"谁能追上我"的机车，吸引了很多伦敦人前来参观。展示期间，观众花上1先令就可以乘坐这辆车，在铁轨上体验到12英里的时速。由于乘坐的人太多，路轨不久之后就破裂了，特里维西克的试验不得不告一段落，这个机车也没有能够真正被加以应用。

蒸汽机车的决定性发展是由乔治·史蒂芬森（George Stephenson）完成的。1781年，史蒂芬森出生在纽卡斯尔附近的一个小村庄，他的父亲是一名煤矿工人。史蒂芬森的第一份工作是放牛，14岁那年他子承父业，进入了父亲所在的煤矿做工，负责用蒸汽机抽水。他虽然出身贫寒，但却有着不一样的抱负，从小就显示出对机器的浓厚兴趣。进入煤矿之后，由于工作的关系，他整日与蒸汽机为伴，获得了很多关于机器的知识。为了弥补自己没有受过教育的欠缺，18岁时，他进入夜校学习读写，拥有了能够阅读有关蒸汽机的书籍的能力。后来，他又到离家不远的基林沃斯煤矿做工程师。每个周末，他都会将机器进行拆解，以了解它们是如何运作的，其中就包括纽卡门和瓦特设计的蒸汽机。1812年，凭借丰富的机械知识，他被聘为基林沃斯煤矿的总机械师。②

当时，矿井运煤是用马拉运煤车在轨道上行驶。史蒂芬森想改变这种落后的运煤方法，遂着手研制蒸汽机车。1814年，史蒂芬森设计制造了一台蒸汽机车，能载重30吨，时速达4英里，用于在矿井坑道里运煤。由于当时铁的冶炼技术较差，故很容易发生机车压裂铁轨的现象。机车制造得比较粗糙，容易损坏，速度也很慢。在之后的日子里，史蒂芬森一直都没有放弃改进蒸汽机车的努力。

拿破仑战争后，英国经济经历了一段萧条期。1820年以后，英国经济

---

① T. C. Barker and C. I. Savage, *An Economic History of Transport in Britain*, p.57.
② Julian Holland, *History of Britain's Railway*, p.24.

开始复苏并迅速增长,并于 1825 年达到了顶峰。铁路引起了更多人的注意。1820 年,一本名为《铁路面面观》(*Observations on a General Iron Rail-Way*)的小册子被出版,而到了 1825 年它被再版了 5 次。这本小册子特别建议,在曼彻斯特和利物浦之间要修建铁路,不仅因为两地距离并不太远,更是因为曼彻斯特和利物浦的特殊地位。① 这是一个经济繁荣发展的时期,尤其是棉纺织业成了经济发展的领头羊。原棉的进口量在 1817—1825 年之间几乎翻了倍,其进口通道大多数要经过利物浦。在棉纺织业的带动下,其他的工业和贸易也得到了相应发展。为了满足这些需求,利物浦的谷物进口商也增加了,其中有一位名叫约瑟夫·桑德斯的商人,他首先提议要修建通往曼彻斯特的铁路。当另一个修建该铁路的倡议者威廉·詹姆士于 1821 年夏来到兰开斯特时,两人进行了会面。桑德斯承诺,如果詹姆士愿意做调查的话,他就帮着获得商业支持。后来,桑德斯在利物浦召集了一个很有影响力的委员会,其中一部分人是谷物商人,他们在曼彻斯特也成立了一个小一点的委员会。另一个利物浦的谷物商人亨利·布斯很快成为修建该铁路计划的主导人。

这个计划的实施难度很大,不仅是因为要在两个城市之间修建铁路,而且是因为没有先例可循。一开始发布的修建铁路的募款目标是 30 万英镑,这相当于 1790 年之前建造一条运河的花费。而事实上,因为后来在桑基山谷上建立了高架,还在别处挖了隧道,建造该铁路的最终实际耗资超过了 80 万镑。② 这条铁路的名称——"达林顿铁路"具有误导性,实际上它最终被修成之后,远远不止从斯托克顿到达林顿之间的距离,而是继续延伸了 12 英里,直到奥克兰的煤矿区。

这条铁路的重大意义不仅在于它连通了两个城市,还在于它促进了机车的决定性变革。原本这条路还是打算沿用马拉车的运输方式,但史蒂芬

---

① T. C. Barker and C. I. Savage,*An Economic History of Transport in Britain*,p.59.
② T. C. Barker and C. I. Savage,*An Economic History of Transport in Britain*,p.59.

森说服了承建公司,由他来为这条铁路设计新的蒸汽机车。1825 年 9 月 27 日,这条铁路建成通车。通车典礼当日,盛况空前,几千名群众聚集在一起以观看第一列火车的行驶,乘客们也可以免费乘坐一次由蒸汽机车牵引的火车。史蒂芬森满怀信心地登上自己设计制造的火车头,由它牵引着 36 节车厢,喷吐着黑烟从斯托克顿徐徐开出。虽然它的平均时速只有 15 英里,但对于人类历史来说,这已经前进了一大步。①

1826 年,苏格兰开通了芒克兰兹和柯金蒂洛赫之间的铁路。1831 年,在这条铁路上开始使用两台格拉斯哥制造的蒸汽机头。1828 年 8 月,博尔顿和里尔之间的铁路通车,用上了史蒂芬森的火车头。1830 年 5 月,坎特伯雷和惠茨特布尔之间的铁路通车。在这些铁路的修建过程中,基本上

图 4-5　1829 年史蒂芬森设计制造的 Rocket 火车头的复制品(摄于英国约克铁路博物馆)

---

① Julian Holland, *History of Britain's Railway*, p.30.

都有谷物商人的参与。1831年,又修建了沃灵顿和牛顿之间的铁路,由此将利物浦和曼彻斯特之间的铁路向南进行了延伸。还有一条建成于1832—1833年间的莱斯特和斯万灵顿之间的铁路,这是中部地区的第一条蒸汽铁路。①

铁路干线以伦敦为中心向外辐射;1840年到达南安普顿;1841年到达布里斯托尔;1844年又经由布里斯托尔到达埃克塞特;1841年到达布莱顿;1844年到达多佛;1845年底经由诺里奇到达雅茅斯。原来的公路的辐射状分布状况,现在被铁路所继承。

还有一种是城市之间的联结。1840年,曼彻斯特和利兹相连。1838年,纽卡斯尔和卡莱尔之间的铁路开通,两年后该线路延伸到玛丽波特。1840年,伯明翰和格洛斯特被联结到了一起。1844年,格洛斯特和布里斯托尔之间建成了蒸汽铁路。1842年,爱丁堡和格拉斯哥被联结在一起。1845年,难度极大的爱丁堡至格拉斯哥之间的铁路也终于竣工。②

1846年,英国开始出现了狂热的铁路修建潮,各种各样的建议不断涌现,其中不乏荒唐的建议。1851年末,英国的铁路总里程为6 700英里。这一时期,通往西赖丁的大北方铁路建成。这条路有几条主要的支线,其中一条是从唐卡斯特通往利兹。英国的铁路系统在19世纪50年代早期基本建成。在其顶峰时代,整个联合王国内有25万人在修建铁路,而到了1850年,铁路运营雇用的职员数量首次超过了修建铁路的工人数量。③

19世纪30年代末,乔治·布莱德肖首次颁布了列车时刻表。第一版列车时刻表正式出版于1841年12月,上面记录了"列车出发和到达的准确时间"④。而事实上,列车出发的时间有可能是准确的,但其到达的时间

---

① T. C. Barker and C. I. Savage, *An Economic History of Transport in Britain*, p.65.
② T. C. Barker and C. I. Savage, *An Economic History of Transport in Britain*, p.66.
③ T. C. Barker and C. I. Savage, *An Economic History of Transport in Britain*, pp.69-70.
④ Julian Holland, *History of Britain's Railway*, p.74.

却不一定。

铁路的好处是显而易见的,其中最显著的就是速度快。从利物浦到兰开斯特,驾驶马车需要耗费四个半小时,但乘坐火车只要两小时以内。从伦敦到多佛之间的特快列车,使得伦敦的商人可以早上回复前一晚收到的从法国寄来的邮件。从苏格兰、爱尔兰,以及英格兰的北部和西南地区汇入伦敦的邮件,可以通过日间邮路被送到多佛,而不用再等待到晚上才被发出。另外,铁路运货的能力有了极大提升。起初,铁路以运送煤炭为主,截至1842年,铁路运送的500万吨货物中有400万吨是煤。除了运煤之外,铁路也逐渐成为运送邮件的主力军。

铁路的出现给马车带来了严重的冲击。为了与铁路竞争,马车调低了收费:车内座位收费10先令,车外座位收费5先令。但是和铁路相比,其价格还是没有什么优势。铁路的头等车厢收费5先令,二等车厢收费3先令6便士。截至1830年年底,在利物浦和曼彻斯特之间原有26辆马车,其中14辆停止运营;到1832年,这些马车中只剩1辆在运营。[①] 但这并不代表着马车运输的结束,相反,它依然存在,尤其是在那些没有铁路的地区或是乘客需要短途旅行时,还有的就是需要往返火车站时,等等。

马车运输的萧条,对邮政的影响是巨大的。火车刚出现的时候,邮政的官员们对其持观望态度,而当19世纪30年代,各地的马车纷纷减少或者停运,邮件很难再通过马车运送时,邮政的官员们坐不住了。伦敦派出了一名官员去调查使用铁路运邮的可能性。其调查结果显示,除了利用铁路运邮外,他们别无选择。

1830年9月,利物浦和曼彻斯特之间的铁路通车。仅仅两个月之后,该线上的列车就已经开始搭载邮件。至1836年,该线路全天24小时运送邮件,发车时间分别为下午2点和5点,火车以每小时20英里的速度运行。[②]

---

① T. C. Barker and C. I. Savage, *An Economic History of Transport in Britain*, p.63.
② Julian Holland, *History of Britain's Railway*, p.248.

1833年1月,斯托克顿和米德尔斯堡的便士邮政试运行,获得了很大成功。其第一年的邮件和报纸总量为7 100份,第二年则增长到9 675份。为了应对这个增长状况,从斯托克顿到达林顿的铁路也于1835年开始运送邮件。有的铁路在向旅客开放之前,就已经偶尔代运邮件。1837年7月4日,大联合铁路正式开始运送乘客。在其之前的试运行中,已经开始代运邮件。利用铁路运输邮件,从伦敦到利物浦和曼彻斯特都只需15个半小时,从伦敦到爱丁堡也只要4天。①

1838年8月14日,在经过和铁路公司的协商谈判之后,英国正式颁布了由铁路运送邮件的法令。该法令规定,邮政总长有权要求铁路公司运送邮件;无论是普通列车还是特别列车,都可以根据需要被加以使用;邮政卫兵和其他邮政官员可以随邮件通行;铁路公司必须确保足够的运力以运送邮件。② 该法令被颁布后,进一步促进了铁路邮政事业的发展。1839年,运往爱尔兰的邮件先经由伦敦—伯明翰线和利物浦—曼彻斯特线运送,然后再渡海送达。1848年5月,切斯特—霍利黑德线开始运营,这条线的运行速度更快。1848年8月1日,第一列以"爱尔兰邮政"命名的列车开始运行。③ 1847年5月,布里斯托尔和埃克塞特之间的铁路邮政开通。1850年7月,格洛斯特和坦姆沃斯之间的铁路邮政开通。坦姆沃斯因此成为英格兰西部邮政运往约克、纽卡斯尔等北部和东北地区的中转站。到了1853年,有62家铁路公司的206条线路都在运送邮件,其中38家在英格兰和威尔士,12家在苏格兰,12家在爱尔兰。④

截至1839年,英国邮政每年运送大约6 700万件信件。1842年便士邮政改革之后,邮费降低和邮票的使用使得邮件数量激增。1844年,英国

---

① Julian Stray, *Mail Trains*, Oxford: Shire Publications, 2012, pp.5-6.
② Julian Stray, *Mail Trains*, p.5.
③ Julian Stray, *Mail Trains*, p.9.
④ Julian Stray, *Mail Trains*, pp.11-12.

的铁路里程是 2 240 英里；到 1853 年，铁路里程增加到了 7 512 英里，此时由邮局经手的信件数量从 2 亿多件增加到 4 亿多件。这一时期，英国的铁路连接了大多数的商业中心。在邮局和车站之间，还需要用货车来运送邮件；其他如农村地区以及铁路到不了的地方，也需要用货车来运送邮件。到了 19 世纪中叶，铁路邮件的数量超过了公路邮件。

对于旅客来说，铁路是一种更便宜的出行方式，但对邮政而言则相反，铁路运邮的成本远远高于以前。1854 年，运送夜间邮件到斯通、康格尔顿和麦克莱斯菲尔德的邮路，包括几节邮政马车、1 个两匹马拉的货车和 2 个邮政卫兵，年耗资 976 镑 5 先令。如果使用铁路运邮的话，则需要 6 节车厢，并利用斯塔福德到麦克莱斯菲尔德的夜间火车和 3 个车站管理人员，要耗资 1 582 镑 11 先令 4 便士。两者之间的差价是 606 镑 6 先令 4 便士。①

昂贵的收费和当时铁路公司的私有化有很大关系。英国的铁路开始都是由私人公司集资修建的。1843 年，2 100 英里的铁路分别被 70 家铁路公司控制。一段铁路可能分属于不同的公司。例如，从伦敦到利物浦、从布里斯托尔到利兹的铁路就属于三家不同的公司。20 年之后，铁路总长度增加到 11 451 英里，被 78 家公司控制，其中控制铁路最长的公司拥有铁路 1 274 英里。② 这就使邮政在利用火车运邮时会遇到很多问题，例如铁路公司要价过高、各个路段收费不统一以及管理混乱等，铁路和邮政之间经常会产生纠纷。

19 世纪中叶，还出现了铁路公司合并的趋势，垄断现象不可避免。由此也造成了铁路运邮的成本居高不下，而且其收费标准也千差万别。有个极端的案例很能说明此问题：1853 年，利兹北方铁路公司在利兹和瑞普利之间的收费是每英里 1/4 便士，而切斯特和霍利黑德铁路公司的收费则为

---

① Julian Stray, *Mail Trains*, pp.10 - 11.
② J.S.Foreman-Peck, "Natural Monopoly and Railway Policy in the Nineteenth Century", *Oxford Economic Papers*, Vol.39, No.4 (December, 1987), p.701.

每英里 4 先令 10 便士。① 这也成为困扰铁路邮政的一个重要问题。

除了用火车运邮之外，邮政部门还试点在火车上分拣邮件。早在 1826 年，罗兰·希尔就开始建议在某些邮政车厢里分拣邮件以提高效率。1838 年 1 月 20 日，在伯明翰到利物浦的列车上开始试点分发邮件，成功后设立了铁路邮局，列车上配备了长 16 英尺的信件分类架。这种在移动的火车上进行分拣邮件的邮局被称为"旅行邮局"（Travelling Post Office），简称"TPO"。第一条正式运营的 TPO 线路是 1855 年的伦敦—布里斯托尔线。② TPO 为那些来不及在车站被分拣的邮件带来了便利，火车车厢外面会挂着信箱，方便公众在车站直接投寄信件，但这些信件需要被加收额外费用。

图 4-6 挂在火车车厢外的邮箱（摄于英国约克铁路博物馆）

① Julian Stray，*Mail Trains*，p.13.
② Julian Holland，*History of Britain's Railway*，p.248.

图4-7　TPO 的邮件分拣处
(摄于英国约克铁路博物馆)

在 TPO 上工作有潜在危险。19 世纪,油灯和融化蜡所产生的烟雾会带来呼吸系统的疾病。TPO 的工作人员却不愿意休假,因为那样他们就拿不到特别津贴,因而曾经出现了有人连上 40 个夜班的记录。1860 年出台的一项规定要求,工作人员在连上 6 个夜班之后必须要休息 2 天。同样在 19 世纪,大批 TPO 的工作人员被强制退休,因为他们出现了记忆力丧失、大脑充血以及精神系统的损害等症状。①

铁路运邮还会遇到不准时的情况。1854 年,政府任命了特别委员会去调查铁路邮件被延误的原因。经调查后发现,在所有的铁路主要线路上都曾出现过邮件被延误的现象。1856 年,通往北方的邮车经常出现延迟,

---

① Julian Stray, *Mail Trains*, p.22.

当年下半年在368条线路中就有112条经常出现延迟,部分原因在于当时各地时间的不统一。一开始,虽然很多铁路公司使用的是"伦敦时间",但也有很多地方使用的是当地自己的时间,这不仅会造成延误,还埋下了事故隐患。有的车站配备了两个钟,或是一个钟有两根分针,邮政卫兵也在他们的时刻表上记录下不同的时间。直到1880年8月2日,法令规定全国要使用统一的标准时间,这种情况才有所好转。[①]

早期铁路的安全问题也很突出。1840年3月6日,在卡莱尔开往纽卡斯尔的铁路上,在离卡莱尔12英里的地方,一列火车被后面载满煤块的火车撞出了铁轨。邮政卫兵托马斯·道格拉斯不幸身亡。他可能是第一个死于火车事故的邮务人员。[②] 1860—1867年之间发生了28起严重的火车事故,造成了TPO里的41个职员和70个分拣员受伤,其中2人不幸死亡。

1868年,爱尔兰邮政专列在首发20周年之后,遭遇了一次恐怖事故。1868年8月20日早上的七点半,伦敦和西北铁路公司的一辆爱尔兰邮政专列驶离伦敦,开往霍利黑德。它由1节卫兵车厢、1节邮包车厢、1节行李车厢、4节乘客车厢,以及在列车后部增补的另一节卫兵车厢组成。在切斯特,这列火车又被加上了另外4节乘客车厢。在这条专列前方,有一列开往阿尔贝格莱的货车。专列以每小时20—30英里的速度撞上了这辆货车。货车装载的是大约8 000升的液状石蜡油。它被撞击后,立刻被点燃,火球迅速蔓延至专列的引擎、卫兵车厢和3节乘客车厢。幸运的是邮政的员工得以逃脱,后部的乘客车厢被分离,但即便如此,还是造成了33人的死亡。这是那一时期最严重的铁路交通事故。[③] 此后,英国铁路开始实行安全道岔制度。

---

① Julian Stray,*Mail Trains*,p.25.
② Julian Stray,*Mail Trains*,p.10.
③ Julian Stray,*Mail Trains*,p.24.

图 4-8　1881 年邮政工作人员在西北铁路公司首辆邮车旁的合影

1883 年,英国邮政开始设立了包裹邮政。由于运送包裹要大量依赖铁路的基础设施,财政部门原先打算让邮政拿出其包裹业务年收入的一半给铁路公司,但铁路公司要价更高,最终达成的收益比例是铁路方面获利 55%。在这种情况下,除了将一部分包裹交由铁路发送外,邮政还继续发展着它自己的公路包裹业务,以此节约成本。1882 年的邮政法规定,邮政有权要求铁路公司在每趟列车上设置包裹专用车厢,以便在车厢里分拣包裹。1885 年 7 月,英国邮政第一次实现了在途分拣包裹。①

通过铁路运送的报纸和信件的数量是很大的。付过印花税后,报纸可以被邮政免费运送。在 1836 年报纸印花税被降低后,报纸的发行量大增。1888 年,TPO 上开始有专门的报纸分发人员。1840 年实行邮资预付后,重量不超过半盎司的信件被统一邮资,这带来了信件数量的翻倍。到 19

---

① Julian Stray, *Mail Trains*, p.27.

图4-9 列车在行驶中进行邮包交换的自动装置(能使列车在不停靠的情况下完成邮包的交换。摄于英国约克铁路博物馆)

世纪50年代早期,信件数量大约翻了5倍。这种增长发生在报纸发行量大增之后,很难想象,如果没有铁路的话,这些邮件将如何被加以运送。

铁路出现后,统一便士邮政获得飞速发展。通过铁路运输邮件以及实行统一廉价的邮费标准,大大巩固了邮政制度,对于维护英国的通信交流意义重大。使用铁路运输邮件不仅提高了邮寄速度、扩大了邮政服务的范围,而且实现了更快速、更广泛的信息传递。

五、19世纪下半叶的邮政发展

希尔改革之后,英国的邮政事业得到了长足发展,这不仅体现在邮件数量的增长、邮局数量的增多、邮政业务范围的扩大等方面,而且表现在电报、电话等新型通讯方式开始出现,并逐步成为信息传递的主流。

19世纪后期,通过邮政寄送信件的数量不断增长。1839年,英格兰和威尔士平均每人寄送的信件数量为4封,爱尔兰的为1封,苏格兰的为3封,整个不列颠平均每人寄送信件3封。1840年,随着统一便士邮政的实行,邮政的信件总量增至1 690万封,平均每人寄送7封。到1861年,英格兰和威尔士平均每人寄送信件24封,爱尔兰的为9封,苏格兰的为19封,整个不列颠平均每人寄送信件19封。廉价的邮费激发了人们学习和写字的欲望。1839年,除却报纸和其他物品,信件总重量为758吨;1861年,其增至4 300吨。①

1838年,英格兰和威尔士大约有11 000个教区,但只有大约3 000个邮局,当然很多教区连一个邮局都没有。1840年,英格兰和威尔士的乡村邮局增至3 000个。1864年,英格兰和威尔士的包括邮筒在内的收信处共有11 000个,苏格兰和爱尔兰的邮局数量也迅速增加,整个英帝国的邮局

---

① "The Post Office", *Fraser' Magazine for Town and Country*,Vol.66,No.393(1862),p.335.

从以前的 4 518 个增至 14 358 个。1865 年,在不列颠内共有大约 12 000 个邮局,其中约有 800 个总局和 10 000 个下属支局,还有约三四千个道路邮箱,以及近 15 000 个的收信处。1840 年邮政改革刚开始时,整个不列颠只有 4 028 个收信处;40 年之后即 1880 年,包括邮筒在内的收信处则多达 26 753 个,增加了近 6 倍之多。①

19 世纪晚期,英国邮政因为网点多且分散,有利于向周边地区辐射并提供服务,所以还承担了许多其他功能。1861 年,英国设立了邮政储蓄银行。储蓄银行(Savings Bank)是指专门面向劳动者开办的银行,往往规模不大,也没有常规银行那样的开户门槛,适用于那些低收入群体,能够培养他们的节俭和自救意识,也能够在他们遇到困难时提供帮助。英国最早的储蓄银行出现在巴斯,1808 年由伊莎贝拉·道格拉斯(Isabella Douglas)女士创设,主要面向家佣,由 4 位男性和 4 位女性负责管理;每人的存款上限为 50 镑,整个银行的存款上限为 2 000 镑;利息 4%,提款不受限制。② 此后,类似的储蓄银行在各地被陆续开办。

早期的储蓄银行是一种慈善组织,尽管 1817 年议会试图立法规范它的运作,但是并没有用政府的力量去推动它。到 19 世纪五六十年代,英国虽然已经有超过 600 家储蓄银行,但仍然有 15 个郡是空白状态。即便是已经设立的储蓄银行,也只有 20 个能做到全天开放。另外,还有一些欺诈行为也困扰了储蓄银行的发展。19 世纪 50 年代,出现了一些致力于储蓄银行改革的人,其中有人提出了将储蓄银行纳入邮政系统的设想。他们说动了罗兰·希尔以及邮政总长斯坦利勋爵,尤其是得到了时任财政大臣格拉斯顿的大力支

---

① Toni Weller and David Bawden,"The Social and Technological Origins of the Information Society: An Analysis of the Crisis in England, 1830 – 1900", *Journal of Documentation*, Vol.61, No.6 (2005), pp.777 – 802.
② William Lewins, *A History of Banks for Savings in Great Britain and Ireland, Including a Full Account of … Mr. Gladstone's Financial Measures for Post Office Banks, Government Annuities, and Government Life Insurance*, London: Sampson Low, Son and Marston, 1866, p.25.

持。在格拉斯顿切实有效的推动之下,1861年议会通过邮储银行法。① 当年9月,英国成立了第一个邮储银行。此后,人们可以在任何一个邮储银行存款或取款,但取款要提前十天通知银行。邮储银行最大的好处是存款的安全性,存满整月的利率是2.5%。邮储银行迅速取得成功,数量不断增长。1861年10月新增254家,11月新增338家,12月新增784家,到当年年底,全国新开设的邮储银行达到1 629家。到1862年2月,爱尔兰新办300家,苏格兰新设299家。1864年年底,英国邮储银行的总数已达3 219家。作为由政府管理的储蓄银行,邮储银行已经覆盖了联合王国的城镇与农村。② 自此之后,邮储银行成为邮政最为赢利和实用的部门之一,也为广大的工人阶级提供了社会保障。

图4-10 邮储银行的交易记录本
(摄于英国邮政博物馆)

---

① William Lewins, *A History of Banks for Savings in Great Britain and Ireland, Including a Full Account of … Mr. Gladstone's Financial Measures for Post Office Banks, Government Annuities, and Government Life Insurance*, p.310.
② William Lewins, *A History of Banks for Savings in Great Britain and Ireland, Including a Full Account of … Mr. Gladstone's Financial Measures for Post Office Banks, Government Annuities, and Government Life Insurance*, p.314.

19世纪80年代,当亨利·福希特(Henry Fawcett)担任邮政总长,格拉斯顿再次担任财政大臣之时,邮储银行开始发行一种名为"纸片存款"(slip deposit)的邮票。这是一张纸片上有12便士的邮票,在邮储银行可以被视同为1先令的存款。这给邮储银行带来了数千个新账户,尤其是带来了儿童新账户。到19世纪末,邮储银行共有约8 000万个账户,总存款约为125 000 000镑。① 这一时期,汇票业务也开始扩大。1862年,汇票的限额从5镑提高到10镑。汇票数量大增。1871年,邮政降低了汇票手续费,对不超过10先令的汇票收费1便士。到19世纪70年代末,英国每天要消耗约800万张汇票。

1881年,福希特引入了邮政支票。这种支票的金额,从1先令到20先令不等,费用从半便士到1便士。支票一开始不用签名,后来为了防止被盗用,才加上了签名。支票可以在任何有该项服务的邮局被兑现。1900年,英国每年使用的邮政支票约为9 000万镑。海外的邮政支票服务,始于克里米亚战争。战时,邮局把士兵的钱寄回家乡。战后,这一业务拓展到了马耳他和直布罗陀,服务方向只有一个,那就是把钱寄回英国。19世纪50年代末,加拿大政府建议将此服务改为双向。② 最早一批与英国建立邮政支票交换的国家是瑞士(1868年)和比利时(1869年)。从1859年开始,汇票业务逐步在殖民地展开。19世纪末,随着相关资费的下调,资金往来遍及全世界。这也是邮政联盟的主要工作之一。

大约在1837年,库克(Cooke)和韦德斯顿(Wheatstone)在英国,莫尔斯(Morse)在美国,同时开始了有关电报的实验。后来,莫尔斯的做法得到了普及。19世纪50年代中期,有不少私人公司对电报产生了浓厚兴趣,成立了一些电报公司。但他们提供的服务却满足不了需求。电报房通常

---

① Howard Robinson, *The British Post Office*: *A History*, pp.403–404.
② Howard Robinson, *The British Post Office*: *A History*, p.405.

图 4-11　电报男孩(摄于英国邮政博物馆)

都设在铁路车站,远离商业中心,五六千人的小城镇几乎没有电报服务。而且最关键的是,19 世纪 50 年代早期,电报的收费很高:50 英里以内,一条信息内容在 20 个字以内,收取 1 先令;距离每增加 50 英里,收费增加 1 先令;距离超过 150 英里,收费 4 先令;发往都柏林的电报要收费 5 先令。1860 年,伦敦电报公司成立,其业务范围仅限于伦敦,收费较低:每封电报收费 6 便士,超过 200 英里的收费 2 先令。① 从伦敦发往曼彻斯特或利物浦的电报,每 20 个字收费 8 至 9 先令;发往格拉斯哥的,每 20 个字收费 14 先令。电报在 1870 年被邮政接管前,虽然已经降低了收费标准,但仍然根据距离收费,每增加 100 英里,费用就增加一些。② 发送一封电报,通常需要使用几家公司的电报线,因此需要多次付费,既损害了民众的利益,又影响了电报的推广。

1855 年,托马斯·艾伦(Thomas Allan)提议由邮政来接管电报业。1856 年,后来成为邮政著名官员的 F.E.贝恩斯(F. E. Baines)提议电报由政府垄断,在每个邮局设立电报业务,收费统一,不管距离远近均收费 6 便士。1861 年,J.L.李嘉图(J. L. Ricardo),一位议员,同时也是一个电报公司的主席,也提出了类似的建议。19 世纪 60 年代,由于电报业务的时效性和不准确性,民众要求政府接管的呼声更加强烈,商人们更是希望电报取消按距离收费的做法。

议会在 1868 年、1869 年连续颁布了两个电报法。1868 年法令授权邮政有购买私人电报系统的权利,包括购买少量属于电报公司的电缆的权利,但并没有给予其掌握经营电报的垄断权。但后来一些私人公司,为了维持那些获利更丰的大城市电报业,而将那些新的或是落后地区的电报业留给邮政去经营。1869 年法令授予邮政总长绝对的权力,以在王国内部

---

① Ken Beauchamp, *History of Telegraphy*, London: Institution of Electrical Engineers, 2001, p.78.
② Howard Robinson, *The British Post Office: A History*, p.406.

推行电报系统。①

购买电报服务权是一笔庞大的开支,邮政为此投入的成本高达约 1 000 万镑。为了尽快获利,邮政尽可能地扩大服务,增加收入。国家接手电报系统后,电报发送量迅速增加,1873 年为 1 500 万条,1885 年其数量翻了一倍。② 到了 19 世纪末,每年的电报发送量约为 9 000 万条。1885 年,在邮政总长福希特的敦促下,电报费用被调低,12 个字收费 6 便士,包括地址在内。1889 年之后,汇票也通过电报发送。③

1876 年,电话首先出现在英国,在格拉斯哥的一个会议上被展出。邮政部门很早就对电话表现出了兴趣,同时私人公司也开始有所动作。1878 年,"电话有限公司"成立。1879 年,"爱迪生电话公司"在伦敦成立。1880 年,这两个公司的合并引起了政府的警觉,他们意识到电话的发展将会对电报造成巨大的威胁。邮政部门于是着手自己建设电话线路,但进展不大。到 1890 年,私人电话公司的线路长度是邮政的许多倍。1896 年,当电报业由于电话的竞争出现巨额亏损时,邮局被授权可以购买私人公司的电话线路。购买电话线路的价格,不像之前接管电报时那么高。1913 年,英国邮政接管了国家电话公司。到这时,电话业务才勉强维持不负债。

1889 年,一些通往欧洲大陆的电缆被政府接管,成为邮政的一部分。直到 1900 年以后,才有了联结殖民地的电缆。第一条联结殖民地的电报线路,由加拿大通往澳大利亚,是大不列颠和所联结的殖民地的共同财产,邮政作为中间人予以运行。第一次世界大战期间,当两条英国与加拿大之间的线路被建好时,由邮政负责监管。1928 年,该业务被转给一个公司经营。

---

① Howard Robinson, *The British Post Office: A History*, p.407.
② Alan Clinton, *Post Office Workers: A Trade Union and Social History*, London: George Allen and Unwin, 1984, pp.33-35.
③ Howard Robinson, *The British Post Office: A History*, p.408.

图4-12 19世纪80年代的电话(打电话的人将两个长管塞进耳朵,然后对着中间白色喇叭处说话。摄于英国邮政博物馆)

包裹业务始于1680年多克瓦的便士邮政时期。那时,便士邮政可以运送不足1磅的包裹。这种做法在18世纪中叶被取消,因为有人认为运送包裹会影响信件的运送。1847年,邮政开始寄递书籍。1861年,希尔倡议邮政开设包裹业务。1867年,一个有关铁路的皇家委员会正式提出了开办包裹业务的建议,但是无果而终。与此同时,其他国家的邮政陆续开办了包裹业务。1880年,在巴黎召开的国际邮联大会上讨论了国际邮政包裹业务。英国尽管当时还没有开办此项业务,但还是派代表去参加了会议。之后,福希特推动了邮政与铁路方面的谈判,但后者要价很高,一直到1882年双方才达成了协议,规定包裹业务利润的55%归铁路公司所有。[①]1883年8月,英国邮政开办了包裹业务,致力于提供更好的服务并降低收

---

① Howard Robinson, *The British Post Office: A History*, p.410.

费标准。一开始,对包裹限重 7 磅,每磅运费 3 便士,7 磅收费 1 先令。1886 年,对包裹的限重增加到 11 磅;而到 1900 年,11 磅的包裹只需花费运费 11 便士。到 19 世纪末,英国邮政每年运送包裹约 6 700 万件。①

不断扩展的业务增加了信差的负荷,也令邮政考虑另设包裹递送系统。铁路公司要价太高,致使包裹业务的亏损严重。因此,邮政后来还是让信差继续负责送包裹,而且不给额外报酬。信差们对此怨声载道。一个信差抱怨,他的袋子里除了信件之外,还被装上了硬纸盒、鱼竿、雨伞、鸡蛋等各种各样的东西。②

图 4-13 信差员③

---

① Howard Robinson，*The British Post Office：A History*，p.410.
② Howard Robinson，*The British Post Office：A History*，p.412.
③ 1882 年《庞奇》杂志刊载的亨利·福西特的漫画,讽刺当时信差的责任之重。

铁路的漫天要价，使得邮政开始重新考虑利用公路来运送包裹，一方面是为了降低费用，另一方面是因为马车在邮局装上包裹后就可以直接运到目的地，而不用再卸下来装运到火车上，这样可以减少受损的概率，另外出发时间也不需要受到火车时刻表的限制。1887 年，又有了马车运送包裹业务，开通了通往布莱顿的夜间马车。路况的改善有助于包裹的运输。从伦敦到利物浦、曼彻斯特、牛津和其他一些城市，陆续开通了夜间包裹邮路，制定了马车时刻表，每小时行驶 8 英里，途中会换马，也有卫兵随行。但这种状况持续的时间并不长，因为新的交通工具即将登场。

19 世纪下半叶，为了方便民众寄信，寄信点的数量不断增加，街上出现了各种各样的邮筒。在邮筒出现之前，人们最常使用的是一种起源于 16 世纪意大利的书信保存盒。这种源自佛罗伦萨的封闭木箱上有一个小口，前去做礼拜的人，可以将有可能侮辱或反叛国家的人的名字写在信上，然后从这个小口丢进去。英国的类似装置则出现在 19 世纪初期，一般是被嵌进墙壁或是窗户中。①

1852 年，在邮政监督安东尼·特洛普（Anthony Trollope）的建议下，最早的立式邮筒开始被使用。特洛普主要负责促进农村邮政系统的发展，让庞大的邮政管理体系能够覆盖到那些最偏远的边区村落。作为罗兰·希尔改革的衷心支持者之一，特洛普认为自己的职责是十分重要的。在自传中，他骄傲地宣称："对大众来说，我是一个施行慈善的天使，能够定期将书信以更快的速度、更低廉的价格送到各个地区去。"1851 年，在游历完海峡群岛之后，特洛普提交了一份报告，其中写道：

> 圣海伦斯到目前为止都没有设立邮件受理站，因此住在城镇边远地区的人们要走上一英里到办事处来寄信。法国已经开始流行一种在路边设立书信保管箱的方式，而这样的系统在圣海伦斯也许是可以

---

① Simon Garfield，*To the Letter: A Journey Through a Vanishing World*，p.226.

被推广的,因为每条街道上都有邮票出售,而人们需要的只不过是一个安全的信件保管容器而已。①

一年以后,第一批的四个邮筒被安放在海峡群岛。直到今天,在格恩西岛上,还有一个当年的邮筒仍在被使用。

英国本土的第一个邮筒出现于1853年9月。除了立式邮筒,后来又慢慢发展出了装在墙里的邮筒和绑在路灯上的邮筒。新国王登基后,往往会有自己设计的邮筒,但是前面国王在位时的邮筒仍将被继续使用。② 20世纪初,红色的公用电话亭在英国街头出现,其后来成为英国的标志之一。③ 1870年,英国开始出现明信片。1871年,明信片每打收费半便士,后来增加到1便士。1855年,英国邮政取消了改寄地址仍在同一城市的

图4-14 今日英国街头的邮筒
(摄于伦敦)

---

① Simon Garfield, *To the Letter: A Journey Through a Vanishing World*, p.226.
② Martin Robinson, *Old Letter Boxes*, Shire Library, 2000, pp.4-5.
③ Neil Johannessen, *Telephone Boxes*, Shire Library, 1999, p.3.

改寄信件的资费。1874年,国际邮联要求各国对海外邮件免收改寄费。1892年,英国废除了国内改寄费。

由上可知,在希尔邮政改革确立之后的40年里,邮政持续发展,业务种类不断增加,各项服务水平得到提升。随着廉价而高效的邮政服务的出现,英国邮政开始渗入普通人生活的方方面面,真正成为其生活中不可或缺的一部分。

第五章
大英帝国的邮政

随着英帝国的扩张，英国的邮政业务扩展到了各个殖民地。最早到爱尔兰，后来到西印度群岛、北美、印度，英帝国通过书信、电报、电话，将分散在世界各地的殖民地联结到了一起。帝国通信网络的形成，不仅有利于英国对殖民地的管理，也增进了殖民地对帝国的认同。

一、帝国的扩张

爱尔兰是英国的第一块殖民地。1155年,在任罗马教皇哈德良四世发布教谕,将爱尔兰的统治权授予英格兰国王。1169年,英国入侵爱尔兰,并于次年占领都柏林城堡。1171年,英王亨利二世获得了对爱尔兰的宗主权。然而到15世纪初,英国能够直接控制的地区,只剩下都柏林附近的一小块地区。就连在都柏林,也没有人讲英语,人人都在讲爱尔兰语。[①]

都铎时期,英国社会发生巨变,爱尔兰对英国的重要性也日益凸显,英国便加紧了对爱尔兰的征服进程。1534年,亨利八世宣布将所有爱尔兰土地收归英王所有并再行颁授。1541年6月,受英国操纵的爱尔兰议会宣布,亨利八世兼任爱尔兰国王,并规定爱尔兰和英格兰实现永久性的联合与合并。

17世纪英国革命期间,爱尔兰支持查理二世,不承认新生的英吉利共和国,与英格兰公开对立。为了消除来自爱尔兰的威胁,1649年,议会派克伦威尔带领大军前往征讨。爱尔兰人奋起反抗,但克伦威尔对其予以了残酷镇压,甚至进行了残暴的屠城。到1650年夏,英国控制了爱尔兰的局势:

---

① 钱乘旦主编:《欧洲文明:民族的融合与冲突》,贵阳:贵州人民出版社,1999年,第60页。

1652年,议会颁布由克伦威尔制定的解决法,其中对5种人计8万多人处以死刑或没收财产;其他参与叛乱的人失去三分之二的土地,剩下的三分之一必须到远离家乡的地方去才能得到补偿。爱尔兰的大量土地被没收,分配给随克伦威尔征战的英国士兵。自此后,爱尔兰就出现一批英国庄园主,爱尔兰人反而失去了土地,爱尔兰成了英国的殖民地。[1]

在大规模殖民爱尔兰的同时,英国也开始把目光投向欧洲以外的地区。英国的海外探险开始于都铎王朝之前。1480年7月,英国的航海家从布里斯托尔出发,去爱尔兰以西寻找传说中的"布拉西尔岛",拉开了布里斯托尔商人航海探险的序幕。由此,布里斯托尔也成为英国航海家的摇篮和探险活动的重要基地。此后十几年,这样的探险活动继续存在,只是没有取得什么成果。

都铎王朝建立后,英国的海外探险活动更加频繁。亨利七世积极支持商人和冒险家的海外市场拓展和探险活动。在他看来,发展商业和贸易不仅是巩固王权、稳定政局的需要,而且是提升英格兰国家地位的前提。贸易与海权是英国未来发展的根本依赖。[2] 1496年,他向威尼斯航海家约翰·卡伯特(John Cabot)颁发探险特许状,授权其将发现的新土地纳入英王的领地并以英王的名义进行统治。此后,卡伯特进行了两次北美航行,抵达新大陆的拉布拉多等地,此举为英国向北美扩张的开端。

1505年,英国政府颁发特许状,改组了英国"商人冒险家公司"(Company of Merchant Adventures),加强与扩大了它的特权,使其成为后来英国所有新贸易公司的典范。亨利七世还通过对新造船只发放补贴等方式,积极支持航运业和造船业的发展,为英国的对外贸易与殖民探险创

---

[1] 钱乘旦、许洁明:《英国通史》,第165—166页。
[2] J. A.Williamson, *The Tudor Age*, p.36.

造了条件。

1550年之后,作为英国经济的主要支柱,羊毛呢料的生产不断扩大,促使商人们急欲寻找新的市场。他们在俄国、斯堪的纳维亚、中东和印度成功地建立了贸易公司,大大地拓宽了英国的商业渠道,并点燃了他们开发那些空白区域的希望。与此同时,人口的增长和物价的上扬,导致英国普通民众的经济状况有所下降,这就促使英国人远往大洋的另一边,以寻求新的发展机会。

向海外扩张的念头开始吸引了英国社会中的各个重要团体的想象力。其中,极力主张者有神职人员兼作家理查德·哈克卢特。16世纪80年代到90年代,他一直致力于宣传去遥远的大洋彼岸进行殖民活动的好处:

> 对宫廷贵族而言,殖民地提供了新的领地、采邑和庄园。对商人而言,新世界提供了可以在英国销售的舶来品,同时也是英国布料和其他商品一个新的销售地。对好战的新教传教士而言,那是一个充斥着异教徒的新大陆,必须把那些异教徒从残暴野蛮的状态和西班牙天主教统治下解救出来。而对平民老百姓而言,那块慷慨的新大陆所蕴含的机遇则一直在向他们招手。哈克卢特的那些小册子宣扬了这种观点:英国打破伊比利亚人独占新世界财富的时候来到了。①

1562年,约翰·霍金斯(John Hawkins)最先从几内亚购买了400个奴隶,连同英国制造的商品一块运到海地进行出售。返程时,霍金斯运回了海地出产的糖和金银等,这是英国历史上最初的"三角贸易"(Triangular Trade)。1564—1565年,霍金斯与表弟弗朗西斯·德雷克(Francis Drake)第二次远航。1570—1571年和1572—1573年,德雷克又两度远航美洲。1576—1578年,马丁·弗洛比歇(Martin Frobisher)爵士曾三次前往

---

① [美]加里·纳什等编著:《美国人民:创建一个国家和一种社会》(上),刘德斌等译,北京:北京大学出版社,2018年,第50页。

北美进行探险活动,到达了巴芬岛及哈德逊湾。1583年,吉尔伯特率船队到达纽芬兰一带,并以女王的名义,宣布对该地区的占领。吉尔伯特不久葬身大海,其异父兄弟沃尔特·雷利(Walter Raleigh)带领船队继续前行。1584年7月,雷利派遣的探险船抵达北美南部的罗阿诺克岛,为了颂扬童贞女王伊丽莎白,他将此地命名为"弗吉尼亚",并留下一百多人在此殖民。由于规模小又缺乏资金和人力的支持,这次殖民活动不了了之。"1591年,一支前来接应的探险队到达罗阿诺克时,殖民者们在当地没有发现一个他们的同胞。"①

斯图亚特王朝时期,英国的海外扩张主要是私人和私营团体的行为,政府几乎不作干预。这类活动同时向三个方向发展:"地中海流域和东印度的商业贸易开发、纽芬兰湾的渔业开发和北美殖民地的农业拓殖。"②因此,英国出现了一批致力于海外商业殖民的公司。

1606年,"伦敦弗吉尼亚公司"(Virginia Company of London)和"普利茅斯弗吉尼亚公司"(Virginia Company of Plymouth)获得皇家特许状,据此可以在美洲的弗吉尼亚及其他地方建立定居点,并进行拓殖活动。1607年5月,该公司组织的第一批移民144人在北美沿海詹姆士河口附近的一个小岛登陆,建立了第一个永久性居民点。为了纪念英王詹姆士一世,他们将其命名为詹姆士敦(Jamestown)。弗吉尼亚殖民地是英国在北美真正意义上的第一块殖民地。

弗吉尼亚创建后不久,巴尔的摩勋爵乔治·卡弗特(George Calvert)和他的儿子在弗吉尼亚以北创建了马里兰殖民地。与此同时,新英格兰地区的殖民活动也陆续展开。1620年9月,102名英国人搭乘"五月花号"(Mayflower)船离开英国的普利茅斯,向弗吉尼亚进发。海上的风浪并没有让他们如愿到达弗吉尼亚,而是把他们带到了北美的科德角,也就是今

---

① [美]加里·纳什等编著:《美国人民:创建一个国家和一种社会》(上),第50页。
② 钱乘旦、许洁明:《英国通史》,第153页。

天马萨诸塞州的普利茅斯。后来,英国国内不断有人因各种原因移居马萨诸塞,其中主要是清教徒,由此,马萨诸塞殖民地得以建立。

1635年,独立派年轻教士罗杰·威廉姆斯(Roger Williams)因不满马萨诸塞殖民地当局的统治,带领部分追随者来到罗德岛建立了新的殖民地。罗德岛殖民地不断扩大,并于1663年获得英王查理二世授予的特许状,成为"自治殖民地"(Self-Governing Colony)。

从马萨诸塞分出去的殖民地不只有罗德岛。1635年,马萨诸塞的部分居民在康涅狄格河谷地带开辟定居点。接下来,新罕布什尔、缅因等殖民地纷纷建立。纽黑文是新英格兰最后建立也是较早消失的殖民地,于1638年建立,在1662年与康涅狄格合并。

17世纪前半期,北美大陆对投资者的吸引力不如西印度群岛,因为去北美大陆主要是从事农业、伐木业和渔业等,前景不可预测。而西印度群岛的烟草种植,却是获利颇丰的行业。17世纪20年代和30年代,英国的大部分海外投资,都用于在加勒比群岛的那些小岛上建立种植烟草的殖民地。1624年,托马斯·沃纳(Thomas Warner)带领一批人来到位于小安的列斯岛的圣克里斯托弗,建立了英国在西印度群岛的第一个永久殖民地。此后几十年中,"殖民者占据了众多小岛,包括圣克里斯托弗、巴巴多斯、安提瓜、蒙塞拉特和内维斯,以及尼加拉瓜沿海的普罗维登斯岛"①。

到17世纪上半叶,随着切萨皮克湾殖民地、新英格兰殖民地和西印度群岛殖民地的建立,英国殖民扩张的第一阶段基本结束。英国不仅在亚洲获得了贸易立足点,更重要的是在美洲取得了初步成功,为以后的帝国发展打下了坚实的基础。②

克伦威尔当政期间,英国的海外扩张加剧,政府在其中扮演了非常

---

① [美]加里·纳什等编著:《美国人民:创建一个国家和一种社会》(上),第55页。
② David B. Quinn and A.N.Ryan, *England's Sea Empire*, 1550-1642, London: George Allen and Unwin, 1983, p.155.

重要的角色。1651年,英国颁布《航海条例》,规定凡进入英国或各殖民地港口的商船,必须是为英国或该殖民地所有,其船员只能是该船属地的臣民;欧洲商船可以进入英国港口,但只能携带本国商品,配备本国船员。英国此举的目的在于,打击荷兰的势力。英荷战争之后,英国的势力开始进入东印度群岛、巴西、非洲西海岸等地。1655年,英国从西班牙手里取得了牙买加,此后,牙买加成为英帝国在加勒比海地区的支柱。除了牙买加之外,英国革命时期夺取的殖民地还包括圣赫勒拿、苏里南、敦刻尔克、新斯科舍、新布伦瑞克等,其中除欧洲大陆的敦刻尔克外,其他地方都成了英国的永久殖民地。"克伦威尔是英国第一位在国内地位巩固、可以认真考虑使殖民地和总的帝国规划相适应的统治者。"①

复辟时期,英帝国进入一个新的发展阶段。这一时期,北美是英国开拓新殖民地的重点。在北美的13个殖民地中,有7个是在这个阶段取得合法证件或通过交涉成立起来的。卡罗莱纳是复辟后英国建立的第一块殖民地,它将英国在北美的殖民地联成一体。1664年,英军占领了荷兰在北美大陆的殖民据点新阿姆斯特丹,后将其改名为纽约。17世纪后期,英国建立的殖民地还有宾夕法尼亚。

随着英帝国的不断扩张,英国向外移民的数量也日益增多,尤其是迁往北美殖民地的人口数量。1600年到1640年之间,约有8万人涌出英格兰。在接下来的20年中,又有8万人离开英格兰而移民新世界。到1660年,从巴巴多斯和苏里南向南到纽芬兰,向北到新罕布什尔,英国开辟了17个殖民地。② 正如《美国的历程》一书所评论的那样:

> 到十七世纪中叶,英国人已经布满北美各殖民地。更多的移民还

---

① [美]J.布卢姆、S.摩根等:《美国的历程》(上册),杨国标、张儒林译,北京:商务印书馆,1988年,第51页。
② [美]加里·纳什等编著:《美国人民:创建一个国家和一种社会》(上),第55页。

要从英国或别的地方来到这里。但在新英格兰沿岸和切萨皮克湾,已经可以看见未来的景象。英国人已经移入,而且,无论他们赞成像马里兰和罗德艾兰那样的信仰自由,还是赞成像马萨诸塞那样的不容异端,无论他们是捕鱼还是种植烟草,这个大陆已经是实实在在地属于他们的了。①

除了向西行进开发新大陆之外,英国人很早就把目光投向了东方,试图开辟前往东方的贸易通道。1553年,休·威洛比(Hugh Willoughby)和理查德·钱塞勒(Richard Chancellor)率领探险队离开英国,取道东北航线,前往寻找到达中国的航路。后来虽然没有到达中国,但是英国人抵达了莫斯科,开辟了与俄国之间的直接贸易航线。1555年,英国商人创办的"莫斯科公司",依据玛丽女王颁发的特许状,垄断了对俄贸易。英俄贸易的开辟,为英国人继续寻找前往亚洲的通道创造了条件。

1600年,一群伦敦商人建立了东印度公司,主要拓展和东方的贸易,后来该公司在英国对印度的殖民中扮演了重要的角色。1612年,它分别在印度的苏拉特和伊朗的霍尔木兹建立了商埠。

1601年,英属东印度公司开始遣船东航香料群岛。1608年,在第三次东方贸易的返航途中,"赫克托尔号"(Hector)单船驶往印度到达苏拉特港。船长霍金斯赴亚格拉觐见莫卧儿皇帝查罕杰(Nur-din Mohammad Salim),并呈上英王詹姆士一世要求通商的信件。霍金斯受到了礼遇,并在印度居住了近三年。后因葡萄牙人的一再反对,他无功而返。1612年,两艘英国船只在苏拉特近海打败了葡萄牙人的船只,令英国人威信大增。翌年,莫卧儿帝国准许英国在苏拉特建立第一个商馆。1618年,查罕杰颁令,准许英国人在莫卧儿帝国境内自由贸易和开设商馆,于是英国人在亚

---

① [美]J.布卢姆、S.摩根等:《美国的历程》(上册),第47页。

格拉、布罗奇、阿马达巴德等地先后设立商馆,归苏拉特商站总辖。①

1664年,一位葡萄牙公主嫁给查理二世时,孟买商站正是公主的嫁妆。在印度海岸的另一边,1639年和1652年,英国分别获得了马德拉斯和加尔各答两个重要商业基地。以后,英国商人就是从这里出发征服整个印度的。② 17世纪后期,英国在亚洲的活动主要集中在印度。

到17世纪末,英国已经在印度建立了4个据点,它们是东海岸的加尔各答和马德拉斯,西海岸的苏拉特和孟买。1773年,英国颁布《调整法》,把孟买、马德拉斯、加尔各答三块公司直辖地合为一体,以加尔各答总督为主管,总督的任命由英国议会决定。1784年,英国议会又颁布了《印度法》,规定统治印度的最高权威是政府而不是东印度公司,从而把印度的治理归至英国政府的管辖之下。

16世纪下半叶开始,英国在非洲的活动逐渐频繁。1618年,罗伯特·里奇(Robert Rich)等30名商人获得英王的授权,组建了"伦敦冒险家对非洲港口贸易公司"(The Company of Adventure of London Trading to Ports of Africa),又称"几内亚公司"(Guinea Company),垄断了从几内亚到贝宁之间的奴隶贸易,后来还在詹姆士岛上建立了第一个英国商馆。

1770年,詹姆士·库克(James Cook)船长发现了澳洲。1788年,一支由11艘船只组成的船队载着736名囚犯、1位总督和一些官员,在一支海军陆战队的护送下,绕过好望角,越过印度洋,经过漫长的海上航行,在澳大利亚的东部海岸建立了一个英国殖民地,后来该地区成为新南威尔士。这是欧洲人在澳大利亚建立的第一个殖民地。③ 在很长一段时间里,澳大利亚都是英国流放犯人的地方,澳大利亚的最高行政长官就是监狱的典卒

---

① 林太:《印度通史》,上海:上海社会科学院出版社,2007年,第201页。
② [法]G.勒纳尔、G.乌勒西:《近代欧洲的生活与劳作》,第50页。
③ [英]P.J.马歇尔主编:《剑桥插图大英帝国史》,樊新志译,北京:世界知识出版社,2004年,第29—30页。

司令官。

到了19世纪初,英国改变了政策,允许英国人自由移民,澳大利亚也就从犯人监管地逐渐变成移民殖民地,从而促进了澳大利亚的开发。1803年,塔斯马尼亚岛上建立了移民点;1824—1836年,昆士兰、西澳大利亚和南澳大利亚也相继被开发。与此同时,新西兰殖民地也发展起来,1839年成立了"新西兰公司",开始进行大规模移民;1840年英国与岛上的土著居民毛利人签订《怀吉坦条约》,正式将新西兰划归英国所有。①

影响英国与各殖民地通信以及殖民地内部通信的主要因素有:殖民地与母国之间联系的紧密度、殖民地在英帝国架构内的重要性以及交通因素,其中交通因素的影响最大。一开始,殖民地的基础设施严重缺乏。可能除印度以外,其他殖民地都没有运输长距离货物的远洋船队,也缺乏深水港和港口设施,而且内陆交通很落后。除了有可以航行的河流的地区外(如印度北部的河流、冈比亚河、尼日尔河下游地区以及圣劳伦斯河等),内陆运输主要靠人挑肩扛、畜驮和牛车运送。由于路途一般非常遥远,在没有河流可资利用的地方,发展大规模的进出口贸易只能靠建造铁路。一旦运货汽车被投入使用,就要修筑全天候的道路。要建立这样的交通系统,那些小的生活艰难又四分五裂的前殖民地国家无法做到,早期的白人移民地区也是如此。"印度和锡兰(斯里兰卡)的当地伟大统治者曾经修建并维持着道路、河流和运河系统,但是这些系统在英国人占领这两个国家时早已年久失修。"②

大英帝国是一个海洋帝国,交通是它的生命线。直至19世纪初,遥远的距离还是贸易和控制的大敌。在大型帆船还比较原始的年代,东印度公司的大轮船驶往加尔各答甚至要花6个月时间;考虑到季风条件,来回航

---

① 钱乘旦、许洁明:《英国通史》,第292页。
② [英]P.J.马歇尔主编:《剑桥插图大英帝国史》,第105页。

程需要大约 2 年的时间。再加上这些船只有限的装载能力，英国与亚洲的联系受到严重阻碍。不过，这对英国与美洲联系的影响要小一些。从商业上来说，运输大量的散装商品是不可能的，而且无利可图。"印度的另一个问题是，进入印度北部的主要通道是恒河；然而，逆流航行进入内陆实际上是不可能的，因此内陆贸易特别落后。"[①]印度面临着严重的距离问题，同样的问题也制约了英国与美洲和西非的贸易及联系。

---

① ［英］P. J. 马歇尔主编：《剑桥插图大英帝国史》，第 106 页。

二、殖民地邮政

不列颠的地理位置比较孤立,大片水域将其与欧洲大陆和其他地区分离。这种情况给英国邮政的海外拓展带来了一定的难度。随着殖民扩张的推进和帝国的形成,邮政的发展成为一个不可忽视的问题。

由于地理位置的原因,爱尔兰和苏格兰、威尔士相比,不太容易受到英格兰的影响,它和威尔士之间最近的距离是 60 英里。而且,人或者邮件在米尔福德港和霍利黑德上岸后,还要经历一段糟糕的乡村小路,才能到达从切斯特、布里斯托尔通往伦敦的大道。[①] 尽管交通不尽如人意,但是英国和爱尔兰之间的邮政往来还是很必要的,因为爱尔兰人口众多,有商贸往来的需要,同时英国也需要加强对爱尔兰的统治。

英国和爱尔兰之间的邮政往来始于都铎王朝和斯图亚特王朝时期。霍利黑德是最早有邮船服务的港口,因为它离爱尔兰最近。但这个港口的自然条件不是太好,从霍利黑德到切斯特的路况非常糟糕。有人提议:"利用爱尔兰南部彭布鲁克的米尔福德港,这个港口有利于和英格兰南部的邮件联系和交通往来,因为一些重要的城市,例如布里斯托尔、卡迪夫等都在这条线上。"[②]然而,这条南线不如前一条重要,因为前一条主要负责

[①] Howard Robinson,*The British Post Office:A History*,p.176.
[②] Howard Robinson,*The British Post Office:A History*,p.177.

都柏林和北爱尔兰。米尔福德港虽然安全,但由于它遥远的地理位置而没有得到很好的利用。

到 1768 年,一共有 6 艘邮船负责与爱尔兰之间进行通邮。这样,可以保证每周都能在英国和爱尔兰之间往返一次。随着工业革命的开展,从兰开夏和其他工业城镇寄往爱尔兰的邮件日益增多,从而对邮递的时效性提出了更高的要求。因此,"它们不必先经过伦敦,而是通过交互邮政寄往切斯特,在那里它们被分拣、打包后送往霍利黑德"①。1711 年法令规定,对从伦敦寄往都柏林的单张信纸的信件收费 6 便士,对经米尔福德港送到沃特福德的信件也收费 6 便士。如果天气和风向条件允许的话,邮船服务就每周一次。在 1780 年之前,这条线上的邮船都是敞口船。邮船将邮件送到爱尔兰之后,由爱尔兰的便士邮政负责递送。爱尔兰便士邮政的情况在前文已作详述,在此不再赘述。

18 世纪 80 年代,英国和爱尔兰之间的政治联系发生了变化。几个世纪以来,爱尔兰议会都严格臣服于英国的统治;但在 1782 年,爱尔兰议会获得独立的立法权,可以自己召开议会并通过法律。相应地,爱尔兰成立了独立的邮局,任命了自己的邮政总长。和英格兰一样,爱尔兰的邮政总长也是由两人同时任职。和伦敦的外国邮政一样,爱尔兰邮政成立了一个单独的部门来负责和英国的通信。1784 年,爱尔兰政府任命约翰·李(John Lees)为邮政秘书。1801 年,约翰又将他的儿子爱德华·史密斯·李(Edward Smith Lees)拉入邮局任职。他的儿子在 19 世纪最初 60 年一直担任此职,其旺盛的精力和英国同样任此职的菲利林不分伯仲。②

爱尔兰邮局可以自行决定爱尔兰的邮资标准。1784 年之后,爱尔兰邮政的资费标准比较合理:对单张信纸的邮件,15 英里之内收费 2 便士,30 英里之内收费 3 便士,最远收费 4 便士。这里的"英里"是爱尔兰的"英

---

① Howard Robinson,*The British Post Office*:*A History*,p.177.
② Howard Robinson,*The British Post Office*:*A History*,p.178.

里",它比英国的"英里"要长很多：100爱尔兰英里等于127英国英里。

爱尔兰邮船的服务仍在英国的控制之下,英国每年交给爱尔兰邮政4 000镑的收入。但这种安排会带来一定的问题。例如在拿破仑战争期间,爱尔兰的邮政秘书认为他们从邮船中的获利没有达到预期标准。1813年,爱德华·李要求用爱尔兰自己的平底货船来运送从都柏林到霍利黑德的爱尔兰邮件。他还通知菲利林,爱尔兰的邮件要用自己的船运送。这种平底货船体积小,每艘只能坐10名乘客,但它们运送的邮件数量却并不少。这种做法引起了英国的不满,伦敦商人们的邮件被延误了,而且开往爱尔兰的邮船只能空载回来。

1801年,爱尔兰的地位又发生了变化。英国于1800年通过《爱尔兰联合法》,规定从1801年1月1日起取消爱尔兰议会,由爱尔兰派出32名贵族和100名平民参加英国议会。爱尔兰与英国正式合并,英国的正式名称改为"大不列颠和爱尔兰联合王国"。这次的合并条例并没有提及邮政,爱尔兰的邮政继续保持独立,但这不利于改善爱尔兰邮政的服务。英国邮政的腐败现象在帕尔默的改革之后已经大有好转,但是,爱尔兰邮政的腐败现象仍然非常严重：首先是滥用免费通信权。本身拥有免费通信权的人已经不少了,而在实际操作中揩油的人则更多。19世纪20年代,拥有免费通信权的人只要在信封空白处签个名就行了,这很容易被伪造,同时那些没有经过议会授权的人,还会自己伪造议会的授权书。① 这些合法的和不合法的免费邮件,大大增加了邮局的运营成本。其次是爱尔兰邮政官员的灰色收入很惊人。爱德华·李作为邮政秘书,年收入原本是400镑。他在19世纪20年代兼任伦斯特邮路的负责人时,每年还可以得到邮递报纸的利润637镑。此外,他每年还能从出售报纸中获利345镑,还有获得任命其他邮务人员拿到的好处费约30镑。他的年总收入可以超过1 400

---

① Report from Committee on the Frauds and Abuses in Relation to the Sending or Receiving of Letters and Parcels Free from Postage and c., March 28,1764, p.997.

镑。他的哥哥托马斯·奥德·李(Thomas Orde Lees)也在邮局秘书处任职,每年工资 220 镑,却有 1 300 镑其他的各种各样的收入。①

爱尔兰邮政不仅腐败现象丛生,其资费也不断上涨。1797 年在两个议会联合之前,其资费增长了一次。1800 年之后,其资费被大幅上调。1803 年,爱尔兰 15 至 30 英里之间的单张信件的邮费是 3 便士,1805 年涨到 4 便士,1810 年涨到 5 便士。1813 年法令又上调了远距离通信的费用:

> 1814 年,对单张信件 100 英里收费 10 便士,175 英里收费 1 先令。从都柏林到贝尔法斯特是 8 便士,到科克是 10 便士,到德利或戈尔韦是 9 便士。从贝尔法斯特经都柏林到蒂伯雷里需要 1 先令 5 便士,从德利到科克需要 1 先令 7 便士。如果有人在爱尔兰西部,例如在利墨里克寄信件到伦敦,全部邮费是 2 先令,包括爱尔兰邮政费用、邮船费用以及英国内地邮政费用。②

都柏林是爱尔兰邮政的中心。邮政马车的使用受限,每天晚上有 8 辆邮政马车离开都柏林。邮马也被继续使用,但一般不用在大路上,也不在夜间使用,以防被抢。19 世纪 20 年代,爱尔兰有 430 个城镇开通了邮政服务,这个数量约是英格兰的 4/5。爱尔兰邮政每年的毛收入是英格兰的 1/10,与苏格兰持平,但其在 1815 年之后大幅下降。

邮政的长期各自为政不利于管理。1830 年的一份议会调查报告强烈建议,将英国和爱尔兰的邮政合并。1831 年,英国的邮政总长成为爱尔兰邮政的负责人。③ 接下来,法令开始遏制爱尔兰邮政的腐败行为,并着手推动爱尔兰邮政改革。

在爱尔兰议会刚独立的时候,上层人士并没有意识到去往英格兰的交

---

① Howard Robinson,*The British Post Office: A History*,p.180.
② Howard Robinson,*The British Post Office: A History*,p.182.
③ Howard Robinson,*The British Post Office: A History*,p.184.

通有多糟糕。而当需要去英格兰参加议会时，他们才真正意识到问题的严重性并开始呼吁改善交通。

19世纪20年代，邮船通常小于100吨，由10名左右的水手操控。从都柏林到霍利黑德，乘坐邮船需耗费18—20个小时。1812年4月，雪莱（Shelley）和他的妻子走这条线路时，经历了难以忍受的过程。先是逆风航行，使航行时间增加到36个小时。风浪很大，他们在船上几乎吃不了什么东西。上岸之后，他们去往酒店的过程中，在岩石上穿行了差不多1英里，天上还下着大雨。[1]

从威尔士到邮船港口的陆路状况也很糟糕。从伦敦到邮船出发的港口基本都要耗费40个小时，而威尔士那段路又窄又陡，更难以通行。

霍利黑德的港口条件不是很好，航行时间也不规律。为了规避威尔士的糟糕路况，有人选择从另一个港口——迪伊海湾登陆，尽管这样的水路路程是到霍利黑德的两倍。

19世纪早期，威尔士的港口和道路状况有所改善。首先是对霍利黑德港口进行了疏浚，建立了一些辅助设施。路况的改善和托马斯·泰尔福德密切相关。到1830年，威尔士的路况大为改善，泰尔福德使切斯特和霍利黑德之间的道路成为旅行者的天堂。

另一个改善交通的重要举措是在康威河口建立了横跨麦奈海峡的吊桥，它是当时世界上最大的吊桥之一，全长1/3英里。1826年1月30日，第一个横穿麦奈大桥的交通工具就是从伦敦到霍利黑德的邮政马车。

爱尔兰邮政的运营成本很高，用于改造交通的花费也不菲，腐败和铺张浪费都是其原因。1788年，调查人员发现邮船业务的花费惊人，在17年里用在雇用和保养邮船上的费用就达100万英镑。安东尼·托德是英国的邮政秘书，他每年能从邮船业务中获取2.5%的回扣。

---

[1] Howard Robinson，*The British Post Office：A History*，p.184.

1818年,蒸汽轮船首次被投入使用。90吨重的"罗博·罗伊号"(Rob Roy)带着30马力的引擎,在格拉斯哥到贝尔法斯特之间建立了常规航线。大约一年之后,"罗伯特·布鲁斯号"(Robert Bruce)在利物浦和格林诺克之间也开设了航线。这带来了邮船业务的革命。邮政部门一开始试图继续维持原有的邮船服务,但是此举徒劳无功,因为蒸汽轮船很快就吸引了大部分乘客。例如在霍利黑德,一艘蒸汽轮船从霍利黑德开到都柏林只要8—10个小时,而以前的传统邮船则要16—20个小时。1819年,乘坐传统邮船从霍利黑德到霍斯的乘客有5 578人,到1820年该人数下降到2 862人。[①]

1821年,在霍利黑德,蒸汽邮轮被投入使用。1824年在米尔福德港,1825年在帕特里克港,蒸汽邮轮被相继投入使用。这带来了邮递成本的增加。有人提出建议,从利物浦到都柏林之间开设直接的邮船服务。以前两地之间的通信需要经过切斯特和霍利黑德,最短也要耗费24小时,而现在的蒸汽邮轮能将时间缩短到15小时以内。不久之后,利物浦又开通了火车,因而在利物浦开设了邮船服务,开通了去往爱尔兰以及曼岛的蒸汽邮轮服务。[②]

蒸汽邮轮的使用使邮递成本继续上涨,导致爱尔兰邮政出现亏损和邮费上涨情况。1801年,从霍利黑德以及米尔福德前往爱尔兰的邮件,单张信纸每封收费2便士,1812年其费用又被提高了1便士。1827年其费用达到最高,从伦敦经霍利黑德到都柏林的邮资为1先令4便士,其中2便士为邮船费用,1便士是大桥费用,1先令是英国境内内地邮政的费用。高收费引起了民众的反感,他们认为公共服务设施不能变成赢利工具,从而催生了邮政的进一步变革需求。

相较于爱尔兰,北美殖民地邮政的发展则要曲折落后得多。早在

---

① Howard Robinson, *The British Post Office: A History*, p.188.
② Howard Robinson, *The British Post Office: A History*, p.189.

1638年的新英格兰,就有人提出建立邮政的要求,理由是邮政非常实用也非常重要。但直到50年后,政府才颁布敕令要求在北美殖民地便利之处设立信所,并制定了资费标准。①

尝试在新旧英格兰之间建立邮政联系是必要的,但直到1639年,这个联系都没有建立起来。在英国,如果有人要寄信到北美,他们需要把信放进某个咖啡馆的袋子里,如果有哪艘船即将开往北美,船长会在起航前到咖啡馆把信袋拿走。但在北美,并没有专人负责收取、分发这些邮件,因而很多邮件会被误投,或者根本就不会被送出。

为了避免发生此类事件,1639年11月5日,马萨诸塞颁布了一个和邮政相关的条例以遏制这种行为。那时,这个殖民地刚建立了10年。殖民地的人民非常期待家乡的来信。这个条例颁布后,所有海外来的邮件都被送往理查德·费尔班克(Richard Fairbank)开在波士顿的小客栈,然后再按地址被投递出。每送一封邮件,费尔班克都会得到1便士的报酬,但是他也要对误投负责。

1639年的条例,除了对到达波士顿的邮件如何收发做出安排之外,还授权费尔班克可以收寄信件,包括寄往海外的信件。这个法令还规定了一个附加条款,即不能强迫别人,除非他自愿到那里寄信。②

这个附加条款反映了实情。当时,邮政的垄断权并没有像今天这样得到公认,垄断寄信的行为会招致很多反对的声音。事实上,不仅是信件,任何和垄断沾边的行为都不受欢迎。1642年,长期议会曾抨击邮政的垄断。但克伦威尔上台后,1656年通过了一个邮政法案,明确将寄信作为邮政专营的行为。1660年斯图亚特王朝复辟之后,该法令被重新颁布,其中保留

---

① J. C. Hemmeon, *The History of the British Post Office*, p.32.
② William Smith, *The History of the Post Office in British North America*, 1639-1870, London: Cambridge University Press, 1920, pp.2-3.

了这一规定。此后,邮政的垄断权被确立。① 法令规定,殖民地的邮局归英格兰的邮政总长管辖,所有账目都要向他报送,资费标准按 1660 年法令予以执行。这时,弗吉尼亚和新英格兰还未建立邮局。

1663 年,政府想将英国的邮政服务带到北美。那年的 6 月 1 日,英王查理二世写信给巴巴多斯总督说,在英国与弗吉尼亚、新英格兰、牙买加、巴巴多斯及其他美洲殖民地之间缺乏安全的信息交流。进而,他要求该总督在巴巴多斯和加勒比海的岛屿之间建立邮局。② 但英国的邮政部门并不想在英国和西印度群岛之间开设正式的邮船服务,因而只是说在机会合适的时候才开设。

虽然没有立法建立正式的邮政机构,但商船私下夹带邮件的做法一直存在。纽约当时有大量的聚居者,它在 1664 年归英国所有,之前属于荷兰。在荷兰占领时期,这里已经有了和阿姆斯特丹的邮件往来。1652 年,荷兰东印度公司通知他们在新阿姆斯特丹的总督,说发现有人将信件交给水手或者自由商人私带,这些信件经常被忽视,有的被遗忘,有的则是故意不被送出。因此,荷兰东印度公司要求在船上挂一个盒子专门用来放邮件。他们也要求新尼德兰采取同样的措施。③ 七年之后,英国东印度公司发现新尼德兰的人们并没有好好遵守规定,于是再次重申这一规定,并且对违反规定的行为处以罚款。

1664 年之后,英格兰和纽约之间的贸易往来很少,通信的需求也很少。1702 年,纽约的总督康博瑞勋爵告诉贸易大臣,在英格兰和纽约之间的船只往来太少,以至于他的信件寄送需要通过波士顿或者费城,因为这两地和母国之间的邮件往来比较正常。

从英格兰发往美洲的信件通常被搭载在开往美洲的船只上。如果一

---

① William Smith, *The History of the Post Office in British North America*, 1639 – 1870, p.3.
② William Smith, *The History of the Post Office in British North America*, 1639 – 1870, pp.3 – 4.
③ William Smith, *The History of the Post Office in British North America*, 1639 – 1870, pp.4 – 5.

艘船被暂时雇用,作为邮政运输船只,它将被称为"普通邮船"(Bye-Boat);如果它搭载了官方的特快信件,就被称为"特别邮船"(Advice Boat)。寄往英格兰的信有两条比较安全的渠道:一是通过弗吉尼亚舰队,二是通过新英格兰的马斯特舰队。由于弗吉尼亚没有邮政设施,所以很难知道船队什么时候出发。

1702年,一个叫埃德蒙·达默(Edmund Dummer)的人提出了一个计划,要在英国与西印度群岛之间开设固定的邮政服务。船只每月从法尔茅斯出发,航行到西印度群岛。达默承诺提供4艘船,每艘船每年航行3次,来回一趟不超过95天,其中不包括在港口停泊的时间。他的船不带任何货物,这样可以更好地为邮政服务。后来,这个规定有所松动,船在出港时可以带5吨以内的货物,回来时可以带10吨以内的货物。它也可以搭载乘客,每位每天的费用是12英镑。①

1702年10月,达默的帆船开始航行。在1702—1703年之交的冬天,"布里奇曼号"(Bridgman)用了3个月13天的时间走完一个来回。"威廉国王号"(King William)耗时94天,"曼斯布里奇号"(Mansbridge)用了91天。1705年,"安妮女王号"(Queen Anne)用时105天,失去了两个中桅和一个前桅。尽管遭遇了海盗,"六岛号"(Six Islands)还是在113天里走完了全程。② 对此,达默非常自豪,因为这一航程时效曾经被那些英格兰最好的水手们认为是不可能实现的。然而,水手们的观点最终被证明是正确的。由于损失严重,1711年之后,达默最终放弃了这一计划。战争期间,达默损失了12艘船,其中2艘毁于海难,10艘被敌军所毁。从1711年到1745年,英国和西印度群岛之间的通信又恢复到了不正常状态。③

英国和美洲大陆之间的联系,看起来没有西印度群岛那么重要。1707

---

① Howard Robinson, *The British Post Office: A History*, p.165.
② Howard Robinson, *The British Post Office: A History*, p.165.
③ Howard Robinson, *The British Post Office: A History*, p.166.

年的一份官方报告提议,和西印度群岛之间邮船每月航行1次,而和美洲大陆之间邮船一年只航行6次。康博瑞曾经这样感叹:"我衷心希望能有开往大陆的邮船。"①1708年,他曾向贸易委员会建议开通英格兰和部分美洲地区的邮政小包服务,但几个月过去了,仍没有得到任何回应。他经常数月得不到来自英国的消息,有一次甚至15个月没收到从英国来的官方文件。康博瑞有一次写信给波士顿的邮务人员,提及波士顿与纽约之间的信件往来情况,夏季差不多一周一次,冬季则要半个月一次。②

与英格兰的通信虽然不尽如人意,但毕竟或多或少还有联系,而殖民地之间却相对隔绝,这种状态一直持续到1672年。造成这种隔绝状态的不仅是地理上的相隔,还有政治和社会方面的差异。清教的英格兰和支持查理一世的弗吉尼亚没有什么共同点,居住在纽约的大部分人仍然是荷兰人。

1672年英荷战争爆发,双方既是为了争夺海上霸权,也是为了争夺在非洲、东印度、西印度群岛和美洲的殖民地。在这种情况下,加强各殖民地之间的联系变得十分迫切。战争爆发之初,英王查理二世指示纽约的总督拉夫雷斯,让他在殖民地之间建立正规的邮政服务。于是,拉夫雷斯在纽约和波士顿之间安排了一条每月一次的邮路;总督温思罗普被要求为信差配备向导加以指路。③ 但这条邮路并没有被使用得太久,纽约被荷兰舰队突袭攻占后,到1674年战争快结束时,它才重新回到英国手中,但这条邮路最后还是不了了之。

在北美殖民地,英国人的数量要远远多于法国人的数量,但是,英国人在联合方面并没有表现出太大的兴趣,这其实对他们是不利的,他们也经常被那些与法国结盟的印第安部落骚扰。

---

① William Smith, *The History of the Post Office in British North America*, 1639 – 1870, p.5.
② William Smith, *The History of the Post Office in British North America*, 1639 – 1870, pp.6 – 8.
③ William Smith, *The History of the Post Office in British North America*, 1639 – 1870, p.6.

1683年，宾夕法尼亚建立了一个每周一次的邮政服务，从费城送往特拉华的信件每封收费3便士，到切斯特每封收费2便士，到纽卡斯尔每封收费4便士，到马里兰每封收费6便士。①

1684年，在奥尔巴尼召开了由一些殖民地代表参加的会议。这是第一次由各个殖民地代表参加的会议，连偏远的弗吉尼亚都派了代表，这表明会议非常重要。纽约的总督唐根（Dongan）上校在会上提出了一个计划，希望能在各个殖民地之间建立正常的邮件联系，计划在法国属地直到弗吉尼亚的沿海地区建立一系列的邮政场所。② 国王支持唐根的计划，授权他可以将这些邮局的经营权向外出租，租期3—5年，至少1/10的收益属于约克公爵。约克公爵能享有这一权利基于以下两个理由：一是他乃纽约的所有者；二是根据1660年的法令，他有权享有英国邮政的部分收入。

我们难以界定唐根的计划到底在多大程度上取得了成功。我们只知道，他计划访问康涅狄格、波士顿，如果有可能他还想去佩马奎德。1685年3月，纽约议事会通过了一个由唐根提交的条例，要求在殖民地建立邮局，并且规定了邮资标准：每百英里收费3便士；如果是骑马送信，每英里收费3便士。然而事实上，唐根的计划似乎仅仅在纽约得到了实行。

詹姆士二世上台之后，试图加强对殖民地的统治。他计划将新英格兰的各部分置于一个皇家总督的统治之下，并为统一的殖民地任命了一个邮务长——爱德华·伦道夫（Edward Randolph），任命的起始日期是1685年11月23日，伦道夫在1689年詹姆士二世倒台后不久去职。③

直到此时，殖民地的邮政看起来依然仅仅是政府的权宜之计。威廉三世（William Ⅲ）和玛丽二世（Mary Ⅱ）即位后，开始关注这个问题。这一

---

① William Smith, *The History of the Post Office in British North America*, 1639-1870, p.8.
② William Smith, *The History of the Post Office in British North America*, 1639-1870, p.7.
③ William Smith, *The History of the Post Office in British North America*, 1639-1870, p.8.

时期,殖民地的人口已经达到约200 000人。其中大多数人集中在中部地区,如纽约、新泽西和宾夕法尼亚等,尽管南方的殖民地马里兰和弗吉尼亚获利颇丰。在卡罗莱纳,也开始建立了新的殖民点。

向威廉三世提出殖民地邮政计划的是英格兰的铸币大臣托马斯·尼尔(Thomas Neale),他认为北美殖民地落后的邮政是阻碍其商贸发展的重要原因。1691年2月17日,威廉三世授予尼尔特许状,授权他或他任命的代理人在殖民地建立邮局,并担任邮务长。至于邮资,他可以按照1660年的法令规定收取,也可以和相关人员商议决定。租约有效期为21年,在此期间,其他任何人不能在殖民地建立邮局。[①]

尼尔挑选了安德鲁·汉密尔顿(Andrew Hamilton)作为他的代理人。汉密尔顿原来是爱丁堡的商人,后来在新泽西住了五年,1692年被任命为新泽西总督。汉密尔顿精力充沛,能力过人。正是在他任职期间,北美邮政得以建立,并首次成为一个有效的邮政系统。[②]

1693年,汉密尔顿向几个殖民地的政府陈述了自己的邮政计划,声称如果该计划得以实行,将会大大改善各个殖民地和种植园之间的相互联系,促进商贸的发展。对于他的计划,大多数殖民地政府给予了积极的回应。汉密尔顿还起草了一个法令交给殖民地政府,这个法令规定在每个殖民地的主要城镇可以设立总邮局或是总信所,由汉密尔顿负责任命邮局负责人。邮务长享有某种特权,例如,可以对啤酒和其他饮品收税,此外还免除了履行公共服务的义务,如负责治安或者参加陪审,等等。[③]

各个殖民地邮局的规定不尽相同。在马萨诸塞、宾夕法尼亚和康涅狄格,信差们可以免费使用渡船。而在纽约和新汉普郡,它们通过的法令中则没有这个规定。邮资标准也不相同:从欧洲或是海外别的国家寄来的

---

① William Smith, *The History of the Post Office in British North America*, 1639–1870, pp.8-9.
② Duncan Campbell-Smith, *Masters of the Post: The Authorized History of the Royal Mail*, p.84.
③ William Smith, *The History of the Post Office in British North America*, 1639–1870, pp.9-10.

信件，如果是寄到马萨诸塞、新汉普郡和宾夕法尼亚，收费 2 便士；寄往纽约，收费 9 便士。在殖民地内部通信，一封从波士顿到费城的信，耗资 15 便士；在纽约和费城之间，耗资 14.5 便士。波士顿和纽约之间的通信，收费比较特殊：从纽约到波士顿，耗资 12 便士；但从波士顿到纽约，则仅要 9 便士。① 这是因为汉密尔顿和他们各自政府的谈判结果不一样。尽管各个殖民地的邮资标准有所差异，但他们在一点上达成了共识，这就是关于公共事务的信件应该被免费递送。1703 年，有一项规定要求船主们将他们带来的信件交给靠港后最近的邮局，他们可以从邮务长那里得到每封半便士的报酬。

马萨诸塞的立法授权汉密尔顿在波士顿建立邮局之后，规定了邮资标准，并赋予汉密尔顿垄断权，要求他在波士顿和法令提到的几个地方之间提供不间断的邮政服务，如果发现失职，将被处以 5 镑的罚款。为了让人们能够准确了解送信的时间，马萨诸塞要求邮务长必须在信上标注邮件送达的时间。新汉普郡后来和马萨诸塞一样，也把这一条写进了法律。② 4 个殖民地的邮政法案被送到伦敦请求批准，议事会通过了纽约、宾夕法尼亚、新汉普郡的法案，但马萨诸塞的法案被否决了。

与上述各地不同的是，弗吉尼亚和马里兰的邮政开办不是基于汉密尔顿的计划，而是来自玛丽二世的直接要求。在两边政府的议事会备忘录里，都记录了女王在给他们的信中提出建立邮政的建议。

对此，马里兰断然拒绝。在 1695 年 5 月 13 日召开的议事会上，这个提议被放在一边，没了下文。而弗吉尼亚则给予了积极的回应，开始着手建立自己的邮政机构。自从 1658 年以来，在弗吉尼亚就有了递送公共事务信件的服务，但是，私人信件并不能使用这个系统。1693 年 1 月 12 日的议事会任命彼得·海耶曼（Peter Heyman）为副邮务长。他起草了一部法

---

① William Smith, *The History of the Post Office in British North America*, 1639 – 1870, p.10.
② William Smith, *The History of the Post Office in British North America*, 1639 – 1870, p.11.

案，于 1693 年 4 月 3 日成为正式法令，授权尼尔在殖民地建立邮局，所有开支自负。①

尼尔计划在合适的地点建立一个总邮局，在每个郡设立分支邮局，要求所有寄往英格兰的邮件必须由早上第一班出发的船送走；80 英里之内，单张信纸邮件收费 3 便士，超过 80 英里收费 4 个半便士，重 1 盎司的邮件收费 18 便士，公共信件则免费。对寄到殖民地外的信件的邮资没有予以规定。法令没有授予尼尔垄断权，商人们不受法令约束，他们仍然可以自己雇用船主把他们的信送到海外。②

1693 年弗吉尼亚的邮政法令是地方性的，有很大的限制，因此对邮政事业的推动作用有限。1710 年，总督向贸易委员会报告，他希望汉密尔顿访问弗吉尼亚，希望能够开设邮局，开办与殖民地外的邮政服务。总督认为这个计划是可行的，并且表示将不遗余力地予以支持。

汉密尔顿在朴茨茅斯、新汉普郡和费城一线建立了邮路。邮差每周送信一次。信件数量已经没办法加以确定，因为其中有不少是免费的公务书信。不过在 1693—1697 这四年间，整个北美的邮政收入只有 1 456 镑 18 先令 3 便士，平均年收入不超过 400 镑。而这一时期，从朴茨茅斯到费城的邮路开支是 3 817 英镑 6 先令 11 便士，亏损 2 360 镑 8 先令 8 便士。③ 这些亏损都要由尼尔个人承担，这个现实足够让一般人垂头丧气，但尼尔和汉密尔顿却信心满满。

6 年结束后，北美邮政的收入终于勉强可以和支出相抵，但汉密尔顿的工资还是被继续拖欠。1699 年，汉密尔顿来到伦敦，和尼尔一起到财政部请愿。他们在说明了跨大西洋贸易和殖民地之间贸易的增长给邮政带来了很大机遇以及邮政目前的发展状况之后，开始要求对海外通信拥有更

---

① William Smith，*The History of the Post Office in British North America*，1639－1870，p.13.
② William Smith，*The History of the Post Office in British North America*，1639－1870，pp.13－14.
③ William Smith，*The History of the Post Office in British North America*，1639－1870，p.15.

大的权力,不然他们可能没有办法继续其在北美的事业。

他们最后提出的要求是:英国的咖啡馆和小酒馆要停止接收寄往海外的信件,船主们必须从当地的邮局拿信,邮局会提前把这些信装袋封好。他们还提交了一份修改过的邮政资费表,普遍调高了收费。这个提议遭到了英国邮政总长的坚决反对,他说,经验表明,低资费才能带来收入的增长,提高资费只会让大多数人都用不起。

尼尔越来越深地陷入了债务的泥沼,于是打算出让他的专利。可是,财政部并无接管计划,只有伦敦的邮政总长答应给予汉密尔顿必要的帮助,同时要求殖民地总督们也支持尼尔。

后来,尼尔欠汉密尔顿的工资已经高达1 100镑,他把自己的专利转给了汉密尔顿和罗伯特·韦斯特。汉密尔顿和韦斯特请求政府能够延长专利权的时间,但他们对殖民地邮政的信心却引起了英格兰邮政总长的兴趣,他觉得已经到了合适的时机,可以将北美邮政的权力收归伦敦的邮政总局。

1703年,北美邮政的奠基人汉密尔顿去世。其后,北美邮政由他的遗孀和韦斯特一起继续承租。后来,政府最终决定终止租赁,并向他们支付了1 664镑的费用,收回了租赁权。安德鲁·汉密尔顿的儿子约翰·汉密尔顿(John Hamilton)被任命为美洲殖民地的代理邮务长,年薪200镑。[①]

邮政管理权的变化,没有给北美邮政事业带来乐观的前景。1709年,其亏损仍有200镑,连邮务长们的工资都发不出来。新英格兰的邮务长声称,自从1706年开始,他就没有从政府拿过一分钱,尽管他每年给殖民地免费递送150镑公共邮件。[②] 但他的抗议收效不大。

1660年英格兰邮政法令颁布之时,殖民地才尚有雏形,因此并没有提到殖民地的邮政安排。唯一对殖民地邮政可能产生影响的条款,就是任何

---

① Howard Robinson, *The British Post Office: A History*, p.169.
② William Smith, *The History of the Post Office in British North America, 1639-1870*, p.17.

船长携带的邮件都需要被放在最近的邮局。法令没有规定违反规定的船长会受到什么样的处罚，但同样不支持那种给予船长每封信一便士奖励的做法。① 1710 年，一份新的法案被提交给议会并获得通过，由此对英国邮政做出了详尽的安排，在此后的一个世纪基本被沿用下来。

该法令对殖民地邮政的影响深远。它规定，所有殖民地的邮政事务都收归邮政总长负责。除了伦敦的邮政总局之外，一些重要的信所也建立了起来：在爱丁堡、都柏林、纽约、西印度群岛，以及其他美洲殖民地，每个信所都被委任专人进行管理，资费的标准和盈余的使用也由法律加以规定。② 原来相对独立的波士顿、纽约和费城的总邮局，均被降级为普通邮局，成为新邮政系统的一部分。此后，在北美殖民地，除了纽约之外，又新建了 13 个邮政中心。③ 这个新系统依然由约翰·汉密尔顿负责管理。

直到 1710 年，殖民地邮政的资费都沿用了汉密尔顿的安排，当时尼尔的专利规定，可以由承租人自己和种植园主协商资费事宜。1711 年法令重新规定了邮资，明显提高了邮费标准：从伦敦到牙买加、巴巴多斯是 1 先令 6 便士，到纽约是 1 先令；从纽约寄往西印度群岛是 4 便士，寄往新伦敦或费城是 9 便士，寄往波士顿或朴茨茅斯是 1 先令，寄往威廉斯博格或皮斯卡塔韦是 1 先令 3 便士，寄往查尔斯顿是 1 先令 6 便士。寄往 60 英里之内的地方，收费 4 便士；寄往 100 英里之内的地方，收费 6 便士。以上全部是一张信纸邮件的资费。从纽约到费城，在尼尔专利时期是 4.5 便士，而在这个法令中，则变成了 9 便士，正好翻了一番。从波士顿寄往费城的信件原来只要 15 便士，现在要 21 便士。④

邮资不仅与距离远近有关，而且和信件的张数有关。信件分为单张信

---

① William Smith，*The History of the Post Office in British North America*，1639 – 1870，p.18.
② J. C. Hemmeon，*The History of the British Post Office*，p.34.
③ Howard Robinson，*The British Post Office：A History*，p.170.
④ William Smith，*The History of the Post Office in British North America*，1639 – 1870，pp.19 – 20.

纸、两张信纸、三张信纸以及一盎司信件。单张信纸的信件就是一张纸。如果这张信纸外面再加一张纸封住，不管那张纸有多大，统统被算成两张信纸邮件。两张信纸邮件的邮资是单张信纸邮件的两倍，三张信纸邮件的邮资是单张信纸邮件的三倍。那时候还没有信封，信件通常是折叠之后在反面空白的地方写上收件人和收件地址。① 如何确定信纸的数量是个问题。有人发明了一种方法，将每封信靠近一支点燃的蜡烛进行检查，一些有经验的人能看出来里面到底有几张信纸。1711年法令给造纸商出了个难题，他们既要把纸做得结实，以便在没有信封的情况下经得起折腾，又要尽量减轻纸张的重量。

有的精明商人为了省钱，把写给同城不同人的信写在一张纸上。这样信差在送完一家之后，还要把这封信送到所有相关人员处。这种做法一直延续到法令被再次修订之时。修订后的法令规定，如果再有将不同信件写在一张纸上的，需按不同信件收费。

在这样的规定下，寄信的费用昂贵也不足为奇了。今天一盎司的信件寄往加拿大西北最偏远的邮局或墨西哥南部的邮局只要2便士，而那时，寄一封从纽约到费城的信就需要3先令，从纽约到波士顿则需要4先令。1710年，北美殖民地邮政最遥远的距离——西北地区的朴茨茅斯到西南地区的查尔斯顿，两者之间的一盎司信件，需要被收费10先令。殖民地和母国之间的通信费用也大涨。从伦敦到纽约的信件涨到了1先令，一盎司信件涨到了4先令。船长们再也不能无视邮政的规定，他们到港后必须要向当地邮政转交信件，如果违反规定，将会面临高额罚款。②

法令在北美的大部分地区得到了执行，但在弗吉尼亚遭到了抵制。弗吉尼亚在1710年还没有邮局。1717年，当依据法令试图在弗吉尼亚建立邮局时遭到了抵制。弗吉尼亚并没有兴趣加入北美殖民地的邮政系统。

---

① William Smith, *The History of the Post Office in British North America*, 1639－1870, p.20.
② William Smith, *The History of the Post Office in British North America*, 1639－1870, pp.21－22.

1699年,汉密尔顿曾经尝试在弗吉尼亚发展邮政,耗资约500镑。但是,弗吉尼亚和北部的通信欲望很不强烈。据汉密尔顿预测,弗吉尼亚、马里兰每年和其他殖民地之间的通信不会超过100封。事实上,这两个殖民地的通信对象主要是英国以及其他欧洲国家。

高收费并没有带来收入的增长。约翰·汉密尔顿在几年之后抱怨自己被拖欠工资。当他1730年去职时,邮政还欠他350镑。他的继任者是亚历山大·斯波特伍德(Alexarder Spotswood),于1730年到1739年在位。1743年,海德·林奇(Hyde Lynch)继位。1753年林奇去世后,其职位由本杰明·富兰克林(Benjamin Franklin)和来自弗吉尼亚的威廉·亨特(William Hunt)一起继任。1761年亨特去世后,约翰·福克斯克罗夫茨(John Foxcroft)成为富兰克林的同事。

1706年1月17日,本杰明·富兰克林出生在波士顿一个虔诚的清教徒家庭。他的父亲原是英国牛脂零售商,当时以制造蜡烛和肥皂为业,生有17个孩子,富兰克林是其中最小的男孩。富兰克林8岁入学,虽然学习成绩优异,但由于家中孩子太多,父亲的收入无法负担他读书的费用。所以,他到10岁时就辍学回家,帮父亲做蜡烛。12岁时,他到哥哥詹姆士经营的小印刷所当学徒,这样他当了近10年的印刷工人。① 富兰克林虽然一生只在学校读了两年书,但他的学习从未间断。他的阅读范围广泛,从自然科学、技术方面的通俗读物,到著名科学家的论文以及名作家的作品,都是他的阅读对象。

1724年,宾夕法尼亚总督威廉·基思(William Keith)爵士派富兰克林去英格兰。18个月之后,富兰克林回国并带回了一些新技术,也萌生了一些新想法。1730年,富兰克林和另一名学徒一起创办了自己的印刷所,出版了费城的第一份报纸——《宾夕法尼亚公报》(*Pennsylvania Gazette*),

---

① [美]保罗·约翰逊:《美国人的历史》(上卷),秦传安译,北京:中央编译出版社,2010年,第136页。

这是在殖民地卖得最好的报纸。① 随后印刷所的业务源源不断。他们的出版物中,包括了北美的第一本医学专著和第一部小说。1733 年起,印刷所凭着《穷人理查德的年历》(Poor Richard's Almanac)而闻名全国。这是一本印有格言、警句和诗歌的日历,每年销售 10 000 份,每 100 个居民中就有 1 份,历年发行的总数超过 25 万份,成为各殖民地除《圣经》以外最受欢迎的书。其精选本于 1757 年首次印行,被冠以《财富之路》的标题,此后共印行了 1 200 版。② 1737 年,富兰克林担任费城的邮务长,这个职位让他受益良多,这使得他发行的报纸可以免费流通。③

直到 18 世纪中叶,北美邮政的规模依然不大,但是服务还算正常。富兰克林和亨特继任邮政总长后,北美邮政的情况有所改观。从纽约到费城的邮件,之前夏天一个月递送一次,冬天半个月一次,而现在则变成了一周三次,也公开了时刻表。在富兰克林等人的努力下,北美邮政终于实现了赢利。④

1763 年,当七年战争接近尾声之时,富兰克林前往加拿大,去考察在那里建立邮政服务的可能性。这促成了 1765 年法令的出台。根据 1711 年法令,长距离通信的费用很高,从魁北克到纽约,一张纸的信件需要耗资 3 先令,从而阻碍了两地之间的通信。魁北克总督声称,邮政必须降低费用。1765 年法令规定,200 英里收费 8 便士,之后每增加 100 英里收费 2 便士。这样,从魁北克到纽约的费用降低到了原来的一半,只需要 1 先令 4 便士,而不是 3 先令。⑤ 1772 年,曾经主管加拿大邮政的胡格·芬利被任命为监督员,负责调查如何在加拿大和新英格兰之间实现更加高效和良好

---

① Winifred Gallagher, *How the Post Office Created America*, New York: Penguin Press, 2016, p.8.
② [美]保罗·约翰逊:《美国人的历史》(上卷),第 137 页。
③ Howard Robinson, *The British Post Office: A History*, p.170.
④ Howard Robinson, *The British Post Office: A History*, p.171.
⑤ William Smith, *The History of the Post Office in British North America*, 1639–1870, pp.43–44.

的邮政服务。原来的路线对新英格兰来说过于迂回,因为要穿过大量的湖区。① 芬利最终发现了一条新的路线。

1774 年富兰克林被辞退后不久,北美独立战争开始,伦敦不再对这里邮政的安排有发言权。从 1761 年到富兰克林去职,殖民地的邮政的确实现了赢利,但是金额并不大,基本上每年都在 600 镑左右。1775 年,参与反抗的殖民地决定任命自己的邮政长官,富兰克林是不二人选,这奠定了后来美国邮政的雏形。②

从英国到北美殖民地的通信存在很大问题。1765 年,贸易委员会评论,在联合王国和各殖民地的通信中经常发生延误、误投以及各种各样的事故。七年战争时期,前往纽约的邮政服务费用非常昂贵,共耗费 60 000 英镑。③ 通过纽约送往南方殖民地的信件的寄递速度更加缓慢。1764 年之后,形成了一条独立的邮路,从法尔茅斯通往查尔斯顿,然后送往西印度群岛。

在 13 个州独立之后,哈利法克斯成为另一个港口。根据 1808 年帕特森的记载,从法尔茅斯运来的邮件,每月都有从哈利法克斯和纽约之间的往来邮件,除了 11 月、12 月、1 月和 2 月,其他时间里邮件被直接运到纽约。④

美国革命期间,送往北美的邮件不仅要面对来自北美私掠船的威胁,还要面对来自法国的危险。法国后来加入殖民地作战,其船只会化装成殖民地的船只抢劫英国船。1778 年法国公然参战后,影响更大。1777 年,邮政损失了很多邮包,其中在纽约丢失了 5 包,被抢 4 包,失踪 1 包。战争结束前,有 9 个邮包被抢,另外还有 7 个邮包被损坏。⑤

---

① Howard Robinson, *The British Post Office: A History*, p.172.
② Duncan Campbell-Smith, *Masters of the Post: The Authorized History of the Royal Mail*, p.85.
③ William Smith, *The History of the Post Office in British North America, 1639–1870*, p.272.
④ Howard Robinson, *The British Post Office: A History*, p.173.
⑤ Howard Robinson, *The British Post Office: A History*, p.173.

北美的独立、与法国的战争导致了邮政损失巨大。1776年以前,每年的邮政费用约为30 000英镑。独立战争期间,该费用提高了4倍,甚至在战后也没能恢复到战前的水平。也就是在那段时间,出现了不少邮政官员贪污腐败的事情。拿破仑战争时期,邮政成本再次飙升。1814年,邮政费用达到160 000英镑,但和平到来之后,又开始下降。①

1794年,英格兰与英吉利海峡的一些岛屿,例如格恩西岛、泽西岛、奥尔德尼岛等建立了邮包服务,英国邮政服务的终点是韦茅斯。维也纳会议之后,邮包服务很长一段时间不再受到战争的影响。随着越来越多的人移民到各个殖民地,邮政服务成为他们与母国人民之间进行联系的重要手段。

英国与远东的通信,更加不尽如人意。由于路途遥远且远隔重洋,在蒸汽轮船被投入使用之前,远洋航行非常耗费时间。鸦片战争前后,英国的官方指令是通过鸦片飞剪船、汽船、侧明轮船、骆驼或毛驴来传递的,往往要在事件发生好几个月之后才能到达目的地。1839年夏天,义律在广州发给帕麦斯顿的报告送达唐宁街的速度十分缓慢,他汇报林则徐的封锁和请求军事支援的报告用了约5个月时间,才送到帕麦斯顿的办公桌上,而帕麦斯顿派遣一支舰队的决定又用了约6个月的时间,才返回给义律。②19世纪30年代,英国与印度的信件经海路往返则需要近两年时间。

随着19世纪中叶一些新发明的出现,英国与殖民地之间的通信状况有了明显改进。

首先是轮船。远洋汽轮缩短了帝国首都和殖民地之间的通信时间。从1837年到1843年,英国人建造了第一批真正的铁船体远洋轮船。1843年,伊桑巴德·布鲁内尔的轮船"大不列颠号"(Great Britain)下水。这是当时最大的轮船,有一个钢船体,有螺旋桨,取代了效率较低的明轮船。但

---

① Howard Robinson, *The British Post Office*: *A History*, p.174.
② [英]蓝诗玲:《鸦片战争》,刘悦斌译,北京:新星出版社,2015年,第130页。

是它的蒸汽发动机的效率仍然比较低,蒸汽船在初期消耗了大量的煤,因此其运载货物的能力非常低。19世纪50年代,英国研制成功组合式蒸汽发动机,把远洋蒸汽发动机的效率提高了一倍多,使蒸汽轮船与远东的贸易变得更加经济。而到1850年,随着蒸汽轮船的投入使用,伦敦到孟买之间的信件往返只需4个月。1869年苏伊士运河开通之后,轮船从英国抵达印度的时间不到两周。①

汽船对英国有效开发殖民地内陆地区也至关重要。19世纪30年代初期,印度的明轮船运营在恒河上,在加尔各答的贸易中发挥着重要作用,直至19世纪50年代铁路取而代之。汽船对进入西非更为重要。15世纪后半期,欧洲首次对西非的海岸线进行了调查。此后的几百年里,疾病和落后的交通,阻碍了人们的进一步调查活动。尼日尔河和刚果河是进入西非和中非的重要通道。1833年至1834年,麦格雷格·莱尔德成功地驾驶汽船沿尼日尔河溯流而上,到达了它与贝努埃河的汇流处。但是,死于疟疾的人非常多。直到19世纪50年代预防药物奎宁被投入使用后,尼日尔河才被用作一条重要的贸易通道。到19世纪70年代,几家英国公司派遣蒸汽商船沿尼日尔河溯流而上;1879年,乔治·戈尔迪·陶布曼(George Goldie Taubman)组织其中四家公司成立了非洲联合公司;1886年,该公司成为特许的皇家尼日尔公司,使英国获得了对尼日利亚北部的有效控制。②

其次是铁路。托马斯·布拉西(Thomas Brassey)等铁路企业家把铁路带到了世界各地。布拉西先是在英国和欧洲修建铁路,后来转向海外。布拉西参与修建了加拿大长达1 100英里的大干线铁路。19世纪60年代,他在欧洲、印度、澳大利亚和南非工作。"公有铁路由各地政府出资修建,

---

① [美]杰利·本特利、赫伯特·齐格勒:《新全球史:文明的传承与交流》(下册),北京:北京大学出版社,2014年,第966—967页。
② [英]P. J.马歇尔主编:《剑桥插图大英帝国史》,第108页。

图 5-1 杰克·菲利普斯(20 世纪早期,海外班轮承担着运送海外邮件的重要任务,这些船被称为"Royal Mail Ship",简称"RMS","泰坦尼克号"是其中之一。1912 年"泰坦尼克号"最后一次航行时,船上搭载了 3 000 多袋邮包。杰克·菲利普斯虽在船撞上冰山后用电报发出许多求救信号,但最终和船一起葬身大海。摄于英国邮政博物馆)

通常在伦敦发行债券筹集资金;而私有铁路通常由设在伦敦的公司筹措资金,这些公司依靠一条效率高的铁路来获得利润。这两种铁路的混合形式就是由私人修建并管理的铁路,殖民地政府保证他们获得相当于他们资本成本最低百分比的利润。"①

19世纪40年代至50年代,印度相继成立了大印度半岛铁路公司、东印度铁路公司、马德拉斯铁路公司等。1853年,从加尔各答至恒河河畔拉杰玛哈尔的铁路首先被建成。至1859年,8家公司修筑了长达约5 000英里的路线。自1867年起,劳伦斯总督及以后的梅约总督大举国债,解决了铁路及大型水利工程的资金问题,由此进入了政府筑路阶段。以后,铁路的发展更为迅猛。至1914年,铁路网已贯通全印度,达3.5万英里,成为亚洲之最。②

再次是电报。方便快捷的电报有效地克服了地域间距离远的问题。19世纪30年代,电报线开始在陆地上被使用。当1858年电报线被铺设到阿德莱德时,新南威尔士的总督向维多利亚殖民地和南澳大利亚表示祝贺,称电报缩短了地区之间的距离。"要把西澳大利亚连入该电报系统,则需要敷设一条穿过沙漠灌木丛、长度达1 800英里的线路。"③

19世纪50年代,工程师已经研制出了在大洋底部传递信息的海底电缆。远程海底电缆的发明,将殖民地和英国更紧密地联系在一起,从而使得信息能够在全世界被瞬时传递。"到1870年,海底电缆使英国与印度之间的信息传递时间缩短到五小时。"④从1866年开始,加拿大与爱尔兰被海底电缆联结在一起。1872年,澳大利亚与更宽广的世界建立了联系。这些促使新南威尔士的总督预测,电缆"可谓是将我们手拉手与母国联系在

---

① [英]P.J.马歇尔主编:《剑桥插图大英帝国史》,第109页。
② 林太:《印度通史》,第246页。
③ [英]P.J.马歇尔主编:《剑桥插图大英帝国史》,第253页。
④ [美]杰利·本特利、赫伯特·齐格勒:《新全球史:文明的传承与交流》(下册),北京:北京大学出版社,2014年,第967页。

一起"的方式。1885年,要求部队参加英国在苏丹的战役的呼吁,经由电报的方式被发往新南威尔士。1899年,南非战争中的援助请求也被以同样方式发往加拿大。"这些电报表达了一种刻不容缓的帝国危机感,并要求对此做出迅速反应,具有非常强大的影响力。"[1]1902年,海底电缆将英帝国的各个部分联结在一起。

随着20世纪的到来,无线电的发明使得通信更为便捷,成本也更为低廉。1901年,马可尼从康沃尔向纽芬兰拍发了第一封电报,无线电把帝国更紧密地联系起来。"尽管加拿大、澳大利亚和新西兰都仿照英国建立了无线电广播网,在第二次世界大战中,新西兰广播公司却缺乏财力开办自己的新闻广播,只能重播BBC的海外版内容。这加强了新西兰与英国的亲密感。"[2]

最后是航空。第一次世界大战证明了有动力装置的航空飞行在维持帝国通信,尤其是在快速传递邮件方面的潜力。1924年,在政府的资助下,帝国航空公司成立。"伦敦到印度的第一次定期航班,伦敦到开普敦的每周一次的航班,以及伦敦到澳大利亚的邮政航班,分别于1929年、1931年和1935年开通。"[3]

新型交通工具和电报、电话等新发明的使用,为英国在殖民地的统治带来了显著优势。英国的官员们能够迅速动员军队,处理各种紧急情况;商人们则能够对经济发展和商业机会做出快速反应。快捷的通信是帝国得以维系的重要因素之一。

---

[1] [英]P. J.马歇尔主编:《剑桥插图大英帝国史》,第254页。
[2] [英]P. J.马歇尔主编:《剑桥插图大英帝国史》,第254页。
[3] [英]P. J.马歇尔主编:《剑桥插图大英帝国史》,第111页。

第六章

英国与近代中国邮政

中国的通信历史源远流长,有文字记载的通信活动,始见于殷商时期的甲骨文。经过几千年的发展,在近代以前,中国的信息传递已经构成了一个比较完整的体系。官方公文由官办的驿站传递,商民信件由民办的民信局递送,此外还有负责与侨民联系的侨批局,等等。1840年,英国以武力打开了中国的大门,外国资本主义的涌入改变了中国社会生活的诸多方面,其中就包括邮政。在西方近代邮政的刺激下,中国近代国家邮政发端,其中英国对晚清邮政的发展起到了重要的助推作用。遗憾的是,目前国内学界尚无人对这一问题进行研究。笔者不揣浅陋,对英国对晚清邮政事业产生的影响进行了相关梳理。

一、"客邮"与近代中国邮政的发展

1. "客邮"的起源

"客邮"是外国政府在中国擅自设立的其本国的邮政机构,英文为"Alien Postal Agency",或"Post Office Abroad",直译应是"外国邮局"。[1] 鸦片战争前,外商来华贸易仅限于广州一地,他们在中国与外界通信非常困难,既不能利用官办驿站传送邮件,又不放心将邮件交予民办的民信局,于是想自己设立一个通信机构。这是客邮建立的最初动机。当时的英国和其他国家相比,在所有外国对华贸易中所占的份额最大。1715年,英国东印度公司在广州设立商馆,之后中英贸易额逐年递增。自1818年至1833年间,英国平均每年已经有56艘商船来华。[2] 随着贸易的不断扩展,这些商人在通信方面的需求也越来越急迫。1834年,英国驻华商务监督律劳卑"更明目张胆地无视中国主权,在其广州住所开办了一个所谓'英国邮局',这个邮局直属伦敦英国邮政总局领导。这是在中国最早出现的'客

---

[1] 晏星编著:《中华邮政发展史》,台北:台湾商务印书馆,1994年,第299页。
[2] Ying-wan Cheng, *Postal Communication in China and Its Modernization*, 1860-1896, Cambridge: Harvard University Press, 1970, p.52.

邮'局"①。

1841年1月26日,英军实际上占据了香港岛,并于当年10月1日成立了香港邮局。英国侵华的"东方远征军"的部分家书以香港的邮局作为中转站,用英国的舰只接载回国。1842年8月《南京条约》签订前,香港的主权还属于中国,当时英人璞鼎查竟以"香港英国总督"的名义宣布在香港开办英属邮局,成为伦敦邮局之分局。这是中国最早出现的"客邮"。当香港成为英国的殖民地之后,香港邮局也正式归属英国管辖。②

五口通商后,英国又以香港为基地,先后在各通商口岸开办邮局。1858年中英《天津条约》第四款第一条规定:

> 大英钦差大臣并各随员等,皆可任便往来,收发文件,行装囊箱,不得有人擅行启拆,由沿海无论何处皆可送文。专差同大清驿站差使一律保安照料。

这就使英国侵犯中国邮权的行为得到了条约的掩护。商埠可以建领事馆,领事馆也开设了邮政代办的服务,以处理外国人进出中国的邮件,并可收取相应邮资。依据《南京条约》开放的有厦门、广州、福州、宁波和上海,这五个商埠于1844年开办了英国客邮服务,直至1922年。此后,英国又于1860年在汕头、1872年在汉口、1876年在琼州、1882年在天津、1903年在烟台以及1906年在黄埔各埠设置邮局。其设在领事馆内者,被称为"领事邮务代办"(Consular Packet-Agency);业务发达而脱离领事馆独立者,被称为"邮局"或"邮务代办"。③

1860年起,英国政府又将其海外邮务系统做了全面调整:

> 将原由英国本土直接指挥的香港邮局,改归当地殖民政府管辖,

---

① 邮电史编辑室编:《中国近代邮电史》,北京:人民邮电出版社,1984年,第14页。
② Ying-wan Cheng, *Postal Communication in China and Its Modernization*, 1860–1896, p.52.
③ Ying-wan Cheng, *Postal Communication in China and Its Modernization*, 1860–1896, p.50.

任命邮政总局局长一人,赋予全权指挥监督英国所有在远东的邮政机构。自此香港在上海和日本横滨两地各增设邮局一处。①

……

英国除在我国沿海、沿江广设民用性质的客邮外,尚有以军事为目的之军邮局,早在1889年强租威海卫时,即有军邮局进驻;1900年八国联军之役,英国更设军邮总局于威海卫,所辖军邮局随军布设达27处。此外在边陲地区的新疆疏附和西藏的亚东、帕里、江孜、葛大克、日喀则等处亦有英国客邮之足迹。②

英国在华设立客邮之后,其他列强也借口"利益均沾"而纷起效尤,甚至在中国国家邮政正式开办之后,客邮的扩张也没有停止,而且从原有的沿江沿海各通商口岸,逐步深入内陆甚至边疆地区。至中华民国建立之后,客邮的势力依然强大。据时人调查所得:

> 英国设有邮务处六处,邮寄代办所六处,信箱七具,法国设有邮局二十处,信箱七具,德国设有邮局十处,代办所二处,信箱十一具,俄国设有邮局十七处,邮电局一处,美国设有邮局一处,信箱十一具,日本(南满铁路包括在内),已设有邮局五十五处,附属局二十八处,邮局代办所六十六处,野战邮局三处,代收邮票所七十六处,信柜二十一处,信箱一百八十具,信筒二百三十九具。③

客邮经营范围广泛,涵盖海外及国内各地,不仅收寄信函包裹、挂号邮件及办理汇款,尤为引人注意的是,客邮还开办储金业务。英国不仅在香港,而且在内地各信馆内设有利民局这一储蓄机构。起初,它只在侨民中

---

① 晏星编著:《中华邮政发展史》,第302页。
② 晏星编著:《中华邮政发展史》,第305—306页。
③ 楼祖诒:《中国邮驿发达史》,参见周谷城主编:《民国丛书》(第三编),上海:上海书店1990年,第338—339页。

经营,规定"佣工贫民"2角5分起存,每次所存小得超过150元之数,后亦吸收内地中国平民储款。① 日本在上海开设利民局,在烟台日本邮局内开办邮政储金,业务很发达。俄国在天津、上海、哈尔滨的邮局里,均办理储金。

在客邮的发展过程中,有以下三个地方占据了重要的地位。

一是广州。在中国对外开放的历史中,广州占据了最重要的地位,它是1757—1842年中国对外开放的主要市场。外商与广州市"十三行"地区的华商,促进中外贸易和开设工厂。但东印度公司在此时输入鸦片,分销各地。1834年,英国派遣律劳卑到广州和澳门设立邮务代办,由此中外通信量大增。1842年8月《南京条约》签订后,广州繁华不再,商务重心渐渐转移到上海和香港。但在中国的客邮历史上,广州占了龙头地位。

二是香港。《南京条约》签订后,香港正式被割让,沦为英国的殖民地。而早在1841年8月,英国人已在香港设立邮局,确定了邮务专员的职位,制定了军用及民用的印鉴。1845年,英国铁行轮船公司的船只开到香港,每月定期来回于香港与英国南安普顿之间。《北京条约》签订后,九龙半岛归香港管理。1862年12月8日,香港邮局发行了香港第一种邮票。香港的邮政业务开始后,与英国在华的客邮合作,将中国对外的邮件分送至全世界。各商埠的英国客邮所用的邮票,都是以香港邮票来支付海外邮资,直至1922年为止。

三是上海。《南京条约》签订后,上海成为五个开放商埠中最重要的一个。1844年,英国在上海领事馆开设了邮务代办服务,收发邮件转运至香港。1861年后,此服务脱离领事馆,改由一邮务公司执行。1860年4月,英国的铁行轮船延长了航线,由香港至上海,每月一班,接载寄往外国的邮件。1863年,法国皇家邮递公司正式与上海签订了邮务协议,开办客邮并以上海为邮轮的远东终点站。在此后20年的外国客邮业务中,上海占有

---

① 上海市邮政局编:《上海邮政储汇发展简史》,上海:上海科学普及出版社,2005年,第12页。

地理上的重要地位,例如汉口,宁波和长江以北地区的邮件,多转送到上海客邮被集中处理后,再付运外国。此外,1858年《伊豆条约》签订后,日本商埠的国际邮件,主要是经上海和香港转运的。1863年7月,英国铁行轮船由上海开到了横滨和长崎。1867年,美国和日本分别发展了太平洋航道,先后在上海成立了邮务代办处。1868年,在上海经美国邮务代办的邮件,可经日本到美国旧金山再转至其他地区,甚至东渡大西洋直至欧洲。1876年4月,日本在上海成立日本帝国邮局,寄出的信件被贴上日本邮票后,经日本到达美国。1886年8月16日,德国在上海开办客邮局,并以莱斯轮船公司每月一班的邮轮,直运至德国。

2. 客邮的主要路线

（1）两角邮路

从欧洲和美洲来中国的航道是绕过非洲南端的好望角而来,需时大约5个月,回程的路途是相同的。但由中国到美洲亦可以走南纬40度的巨风航道,向东而行绕过南美洲南端的角城,再北上到美国。这是很快速但危险的航程。信件是先经纽约,再向东渡大西洋到英国。①

（2）过陆邮路

19世纪初期,工业革命后,蒸汽锅炉动力的轮船取代了风帆船,这让航期缩短了不少。1835年,英国人谭马士·域康致力于发展由英国至埃及的亚历山大港航线。他建议邮件由亚历山大港经陆路托运至苏伊士港,再经红海航运至印度、澳洲和远东,后得以付诸实施。

---

① 欧德仁:《中国早期邮政史》(上),《上海集邮》2009年第7期。

(3) 法尔茅斯/南安普顿邮路

铁行轮船公司自 1840 年由法尔茅斯经直布罗陀航行至亚历山大港。1843 年 6 月后,改由南安普顿出发至亚历山大港,过陆路邮道至苏伊士后,改由东印度公司的船只或军舰经印度到达中国广州或香港。1845 年 8 月,铁行轮船公司的船只由苏伊士到加勒港、锡兰,转船后经槟城、新加坡到达香港。首航到达香港的是"贵妇玛丽伍德号"(Lady Marywood)。其回航日期是 9 月 1 日。自此,英航开拓了由欧洲到中国的第一条航线,每月一班对开,航程大约 55 天。

(4) 经马赛港邮路

过陆邮路的另一途径是经马赛港。位于法国南岸、地中海北岸的马赛港可传递欧洲的邮件至亚历山大港,再传送至远东。经此航线,香港至英国的邮件可在 48 天内到达。自 1862 年起,法国皇家邮递公司的船只航行至香港和上海,此航线可将远东的邮件经西贡和加里运至马赛,到达后登陆,由铁路运往巴黎,然后分别运送至欧洲诸国。①

(5) 经奥地利的里雅斯特港邮路

由奥地利莱斯轮船公司提供的由的里雅斯特港到亚历山大港之间的邮递和航运服务,于 1849 年开始,但由于航班不定期及行程缓慢,不受远东客商的青睐。1866 年 2 月,奥地利与香港签订了邮政协议,由香港到的里雅斯特港的邮资为每 1/4 盎司 12 仙,两年后减半为每 1/2 盎司 12 仙。通往奥地利和北欧国家的邮件,以此低廉价格递送,不失为一好选择。1860—1870 年间,由中国寄往该地区的邮品,皆可见"部分邮资已付"(以

---

① 欧德仁:《中国早期邮政史》(上),《上海集邮》2009 年第 7 期。

红笔书写或盖有红色印戳)和"欠资"(以蓝笔书写或盖有蓝色印戳)的标记。1888年,奥地利莱斯轮船公司的航班延伸到香港和日本多地。

(6)横渡大西洋邮路

来往远东和美洲之间的邮件,大多是经欧洲转运的。在欧洲各口岸和美洲东口岸之间,有10多条航线穿梭而行。这是欧美邮政史中最重要的一页。

(7)横渡太平洋经旧金山邮路

1866年12月,中美间直接的太平洋航线服务由美国太平洋邮船公司(Pacific Mail Steamship)提供。1867年2月17日,美国太平洋邮船公司首航的"科罗拉多号"(Colorado)由香港开出。1867年7月10日,上海支线首航开出的美国太平洋邮船公司的"哥斯达黎加号"(Costa Rica)邮轮,每月一班,经日本横滨港转到美国西岸的旧金山。当时的美国西岸并不繁荣,直到19世纪60年代才因寻金热而渐渐热闹起来。东西两岸间的主线铁路,此时尚未建成,东岸的繁荣都市、文化中心,如纽约、波士顿等地的商业信件被寄到西岸,需由东岸港口以邮船经中美洲巴拿马的亚士宾维港后,经陆地运输到太平洋岸边的巴拿马港,再由美国太平洋邮船公司的船只转运至旧金山港。[①]

(8)横渡太平洋经温哥华邮路

加拿大至中国的邮递服务始于1887年5月。由于加拿大横贯东西岸的铁路于1887年竣工,所以加拿大太平洋轮船公司买下了英国的3艘旧船,来回航行于温哥华、日本多地和香港之间。加拿大太平洋轮船公司的

---

① 欧德仁:《中国早期邮政史》(上),《上海集邮》2009年第7期。

3艘先驱小船为:"亚比西尼亚号"(Abyssinia)、"巴帝亚号"(Partha)和"巴塔维亚号"(Batavia)。1891年航线渐上轨道之后,一系列的新船代替了上述3艘先驱小船,并以"皇后"(Empress)称号来命名,如"印度皇后号""日本皇后号""中国皇后号"等。此后,从中国邮递到美洲的信件必定被写上"Via Vancouver"(经温哥华)的字样。不然,邮局可能会将之投送到旧金山的邮袋中,从而耽误递送时间。

(9)经德国布莱梅哈文到欧洲的邮路

德国至中国的海邮服务始于1886年,由德国劳埃德轮船公司(Norddeutsche Lloyd)从布莱梅哈文出发,经地中海苏伊士运河、亚丁、科伦坡、新加坡、香港后,于8月16日到达上海。此后,上海到德国之间的船运,每月一班。由此,德航到欧洲的邮递较英航铁行轮船公司、法航MI的服务,更为快捷。从天津和上海的德国客邮局寄出的邮件都被贴上了德国邮票,销"德国邮务代办局"戳。从香港寄出者,戳上则有"德国海邮,东亚洲主航线"字样,但所贴香港邮票上无"香港"字样。[①]

(10)经安南的法国铁路邮路

1892年,法国在安南的铁路,由海防经河内、老挝进入中国西南高地"云南府"(昆明),与中国铁路接轨。所以,西南地区的市县如蒙自、龙州及思茅(普洱)等地寄件,可由此路线到海防港,再由法国邮轮运往欧洲,或至香港转运至其他地区。

(11)澳洲至中国的邮路

澳洲没有开办到中国的航班。但英航从香港到英国,与澳洲到英国的

---

① 欧德仁:《中国早期邮政史》(下),《上海集邮》2009年第8期。

航道在加勒(斯里兰卡)会合。由中国到澳洲的邮件,可循英航经香港到加勒,然后转船向东南行到澳洲。英航初到澳洲是在 1852 年,此航道被沿用了一个世纪,沿此航道的邮件上可见"Via Galle"(经加勒)字样。另一较短的航道是由香港一地的英航到新加坡,然后由东部与澳洲轮船公司运经巴塔维亚,绕过托列斯海峡,南下到达澳洲。此航程只需约 24 日,比经加勒所需的 40 日大为缩短,可惜航道凶险,使用时间为 1873—1880 年。①

在业务方面,客邮最初的服务对象是与其本国通信的外国在华人士,其后则推及中国商民,寄递范围也不限于国外,而扩及国内各地。业务种类除信件外,也包括收寄包裹;除普通邮件外,也包括收寄挂号邮件。② 客邮所收寄的信件,用的是其本国发行的邮票。据《光绪三十二年邮政事务通报》记载:

> 英局在各口岸有边呢(即便士 penny)之轻费(合洋银四分),美局在上海有二分金钱之轻费,而外人居驻内地者,乘其本国之口岸客局,亦用其本国之轻费邮票发寄国外信件……此项信件,本应按联邮章程纳费,并既在中国发出,即应用中国邮票。若如以上情事,不但显与邮章相背,且令中国邮政受亏。③

此外,客邮还开办了储金业务。英国不仅在香港,而且在内地各书信馆内设有利民局这一储蓄机构。起初只在侨民中经营,后亦吸收内地中国平民储款。④

此外,客邮的来往邮件都用各相关国家的邮袋加以装运,不用经过中国海关检查,这为某些别有所图的人提供了可乘之机,成为不法分子走私

---

① 欧德仁:《中国早期邮政史》(下),《上海集邮》2009 年第 8 期。
② 李颂平:《客邮外史》,香港:保安邮票社,1966 年,第 43 页。
③ 《光绪三十二年大清邮政事务通报》,参见仇润喜主编:《天津邮政史料》(第二辑下),北京:北京航空航天大学出版社,1989 年,第 574 页。
④ 上海市邮政局编:《上海邮政储汇发展简史》,第 12 页。

贩毒的途径。1902年1月，罗伯特·赫德（Robert Hart）在致外务部申呈中云：

> 数日之间，仅查得上海英国邮政分局一处，其收发各项小包，内有吗啡一项，估值银三千五百七十九两，珍珠一项，估值银四万五千二百六十七两，贵重首饰等项，估值银二千五百十两，钟表药材各货，估值银至数千两有奇等情。是该商等乘此加税之际，匿将珍重货物，借外国邮局寄带，显系故意投门走私，不仅英国一国邮局如此，即俄、德、法、美、日本等国所设分局类皆如此。①

1921年，施肇基在太平洋会议上发表宣言指出：

> 凡有外洋运入中国的包裹、信件，例应由海关查验，然除由上海及其他一二口岸运来之包件外，凡由外国邮局传递之物件，经海关查验者甚少，此实共见共闻之事。盖外国邮政机关与中国海关欲协同办理，实异常困难，且经验上可证明为不可能之事。是以中国关税收入，实际极受影响，而外国邮局遂为偷运禁品之护符，违禁品中尤以吗啡、高根（一种麻醉药）鸦片等为最。②

1922年2月1日，在中国政府的强烈要求下，华盛顿会议通过了由英国起草、各国反复磋商而成的撤销客邮案，做出如下规定：

一、有该项邮局之四国允许照下列条件将其撤销：

（甲）中国保持切实办理之邮务；（乙）中国政府保证现在邮务行政与外国邮务总办之地位有关系者无变更之意。

二、为使中国及有关系之国举行必要之设备起见，此项办法实行

---

① 中国近代经济史资料丛刊编辑委员会主编：《中国海关与邮政》，北京：中华书局，1983年，第154页。
② 晏星编著：《中华邮政发展史》，第309—310页。

之期不得逾一九二三年一月一日。①

这些规定与英国先前的撤邮条件一脉相承,其中最关键的是(乙)项。

撤销客邮案通过后,英国随即开始筹备履约事宜。1922 年 6 月 21 日,英国外交部副秘书长哈姆斯沃斯(Harmsworth)在下院说:"英国现筹备于 1923 年按照华会条约裁撤在中国的英国邮局。"②同年 11 月 30 日,英国撤销了 12 个在华邮局,但并没有同时撤销它在西藏设立的邮局,这些邮局直到中华人民共和国成立后的 1955 年,才由印度政府交还中国。③ 撤邮后,英国继续在中国国家邮政中享有人事及管理上的优渥地位,这同样减损了英国撤销在华邮局的意义。

---

① 王铁涯编:《中外旧约章汇编》(第三册),北京:生活·读书·新知三联书店,1962 年,第 201 页。
② http://hansard.parliament.uk/commons/1922-06-21/debates/china(North and South).
③ 邮电史编辑室编:《中国近代邮电史》,第 130 页。

二、英国对近代中国邮政的影响

1. 客观上促进了中国近代邮政的创设与发展

由英国人始创的客邮给中国近代邮政事业带来了重要影响,它在很大程度上侵夺了中国的邮政自主权。1901年7月21日,海关税务司的阿理嗣写信给赫德,信中提及:

> 按万国公法,此国官民不能在彼国境界开设邮局,此在本国以外开设邮局之事,在泰西各国视之,即与在他人之地建造炮台、派兵驻守,开征税项等蔑理之事无异,且均属欺压地主之权。①

1920年4月20日,美国驻华公使在向美国政府提交的外交报告中也坦言,各国在华设置客邮是侵犯了中国通信主权的行为:

> 各国曾在中国设置客邮,大要为政治原因,或为其对于中国之将来计划起见,以巩固其在中国之地位,或因嫉忌他国在华地位。但客邮之设立,并未得中国之允许,或竟忽视中国之意而不顾……此种设

---

① 中国近代经济史资料丛刊编辑委员会主编:《中国海关与邮政》,第100页。

置实侵犯中国主权。①

然而,客邮在客观上也带来了新式邮政信息。客邮是中国出现的最早与中国传统驿站所不同的新式的、比驿站更优越的通信方式,是中国近代国家创办邮政的推动力。郑观应曾指出客邮的优点所在:

> 近日英、法、美复于上海设局经理,其事自常年用费外,所入之款岁有赢余。可知邮政一端,其利甚宏,其效甚速。轻而易举,无耗费之虞;远而可通,无濡滞之虑。所谓上下均利,而无所不利者也。②

在客邮的刺激之下,清朝一些有远见的官员开始建议创办国家邮政局,以取代客邮。1885年,浙江文案李圭在送薛福成的禀帖里,说明了设立国家邮政局的好处和必要性,并指责上海等地的许多外国设立的邮局有损国家尊严,还建议"设立国家邮政局,在通商口岸设立分局,以代替外国邮政机构"③。1895年,张之洞呈《请办邮政片》,认为各国在华客邮"递送官民往来文函,取资甚微,获利甚巨,日盛一日……且权操于上,有所统一,利商利民,而即以利国",并要求"大举开办,推行沿江沿海各省,兼及内地水陆各路,务令各国将所设信局全行撤去,并与各国入会,彼此传递文函,互相联络。如果中国邮政认真举行,各国在华所设信局必肯裁撤,此本各国通行之办法,实属有利无弊之胜算,诚理财之大端,便民之要政也"。④ 受客邮的刺激,有识之士认识到了传统邮驿制度的落后性和西方邮政的先进性。在他们的宣传推动下,清政府逐渐将创办近代国

---

① 交通部交通史编纂委员会、铁道部交通史编纂委员会编纂:《近代交通史全编》(第11册),北京:国家图书馆出版社,2009年,第35页。
② (清)郑观应:《盛世危言》,辛俊玲评注,北京:华夏出版社,2002年,第491页。
③ 中国近代经济史资料丛刊编辑委员会主编:《中国海关与邮政》,第33页。
④ 苑书义等主编:《张之洞全集》(第二册),石家庄:河北人民出版社,1998年,第1057—1058页。

家邮政提上了议事日程。从这个意义上说,客邮客观上刺激了近代中国邮政的发展。

2. 英国"客卿"与近代中国邮政

提到英国人对中国近代邮政的影响,最重要的当属掌管中国海关近半个世纪的海关总税务司罗伯特·赫德。他出生于北爱尔兰,1853年毕业于贝尔法斯特的王后学院。1854年5月,19岁的赫德来华,先在香港接受了见习翻译的培训,随即被派往英国驻宁波领事馆担任翻译。1858年,他被调到英法联军占领下的广州。1859年,他辞去领事馆的职务,参加中国海关的工作,任广州粤海关副税务司。1863年11月30日,他正式接替英国人李泰国担任海关总税务司。从此,他执掌中国海关40多年,在晚清政坛上发挥了不可忽视的作用。

1865年,赫德将所著《局外旁观论》呈递总理衙门。在这篇洋洋数千言的改革建议书中,他提出了对中国邮政的革新方案,即效仿西方,建立现代邮政。他说:"民化而国兴,外国所有之方便,民均可学而得,中国原有之好处,可留而遵。"而他所列举可学的"方便"计有:"水陆舟车、工织器具、寄信、电机、银钱式样、军火兵法等。"①1866年冬,总理衙门即将代寄各国驻京使臣文件的邮递事务,划归总税务司署办理。"北京总税务司署及各重要海关(天津、上海、镇江)即有邮务处之设置,以董理其事,是为海关兼办邮递之始。"②其后,全国24处设有海关的城市陆续设立了海关邮局,开启了晚清创办国家邮政的第一步。

1875年,"马嘉理事件"发生,在清政府与英方进行善后条约谈判的时候,作为谈判助手的赫德,企图让当时的英国驻华公使威妥玛向清政

---

① 晏星编著:《中华邮政发展史》,第320页。
② 晏星编著:《中华邮政发展史》,第320页。

府提出设立国家邮政的要求。但威妥玛出于种种考虑,并未采纳赫德的建议。若干年之后,赫德回忆起这段往事时,依然耿耿于怀:"可惜那时跟我作对的人故意不声不响。"① 赫德虽然没有得到威妥玛的帮助,但他却成功取得了李鸿章的支持。《烟台条约》签订后,李鸿章承诺让赫德先试办海关邮政,等试办有了成效,再由他出面申请将海关邮政改为国家邮政。

1877年,在赫德的授意下,时任九江关税务司的英国人葛显礼,拟订了海关试办邮政的新方案,并呈递总理衙门。他在方案中指出:

> 中国虽然久已有了很好的驿递制度,但是不替商人带信件,因此商人只好通过私营企业传递信件,这种传递信件的办法迟缓、不经常、花钱而且不可靠……在这种情形之下,中国过去已经仿行了西方的许多新政,例如造船厂和兵工厂等等,现在继续仿照西法设立像邮政局这样的机构,也已经是时候了。②

1878年,总理衙门经考虑后,终于同意让海关在通商口岸及就近地方设立送信官局,由税务司管理。赫德主持海关正式试行,开办了邮政业务。3月9日,赫德赴欧前与李鸿章商定,指派天津海关税务司德璀琳以天津为中心,在北京、天津、烟台、牛庄(营口)、上海五处开始试办邮政。3月23日,德璀琳在天津开放收寄华洋公众邮件。③ 这是海关试办邮政的开端,此举进一步奠定了开办国家邮政的基础。

面对客邮的逐步扩张,越来越多的人认识到近代邮政的优势以及开办国家邮政的迫切需要。1893年,南洋大臣刘坤一和北洋大臣李鸿章上书呼吁清政府尽快正式开办邮政,否则"异日中国再议推广,必更维艰"④。

---

① 中国近代经济史资料丛刊编辑委员会编:《中国海关与邮政》,第79页。
② 中国近代经济史资料丛刊编辑委员会主编:《中国海关与邮政》,第2—3页。
③ 邮电史编辑室编:《中国近代邮电史》,第25页。
④ 楼祖诒:《中国邮驿发达史》,参见周谷城主编:《民国丛书》(第三编),第356页。

甲午战争后,总理衙门就成立官办邮政一事,邀请赫德面商数次,赫德亦重新拟定了《开办邮政章程》四项共 44 条。1895 年,张之洞上奏拟请设立国家邮政,提出"转饬赫德妥议章程,大举开办,推行沿江沿海各省,兼及内地水陆各路,务令将(外国)所设信局全行撤去,并与各国入会,俾传递文函,互相联络"①。1896 年 3 月 20 日,总理各国事务衙门奏请成立大清邮政,并附呈赫德所拟邮政章程,得到了光绪皇帝的批准,"大清邮政"正式开办。

大清国家邮政经过近 30 年的"海关邮政"试办,终于在 1896 年得以正式开办。晚清国家邮政在建立之初,仍归海关税务司管理,赫德为"总邮政司并专司其事";各海关设邮政总局,以海关区域为邮政服务区域,称为"邮界"。全国共划分了 35 个邮界,同时又在比较大的邮务区设"副邮界"。1897 年 2 月,各海关邮局被正式改称"大清邮政局"。

由于近代中国邮政与海关的密切关系,从赫德创办中国国家邮政起,英国人就已经充斥了中国的邮政机构。除了前文提到的税务司葛显礼在 1896 年被赫德任命为邮政总办之外,各地海关的税务司往往兼任邮政司,其中有很多都是英国人。此外,赫德还委托金登干在伦敦举行招收海关工作人员的考试。他也会给金登干提供自己亲友推荐的人员,委托金登干代为考核,被录用后即被安排赴中国工作。由于这样得天独厚的条件,在海关招收的洋员之中,英国人占了多数,其中很多人占据了重要岗位。在总邮政司及其下设的 39 个邮界、副邮界的领导人中,有 141 个外国人,其中 76 个是英国人。② 这对中国近代邮政起到了不可忽视的影响。赫德的弟弟赫政于 1867 年进入海关。当 1885 年英国政府拟任赫德为驻华公使时,赫德曾向清政府推荐赫政继任总税务司,但未获批准。赫德的内弟安格联原为外科医生,于 1873 年进入中国海关,在 1908 年赫德离华后任代理总

---

① 晏星编著:《中华邮政发展史》,第 346 页。
② 丁进军等编选:《清末在华邮政洋员名录》,《历史档案》1991 年第 4 期。

税务司。安格联在任代理总税务司期间,阻挠了清政府从海关收回邮权的工作。清政府一直不同意正式任命他为总税务司,安格联遂于 1911 年离职。赫德的表弟爱格尔于 1868 年进入中国海关,也曾任税务司。①

3. 效仿英国,制度创新

英国人主持中国邮政,势必将其打上深深的英国烙印,其中最为重要的就是借鉴了英国的统一邮资制度以及文官制度。

(1) 借鉴英国的统一邮资制度,发行邮票

清朝的邮政仿效英国现代邮政制度,实行统一邮资和预付费制度。1840 年 5 月,英国发行了世界上第一枚邮票——"黑便士"。这一图案为维多利亚女王侧面头像的邮票用黑色油墨印刷,面值为 1 便士。在"黑便士"发行 38 年之后的 1878 年 8 月,中国发行了第一套邮票——大龙邮票。这套邮票由总税务司署造册处负责印刷,造册处印好后,分批寄交时任天津海关税务司的英籍德国人德璀琳发行。这套邮票的图案以蟠龙为主,衬以云彩水浪,共三枚:1 分银(绿色)、3 分银(朱红色)和 5 分银(黄色)。大龙邮票共发行过三期。第一期发行于 1878 年,采用半透明白纸,通称"薄纸大龙"邮票。第二期发行于 1882 年,邮票图样的间距由 2.5 毫米放大到 4.5 毫米,通称"阔边大龙"邮票。第三期发行于 1883 年,纸质比前两期略厚,通称"厚纸大龙"邮票。② 大龙邮票的发行,标志着中国创办近代邮政的正式开始,也标志着有数千年邮驿通信历史的中国开始进入一个采用现代通信方式的新时期。

---

① 陈霞飞主编:《中国海关密档》(一),北京:中华书局,1990 年,第 16—17 页。
② 刘肇宁编著:《中国邮票史话》,上海:上海文化出版社,1981 年,第 4 页。

（2）引入英国文官制度

在《邮政开办章程》第一项中明确规定：各通商口岸的邮政局归税务司等管理，各口岸所办分局也应由该口岸的税务司会同监督派人管理。① 由此，邮政的人事制度和海关是基本一致的，而中国海关人事制度原以英国文官制度为蓝本，对邮政工作人员的录用、考核、晋升以及各项福利，均有明确规定，这些和中国原有的官吏铨选与考察制度明显不同。

海关招考要求，应考者具有一定的教育水平，并且年富力强。内班年龄限制在19到23岁，外班年龄不超过30岁，均应未婚。内班应试需受过普通高等教育者，必须考英语、算术、地理，在中国招考则增考近代语文，体格检查中有疾病者不予录用。伦敦办事处及上海、九龙、广州、大连、青岛等处都办理考试。② 英国人金登干长期担任中国海关驻伦敦办事处负责人，他深得赫德赏识，在与赫德30多年的通信记录中，经常会有关于如何招考和考核海关人员的讨论。在1898年10月16日写给金登干的一封信中，赫德如是说：

> 我现在准备把所有的申请者都加以推荐，一共有六七十人。这一次用自由竞争的办法。打算在十二月举行一次竞选考试，我要的是那些知识最广博、最有才干的人，不要那些没有头脑只会依样画葫芦的人。因此，对那些考卷中有见解的和一般印象好的都给以高分，通过选拔考试，首先要取消那些不合格的。③

除了建立相对完备的招考制度之外，海关还制定了一系列章程，如关员薪资章程、请假章程、奖惩办法、财政奖章规则等。这些章程的实行，充

---

① 晏星编著：《中华邮政发展史》，第352—353页。
② 陈霞飞主编：《中国海关密档》（一），第12页。
③ 汪敬虞：《赫德与近代中西关系》，北京：人民出版社，1987年，第77页。

分调动了员工的积极性,提高了工作效率。通过这些改革,清末的邮政机构基本杜绝了清廷朝野官员的荐员及纨绔子弟挂职领薪、人浮于事等现象,人事比较精干,办事效率也比较高,为其后中国邮政的发展奠定了良好的基础:

> 邮政员工均经考试及格,方能任用,其升迁、任免、奖惩一律依据人事管理规则办理,每人均有纪录片,岁时登载其功过、假期、任职等等动态。故派任职务,均有资历经验,可资查考,量才器使,不只有好恶……存于其间。员工不随主管长官进退,其奉公守法者,绝无去职之虞。因之在邮局服务二三十年之员工比比皆是。①

由上可知,英国对晚清中国邮政的影响大致可分为以下两个方面。一是,率先在华设立客邮,客观上刺激了中国近代邮政的转型与发展。二是,在人员和制度方面,对晚清国家邮政产生了重要影响,使晚清中国邮政带有明显的英国色彩。总体而言,晚清中国邮政是在外力强制入侵之下被迫发展的,其转型与发展呈现出浓厚的半殖民地色彩。因条件所限,邮政事务的决定权在很长一段时间内都掌控在以赫德为主的外国人手中,中国人被排斥在决策层之外,华洋之间存在着严重的不平等,这与中国近代社会的特点也是相一致的。

---

① 《我国邮政成立经过及其组织制度述要》,广东省档案馆藏档案,29-1-205。

结　语

从罗马不列颠时期到19世纪末,英国邮政经历了一个漫长的发展过程,大致经历了三个不同的发展阶段以及两次明显的转型。

罗马的征服给不列颠带来了驿递制度。这一时期,罗马人修建了以伦敦为中心、辐射全国主要城镇的公路。在这些干道上,每隔一段距离建有驿站,为信使提供马匹。这样的干道和驿站的存在是为了罗马军团和帝国信使的快速行进,是为了罗马更好地统治不列颠。虽然普通公民有时也被允许使用驿站,但是这种情况并不多见。

罗马撤出不列颠之后的很长一段时间,英国邮政并没有取得什么进展。诺曼征服之后,英国进入封建时代,迎来了邮政发展的第一个阶段。中世纪早期的英格兰,国王经常带着王廷四处巡游,有时还会在欧洲大陆住上很久,对通信更加依赖。此外,随着版图的扩大和人口的增多,需要更加完善的政府机构。于是,出现了财政大臣、大法官等固定的官职,办公地点也逐步固定下来。在中世纪,议会制度也开始发展起来,威斯敏斯特逐步成为王国的政治中心。为了处理复杂的国家事务,财政大臣、大法官等都配备了专门的信使。这些皇家信使将国王和大臣的指令送到各地,以维持王国统治机器的运转。

中世纪后期的英国,随着商贸的发展和民众受教育程度的提升,民间通信的数量有所增长,但这里的"民间",指的仍然不是底层民众,而是指具有一定社会地位的阶层,例如帕斯顿家族等。这些保留下来的民间通信,为我们再现了中世纪的风云变幻和社会变迁。

都铎王朝和斯图亚特王朝时期是英国邮政发展史上的第一个转折期。都铎王朝的建立是近代英国的开端,都铎王朝时期也是专制王权确立的时期。这一时期,英国的社会经济都有了进一步发展,商业日趋繁荣,海外贸易增加,殖民扩张也初步开始,移民数量增多,社会流动性比中世纪明显增强,信息传递的重要性也日渐凸显。

都铎王朝正式设立了专门的邮政大臣来负责管理全国的邮政事务,这通常被视为英国皇家邮政的开端。前任邮政大臣布兰·图克任命了专门的邮务人员,划分了邮路,制定了邮政服务的一些具体要求。都铎王朝时期的皇家邮政主要还是为国王与政府服务,由于复杂的政治局势与专制王权控制信息流动的需要,都铎王朝的君主们并不鼓励民间通信,对书信的检查现象也不少见。

斯图亚特王朝时期,邮政终于正式向公众开放,但这种开放并不是出于对普通民众通信权的考虑,更多的是将邮政作为增加收入的手段,因而日益增长的邮政利润为王室所垄断。1684年,詹姆士二世签订协议,为新婚的女儿安妮提供5 000镑的年金,其费用就是从邮局的利润里支出。同时,这些利润还有一些秘密用途。

无论如何,都铎王朝和斯图亚特王朝在邮政发展的历史上都是功不可没的,主要表现为:设置了专门的官员;开通了从伦敦到全国其他各地的邮政服务;使皇家邮政面向人民大众,成为服务国民的政府机构;便士邮政开始出现;议会颁布了一系列和邮政相关的法令,其中1711年法令后来被沿用多年;国内的交通状况得到改善,与国外的通信数量也比较可观,尤其是商人之间的往来通信,相应地促进了商业贸易的发展。

18世纪是英国邮政从近代向现代的过渡时期。一方面,它沿着都铎王朝和斯图亚特王朝设定的轨道继续向前发展;另一方面,它也根据客观形势的变化做出相应调整。18世纪最重要的两项邮政改革是帕尔默的邮政马车制度改革和艾伦的交互邮政改革。前者加快了信件传递的速度,也使邮件的安全性得到了提高;后者则缩短了信件的递送路线,提高了邮政服务的效率。此外,这一时期的便士邮政服务继续扩大,越来越多的人享受到便士邮政的服务。18世纪英国邮政的发展为之后的邮政改革,奠定了重要基础。

19世纪是英国现代邮政制度确立的时期。现代邮政具有以下三个主要特征:一是由国家专营,供政府与公众使用;二是国家发行邮票作为交付邮资的凭证,由寄信人预付资费;三是基本资费采用均一邮资制度。英国现代邮政的确立与罗兰·希尔改革密切相关。希尔的改革确立了统一便士邮政制度,统一了收费标准,调低了资费,使邮政成为更多人能够使用的服务。随着工业革命的全面开展,交通事业得到了长足发展,铁路投入使用,公路路况得以改善,这些使得信件的运送量大增。此外,电报、电话等新发明的投入使用真正实现了信息的迅速传递。1883年,邮政开始寄递包裹。原来职业分类里的"送信人"(letter carrier),被改称为"邮递员"(postman)。

随着业务范围的扩大,邮政真正变成了一个全方位的信息、实物交换系统。全国的邮政网络系统随之建立,邮政网点遍布城乡。书信、包裹、书籍、报纸通过邮政网络传遍全国。从1870年开始,邮政逐步控制电报和电话系统,后来还建立了统一的管理制度。信息的高效、快速流动拉近了人与人之间的距离。邮政发展促进了信息的自由流动,其真正成为普罗大众都能享受的服务。

大英帝国的扩张,又将英国的邮政制度扩展到了殖民地,从最早的爱尔兰,到后来的西印度群岛、北美、印度,先是一艘艘邮船,后来是电报与电话将殖民地和母国联系在一起,增进了两者对帝国的认同。除此之外,英国邮政还对世界其他国家的邮政发展起到了一定作用。以中国为例,由于近代中国的特殊国情,英国人赫德把持中国海关40余年。大清邮政一开始就是由海关代办,最终与海关剥离,但英国人对大清邮政的影响一直持续到20世纪初。

综观英国邮政的发展历程,我们可以看出,英国邮政从最初仅是为国王和政府部门提供服务的机构,逐步转变为面向大众的公共服务部门,这种转变主要基于以下几个方面的原因。

首先,政治变化对邮政发展有着至关重要的影响。随着统治范围的扩大,国家事务日趋繁杂,政府的架构日益完善,稳定、安全、高效的邮政系统成为国家治理的重要工具。

其次,经济贸易发展是推动邮政发展的深层力量。近代以来经济的发展和贸易的繁荣促生了大量通信的需求。伴随着海外贸易的扩展,英国邮政也开始向海外延伸。

再次,社会思潮的演变从某种程度上影响了邮政改革的方向。都铎王朝时期皇家邮政的创设是专制王权试图加强政治控制的努力,而罗兰·希尔改革的背后则是自由主义思潮的日益深入人心。人们开始要求经济的自由发展、商品的自由流动,当然也包括信息的自由传递。廉价高效、人人能享有的邮政服务,也是一个公平公正社会的应有之义。希尔的改革由此得到了工商业阶层的大力支持。同时,一些激进改革者,例如理查德·科布登、奥康奈尔以及弗朗西斯·普雷斯等也投身改革之列。在他们看来,邮政改革也是否定旧体制的新的突破口之一。

最后,技术革新为邮政的变革提供了现实的可能性。如果说政治的演变、经济的发展、社会思潮的变化,激发了邮政事业发展的根本需求,那么真正将改革落到实处,还需要依赖技术的进步和交通等配套设施的改善。有了公路路况的改善,帕尔默的邮政马车才能畅行无阻;有了蒸汽机车,TPO 才能成为现实;发现了电磁波、电报、电话才成为可能。

正是上述各个因素的互相交织、相互促进,才使得英国邮政呈现出独特的面貌。

参考文献

一、英文文献

1. Ashton, T. S., ed., *An Economic History of England*, Vol.3, London: Methuen, 1955.
2. Bannet, Eve Tavor, *Empire of Letters: Letter Manuals and Transatlantic Correspondence, 1680–1820*, Cambridge: Cambridge University Press, 2005.
3. Barker, T. C. and C. I. Savage, *An Economic History of Transport in Britain*, London: Hutchinson, 1974.
4. Barlow, F., *The Feudal Kingdom of England: 1042–1216*, London: Longman, 1955.
5. Beale, Philip, *A History of the Post in England from the Romans to the Stuarts*, Aldershot: Ashgate Publishing Ltd., 1998.
6. Beauchamp, Ken, *History of Telegraphy*, London: Institution of Electrical Engineers, 2001.
7. Bennett, H. S., *The Pastons and Their England*, Cambridge: Cambridge University Press, 1932.
8. Brown, R. A., *The Normans and the Norman Conquest*, Suffolk: Boydell, 1985.
9. Campbell-Smith, Duncan, *Masters of the Post: The Authorized History of the Royal Mail*, London: Penguin Books, 2012.
10. Caplan, J., *Postal Culture in Europe, 1500–1800*, Oxford: Voltaire Foundation, 2016.
11. Clancy, M. T., *From Memory to Written Record: England 1066–1307*, Oxford:

Blackwell Publishing, 1993.
12. Clinton, Alan, *Post Office Workers: A Trade Union and Social History*, London: George Allen and Unwin, 1984.
13. Crofts, J., *Packhorse, Waggon and Post, Land Carriage and Communications Under the Tudors and Stuarts*, London and New York: Routledge, 1967.
14. Daunton, M. J., *Royal Mail: The History of the Post Office Since 1840*, London: Athlone Press, 1985.
15. Deane, P. and W. A. Cole, *British Economic Growth, 1688 – 1959: Trends and Structure*, Cambridge: Cambridge University Press, 1964.
16. Deane, Phyllis, *The First Industrial Revolution*, Cambridge: Cambridge University Press, 1979.
17. Ellis, Kenneth, *The Post Office in the Eighteenth Century: A Study in Administrative History*, London: Oxford University Press, 1958.
18. Ephraim, Lipson, *The Economic History of England*, Vol.1, London: Black, 1945.
19. Gallagher, Winifred, *How the Post Office Created America*, New York: Penguin Press, 2016.
20. Garfield, Simon, *To the Letter: A Journey Through a Vanishing World*, New York: Gotham Books Ltd., 2013.
21. Green, J. A., *The Government of England Under Henry Ⅰ*, Cambridge: Cambridge University Press, 1986.
22. Hemmeon, J. C., *The History of the British Post Office*, Cambridge: Harvard University, 1912.
23. Henkin, David M., *The Postal Age: The Emergence of Modern Communications in Nineteenth-Century America*, Chicago and London: University of Chicaco Press, 2006.
24. Hill, Rowland, *Post Office Reform: Its Importance and Practicability*, London: Charles Knight and Co., 1837.
25. Holland, Julian, *History of Britain's Railways*, Glasgow: HarperCollins Publishers, 2015.
26. Jenks, E., *Law and Politics in the Middle Ages*, London: John Murray, 1919.
27. Johannessen, Neil, *Telephone Boxes*, London: Shire Library, 1999.
28. Joyce, H., *The History of the Post Office: From Its Establishment down to 1836*, London: R. Bentley and Son, 1893.
29. Joyce, Patrick, *The State of Freedom: A Social History of the British State Since 1800*,

Cambridge: Cambridge University Press, 2013.

30. Lewins, William, *A History of Banks for Savings in Great Britain and Ireland, Including a Full Account of… Mr. Gladstone's Financial Measures for Post Office Banks, Government Annuities, and Government Life Insurance*, London: Sampson Low, Son and Marston, 1866.

31. Lewins, William, *Her Majesty's Mails: An Historical and Descriptive Account of the British Post-Office*, London: Sampson Low, Son and Marston, 1864.

32. Lord, John, *Capital and Steam-Power, 1750–1800*, Oxon: Routledge, 2006.

33. Mantoux, Paul, *The Industrial Revolution in the Eighteenth Century: An Outline of the Beginnings of the Modern Factory System in England*, Oxon: Routledge, 1961.

34. Musson, A. E., *The Growth of British Industry*, New York: Holmes and Meier, 1978.

35. Pearson, Robert and Geraint Williams, *Political Thought and Public Policy in the Nineteenth Century*, London: Longman, 1984.

36. Quinn, David B. and A. N. Ryan, *England's Sea Empire, 1550–1642*, London: George Allen and Unwin, 1983.

37. Roberts, F. David, *The Social Conscience of the Early Victorians*, Stanford: Stanford University Press, 2002.

38. Robinson, Howard, *The British Post Office: A History*, Princeton: Princeton University Press, 1948.

39. Robinson, Martin, *Old Letter Boxes*, Oxford: Shire Library, 2000.

40. Rostow, W. W., *The Stages of Economic Growth: A Non-Communist Manifesto*, Cambridge: Cambridge University Press, 1971.

41. Smith, William, *The History of the Post Office in British North America, 1639–1870*, London: Cambridge University Press, 1920.

42. Smyth, Eleanor C., *Sir Rowland Hill: The Story of a Great Reform*, London: T. Fisher Unwin, 1907.

43. Stray, Julian, *Post Offices*, Oxford: Shire Publications, 2010.

44. Stubbs, W., *The Constitutional History of England*, Vol.2, Oxford: The Clarendon Press, 1896.

45. Thirsk, Joan, ed., *The Agrarian History of England and Wales*, Vol.4, London: Cambridge University Press, 1967.

46. Whyman, Susan, *The Pen and the People: English Letter Writers, 1660–1800*, Oxford: Oxford University Press, 2009.

47. Wilkinson, Frederick, *Royal Mail Coaches*, Gloucestershire: The History Press, 2007.

48. Williamson, J. A., *The Tudor Age*, London: Longman, 1979.
49. Ying-wan Cheng, *Postal Communication in China and Its Modernization*, Cambridge: Cambridge University Press, 1970.

二、中文文献

1. [法]埃利·哈列维:《哲学激进主义的兴起——从苏格兰启蒙运动到功利主义》,曹海军等译,长春:吉林人民出版社,2006年。
2. [英]艾莉森·威尔:《伊丽莎白女王》,董晏廷译,北京:社会科学文献出版社,2014年。
3. [法]保尔·芒图:《十八世纪产业革命——英国近代大工业初期的概况》,杨人楩等译,北京:商务印书馆,1983年。
4. [美]保罗·约翰逊:《美国人的历史》(上卷),秦传安译,北京:中央编译出版社,2010年。
5. [英]边沁:《道德与立法原理导论》,时殷弘译,北京:商务印书馆,2000年。
6. 陈霞飞主编:《中国海关密档》(一),北京:中华书局,1990年。
7. [英]丹·琼斯:《金雀花王朝》,陆大鹏译,北京:社会科学文献出版社,2015年。
8. 丁进军等编选:《清末在华邮政洋员名录》,《历史档案》1991年第4期。
9. [法]G.勒纳尔、G.乌勒西:《近代欧洲的生活与劳作》,杨军译,上海:上海三联书店,2008年。
10. [英]H.J.哈巴库克、M.M.波斯坦主编:《剑桥欧洲经济史》(第六卷),王春法等译,北京:经济科学出版社,2002年。
11. [英]哈孟德夫妇:《近代工业的兴起》,韦国栋译,北京:商务印书馆,1959年。
12. [美]J.布卢姆、S.摩根等:《美国的历程》(上册),杨国标、张儒林译,北京:商务印书馆,1988年。
13. [美]加里·纳什等编著:《美国人民:创建一个国家和一种社会》(上),刘德斌等译,北京:北京大学出版社,2018年。
14. 交通部交通史编纂委员会、铁道部交通史编纂委员会编纂:《近代交通史全编》(第11册),北京:国家图书馆出版社,2009年。
15. [美]杰利·本特利、赫伯特·齐格勒:《新全球史:文明的传承与交流》(下册),北京:北京大学出版社,2014年。
16. [英]肯尼斯·O.摩根主编:《牛津英国通史》,王觉非等译,北京:商务印书馆,1993年。
17. [英]蓝诗玲:《鸦片战争》,刘悦斌译,北京:新星出版社,2015年。
18. 李颂平:《客邮外史》,香港:香港保安邮票社,1966年。

19. 林太:《印度通史》,上海:上海社会科学院出版社,2007年。
20. 刘肇宁编著:《中国邮票史话》,上海:上海文化出版社,1981年。
21. [英]奈特编:《帕斯顿信札:一个望族的兴衰》,田亮译,桂林:广西师范大学出版社,2005年。
22. 欧德仁:《中国早期邮政史》(上),《上海集邮》2009年第7期。
23. 欧德仁:《中国早期邮政史》(下),《上海集邮》2009年第8期。
24. [英]P.J.马歇尔主编:《剑桥插图大英帝国史》,樊新志译,北京:世界知识出版社,2004年。
25. 钱乘旦、陈晓律:《英国文化模式溯源》,上海:上海社会科学院出版社,成都:四川人民出版社,2003年。
26. 钱乘旦:《工业革命与英国工人阶级》,南京:南京出版社,1992年。
27. 钱乘旦、许洁明:《英国通史》,上海:上海社会科学院出版社,2002年。
28. 钱乘旦主编:《欧洲文明:民族的融合与冲突》,贵州:贵州人民出版社,1999年。
29. 仇润喜主编:《天津邮政史料》(第二辑下),北京:北京航空航天大学出版社,1989年。
30. 上海市邮政局编:《上海邮政储汇发展简史》,上海:上海科学普及出版社,2005年。
31. 石小军:《〈帕斯顿书简〉的信使》,《光明日报》,2018年12月10日。
32. 汪敬虞:《赫德与近代中西关系》,北京:人民出版社,1987年。
33. 王铁涯编:《中外旧约章汇编》(第三册),北京:生活·读书·新知三联书店,1962年。
34. 吴春华主编:《西方政治思想史》(第四卷),天津:天津人民出版社,2005年。
35. [比]希尔德·德·里德-西蒙斯主编:《欧洲大学史》(第一卷),张斌贤等译,保定:河北大学出版社,2008年。
36. [英]亚当·斯密:《国民财富的性质和原因的研究》(上卷),郭大力、王亚南译,北京:商务印书馆,1981年。
37. 晏星编著:《中华邮政发展史》,台北:台湾商务印书馆,1994年。
38. 叶美兰:《中国邮政通史》,北京:商务印书馆,2017年。
39. 邮电史编辑室编:《中国近代邮电史》,北京:人民邮电出版社,1984年。
40. 张磊:《欧洲中世纪大学》,北京:商务印书馆,2010年。
41. 中国近代经济史资料丛刊编辑委员会主编:《中国海关与邮政》,北京:中华书局,1983年。
42. 中国英国史研究会编:《英国史论文集》,北京:生活·读书·新知三联书店,1982年。
43. 周谷城主编:《民国丛书》(第三编),上海:上海书店,1990年。

译名对照

A

阿基坦(Aquitaine)
阿克莱特,理查德(Richard Arkwright)
阿什顿,T. S.(T. S. Ashton)
埃里斯,肯尼思(Kenneth Ellis)
埃莉诺(Eleanor)
艾尔斯伯里(Aylesbury)
艾伦,托马斯(Thomas Allan)
爱德华四世(Edward Ⅳ)
爱德华一世(Edward Ⅰ)
奥多(Odo)
奥尔良的阿努夫(Arnulf of Orleans)
奥古斯都(Augustus)
奥康奈尔,丹尼尔(Daniel O'Connell)
奥尼尔,丹尼尔(Deniel O'Neile)

B

巴本,戴奥尼休斯(Dionysius Papin)
巴内特,伊芙·塔瓦(Eve Tavor Bannet)
白金汉郡(Buckinghamshire)
贝茨,约书亚(Joshua Bates)

贝德福德公爵(Duke of Bedford)

贝德福德郡(Bedfordshire)

贝恩斯,F.E.(F.E.Baines)

贝尔德,约翰(John Baird)

贝里克(Berwick)

比林思利(Billinsley)

毕肖普,亨利(Henry Bishop)

边沁,杰里米(Jeremy Bentham)

便士邮政(Penny Post)

《宾夕法尼亚公报》(*Pennsylvania Gazette*)

伯利,埃里克(Eric Birley)

伯利,罗宾(Robin Birley)

伯尼,菲利普(Philip Burney)

博尔顿,马修(Mathew Boulton)

博纳,查尔斯(Charles Bonnor)

博斯沃思战役(Battle of Bosworth)

布拉马奇,菲利普(Philip Burlamachi)

布拉西,托马斯(Thomas Brassey)

布里奇曼号(Bridgeman)

布卢瓦的彼得(Peter of Blois)

布特,拉斐尔(Raphael Puttle)

步邮(footpost)

C

财政大臣(Exchequer)

查罕杰(Nur-din Mohammad Salim)

查理二世(Charles Ⅱ)

查理曼大帝(Charlemagne)

查理一世(Charles Ⅰ)

查普曼,S.D.(S.D.Chapman)

常设邮务员(ordinary posts)

储蓄银行(Savings Bank)

D

达比,亚伯拉罕(Abraham Darby)

达默，埃德蒙(Edmund Dummer)

大法官(Chancery)

大信使(nuntii maiores)

道顿，M.J.(M.J.Daunton)

道格拉斯，伊莎贝拉(Isabella Douglas)

德雷克，弗朗西斯(Francis Drake)

笛福，丹尼尔(Daniel Defoe)

帝国邮政(Imperial Post)

定期邮船(packet boat)

东印度公司(East India Company)

都铎，亨利(Henry Tudor)

多克瓦，威廉(William Dockwra)

多里斯劳斯，艾萨克(Isaac Dorislaus)

F

法斯托尔夫，约翰(John Fastolf)

菲利林，弗朗西斯(Francis Freeling)

费恩，托马斯(Thomas Fane)

费尔班克，理查德(Richard Fairbank)

弗里泽尔(Frizell)

弗洛比歇，马丁(Martin Frobisher)

福克斯克罗夫茨，约翰(John Foxcroft)

福希特，亨利(Henry Fawcett)

富兰克林，本杰明(Benjamin Franklin)

G

公路劫匪(highwayman)

公路系统(cursus publicus)

功利主义(Utilitarianism)

H

哈德良长城(Hadrian's Wall)

哈格里夫斯，詹姆士(James Hargreaves)

哈罗德(Harold)

哈姆斯沃斯（Harmsworth）

哈斯克，托马斯（Thomas Hasker）

海德，詹姆士·威尔士（James Wilson Hyde）

海斯（Hythe）

海外邮政大臣（Postmaster-General for foreign parts）

海耶曼，彼得（Peter Heyman）

汉密尔顿，安德鲁（Andrew Hamilton）

汉密尔顿，约翰（John Hamilton）

汉萨同盟（Hanseatic League）

《航海条例》（Navigation Acts）

航信（ship letter）

《航信法》（Ship Letter Act）

赫德，罗伯特（Robert Hart）

赫克托尔号（Hector）

赫蒙，J.C.（J. C. Hemmeon）

赫特福德郡（Hertfordshire）

亨利八世（Henry Ⅷ）

亨利二世（Henry Ⅱ）

亨特，威廉（William Hunt）

亨廷顿（Huntingdon）

华莱士，罗伯特（Robert Wallace）

怀尔曼，苏珊（Susan Whyman）

皇家邮务员（royal postman）

皇家邮政（Royal Mail）

火药阴谋案（Gunpowder Plot）

霍金斯，约翰（John Hawkins）

J

基思，威廉（William Keith）

几内亚公司（Guinea Company）

交互邮政（cross post）

脚夫（Carrier）

接待员（Usher）

杰拉德，约翰（John Gerard）

金色界碑(golden milestone)

郡守(sheriff)

K

卡弗特,乔治(George Calvert)

卡莱尔,托马斯(Thomas Carlyle)

卡特莱特,埃德蒙德(Edmund Cartwright)

凯撒,尤里乌斯(Julius Caesar)

凯伊,约翰(John Kay)

坎伯兰(Cumberland)

科布登,理查德(Richard Cobdon)

科尔切斯特(Colchester)

克朗普顿,塞缪尔(Samuel Crompton)

克林顿,阿伦(Alan Clinton)

克罗夫茨,J.(J. Crofts)

克罗姆福德(Cromford)

客邮(Alien Postal Agency, Post Office Abroad)

库尔西,约瑟夫(Joseph Quash)

库克(Cooke)

库克,詹姆士(James Cook)

奎斯特,马休·德(Mathew de Quester)

L

朗弗兰克(Lanfranc)

《劳工法令》(*Ordinance of Labourers*)

勒皮蒂娜,素皮希雅(Sulpicia Lepidina)

勒温斯,威廉(William Lewins)

雷利,沃尔特(Walter Raleigh)

李,爱德华·史密斯(Edward Smith Lees)

李,托马斯·奥德(Thomas Orde Lees)

李,约翰(John Lees)

里格斯,约翰(John Riggers)

里奇,罗伯特(Robert Rich)

理查德三世(Richard Ⅲ)

理查德一世(Richard Ⅰ)

利思(Leith)

两轮马车(cart)

林恩(Lynn)

林奇,海德(Hyde Lynch)

领事邮务代办(Consular Packet-Agency)

鲁滨孙,霍华德(Howard Robinson)

路易十六(Louis ⅩⅥ)

伦道夫,爱德华(Edward Randolph)

伦道夫,托马斯(Thomas Randolph)

伦底纽姆(Londinium)

伦敦弗吉尼亚公司(Virginia Company of London)

伦敦冒险家对非洲港口贸易公司(The Company of Adventure of London Trading to Ports of Africa)

罗斯托,W. W.(W. W. Rostow)

旅行邮局(Travelling Post Office)

M

马克西米连一世(Maximilian Ⅰ)

马歇尔,戈弗里(Godfrey Marshall)

玛蒂尔达(Matilda)

玛丽二世(Mary Ⅱ)

曼德维尔,伯纳德(Bernard Mandeville)

曼利,约翰(John Manly)

曼森,约翰(John Mason)

梅勒,罗伯特(Robert Melors)

《梅休因条约》(*Methuen Treaty*)

米德赛克斯(Middlesex)

米尔福德,H.(H. Milford)

民事上诉法庭(The Court of Common Pleas)

莫尔,托马斯(Thomas More)

莫尔斯(Morse)

莫特比,约翰(John Mauteby)

N

奈特·沃尔特(Walter Knight)

内务大臣(Wardrobe)

尼尔·托马斯(Thomas Neale)

纽卡门·托马斯(Thomas Newcomen)

诺里奇(Norwich)

诺森伯兰(Northumberland)

P

帕尔默·约翰(John Palmer)

帕斯顿·克莱门特(Clement Paston)

帕斯顿·玛格丽特(Margaret Paston)

帕斯顿·威廉(William Paston)

帕斯顿信札(Paston Letters)

皮热·威廉爵士(Sir William Puget)

普雷斯·弗朗西斯(Francis Place)

普雷斯顿(Preston)

普利多(Prideaux)

普利茅斯弗吉尼亚公司(Virginia Company of Plymouth)

普利斯特里·约瑟夫(Joseph Priestley)

普通邮船(Bye-Boat)

Q

虔信者爱德华(Edward the Confessor)

钱塞勒·理查德(Richard Chancellor)

敲钟人(bell man)

乔伊斯·赫伯特(Herbert Joyce)

乔治三世(George Ⅲ)

切尔滕纳姆(Cheltenham)

《穷人理查德的年历》(Poor Richard's Almanac)

R

瑞贝卡骚乱(Rebecca Riots)

S

萨福林,克里斯蒂安(Christian Suffling)

萨拉丁(Saladin)

萨拉米战役(Battle of Salamis)

萨里(Surrey)

萨默顿,杰弗里(Geoffrey Somerton)

萨瑟克(Southwark)

塞利文件(Cely Papers)

塞西尔,威廉(William Cecil)

赛瑞阿里斯,弗莱维厄斯(Flavius Cerialis)

三角贸易(Triangular Trade)

瑟洛,约翰(John Thurloe)

商人冒险公司邮政(The Merchant Adventures' Post)

神圣罗马帝国(Holy Roman Empire)

史蒂芬森,乔治(George Stephenson)

史密斯,埃莉诺·C.(Eleanor C. Smyth)

史密斯,威廉(William Smith)

守夜人(watch)

双字母密码(biliteral cipher)

私信(by letter)

斯波特伍德,亚历山大(Alexander Spotswood)

斯蒂芬(Stephen)

斯密,亚当(Adam Smith)

斯坦霍普,约翰(John Stanhope)

斯托克波特(Stockport)

苏黎世的康拉德(Conrad of Zurich)

苏塞克斯(Sussex)

T

塔克西斯,弗朗兹·冯(Franz von Taxis)

塔克西斯,约翰·冯(Johann von Taxis)

太平洋邮船公司(Pacific Mail Steamship)

唐卡斯特(Doncaster)

陶布曼,乔治·戈尔迪(George Goldie Taubman)

特别邮船(Advice Boat)

特别邮务员(extraordinary post)

特里维西克,理查德(Richard Trevithick)

特洛普,安东尼(Anthony Trollope)

特殊邮务员(special post)

图克,布兰(Brian Tuke)

托德,安东尼(Anthony Todd)

W

瓦尔德曼,约翰(John Wildman)

瓦特,詹姆士(James Watt)

外国商人邮政(Foreign or Strangers' Post)

王廷信使(court messenger)

王廷邮务员(court post)

威尔金森,约翰(John Wilkinson)

威廉姆森,彼得(Peter Williamson)

威廉姆斯,罗杰(Roger Williams)

威廉三世(William Ⅲ)

威洛比,休(Hugh Willoughby)

威瑟林,托马斯(Thomas Witherings)

韦德斯顿(Wheatstone)

韦奇伍德,乔赛亚(Josiah Wedgwood)

温德班克(Windebank)

文德兰达(Vindolanda)

文索夫的杰弗里(Geoffrey of Vinsauf)

沃尔辛厄姆勋爵(Lord Walsingham)

沃纳,托马斯(Thomas Warner)

乌特勒姆,本杰明(Benjamin Outram)

X

希尔,罗兰(Rowland Hill)

希尔,皮尔森(Pearson Hill)

希尔,托马斯·怀特(Thomas Wright Hill)

希尔德斯海姆的鲁道夫(Ludolf of Hildescheim)

希灵福德书信(Shilingford Letters)

希罗多德(Herodotus)

锡廷伯恩(Sittingbourne)

小信使(nuntii minors)

信使(nuntii)

信所(letter-office)

休谟,大卫(David Hume)

薛西斯(Xerxes)

Y

伊丽莎白一世(Elizabeth Ⅰ)

驿递系统(The System of Couriers)

驿马制度(The Regular Horse Post)

驿站(mansiones)

驿长(manceps)

邮差(courier)

邮童(postboy)

邮务员(postman)

邮务长(postmaster)

邮政(post)

邮政大臣(Master of the Posts)

邮政马车(mail coach)

邮政马车办公室(The Mail Coach Office)

邮政审计官(Comptroller of the Post Office)

邮政卫兵(mail guard)

《邮政卫兵指南》(Instructions to Mail Guards)

邮政总局(General Post Office)

邮政总长(Postmaster General)

约克公爵(Duke of York)

Z

詹金斯之耳战争(War of Jenkins's Ear)

詹姆士敦(Jamestown)

詹姆士二世（James Ⅱ）

詹姆士一世（James Ⅰ）

重罪（capital offence）

专职长官（Praefectus）

自治殖民地（Self-Governing Colony）

字板（tablet）

后　记

　　2008年博士毕业之后,我一直在寻找新的研究方向。我所任教的南京邮电大学以通信和信息技术见长,而我在通识课的教学过程中了解到了赫德与晚清海关在近代中国邮政发展中所起到的作用,由此对邮政史产生了兴趣。2015年前后,我加入了叶美兰教授的国家社科基金项目——"中国邮政通史"的项目组,负责近代部分内容的撰写。在写作过程中,我越来越觉得英国邮政史是一个值得去深入挖掘的课题。正在此时,我有幸加入南开大学这套丛书的写作,得以专注于英国邮政史的研究。

　　在这两年之中,我遇到了一定的困难。英国邮政于我而言是个全新的课题,之前几乎没有资料积累,国内的研究基础还很薄弱。我从最初的搜集资料开始一步步向前推进,其间经历了很多事情,有一段时间几乎有坚持不下去的感觉。感谢我的导师钱乘旦先生一直以来给予我的包容和理解,也感谢海燕编辑这几年来的陪伴和鼓励,没有他们就不会有这本书的出版。

　　此外,我还要感谢姜守明老师在百忙之中通读书稿,并提出修改意见;感谢刘成老师在我确定新的研究方向之后帮我理清思路,鼓励我坚持走学术研究的道路;感谢郭家宏老师在邮政史研究方面给予的切实建议;感谢徐滨老师和张子恺老师在英国访学期间帮我找到了极有价值的邮政史资料;感谢秦文华老师在美国访学期间给我买了我急需的书并不远万里托人带回;感谢梁跃天老师无私地分享了账号,为我查阅资料提供了便利;感谢金玥在国外以最快的速度帮我找书并翻译了部分英文资料;感谢在我走上英国史研究道路之后所有给予过我帮助的老师和同学们!

最后,我要特别感谢我的儿子瑞霖。没有他的陪伴,这本书不会得以完成。在最后的冲刺阶段,我和他有了一个约定:他挑战中央音乐学院的钢琴九级(最高级),而我要及时完成书稿。我和他互相鼓励,互相支持。九岁的他用他的努力和坚持为我做了很好的榜样。最终,他顺利通过了九级,而我也终于完成了书稿。这段经历对于我和他而言都会是人生难忘的回忆。

囿于自身的水平和条件,这本书还有很多需要完善的地方。我更愿意把它视为个人成长的一个记录,一个新阶段的开始,而不是一个完结篇。虽然现在看来并不完美,但我会在今后的日子里不断努力地去改进它。